MARKETING

Aide-mémoire

Claude Demeure

MARKETING

6e édition

DUNOD

ISBN 978-2-10-051339-0

Sommaire

Partie 2
Le marché

Chapitre 1 Notions de marché

Chapitre 2 Les consommateurs et leurs comportements d'achat

Partie 3
La recherche d'informations sur le marché : l'étude de marché

Chapitre 1 Généralités sur l'étude de marché

Chapitre 2 L'étude documentaire

Chapitre 3 L'étude qualitative

Chapitre 4 L'étude quantitative (1) : l'enquête par sondage

Chapitre 5 L'étude quantitative (2) : les autres types d'enquête

Chapitre 6 Les tests

Partie 4
La stratégie marketing

Chapitre 1 Le plan stratégique général

Chapitre 2 Le plan stratégique d'activité

PARTIE 5 Le produit

CHAPITRE 1 Généralités sur le produit

CHAPITRE 2 La normalisation

CHAPITRE 3 La marque

Chapitre 4 Ligne, gamme et marque

Chapitre 5 L'emballage

Chapitre 6 Le design (la stylique)

Chapitre 7 La qualité

Chapitre 8 Les différentes stratégies de produit

PARTIE 6
Le prix

CHAPITRE 1 L'entreprise et les prix

CHAPITRE 2 Méthodes de fixation des prix

CHAPITRE 3 Les stratégies de prix

PARTIE 7
La distribution

CHAPITRE 1 L'organisation de la distribution

Chapitre 2 Les différentes formes de commercialisation

Chapitre 3 Les mutations de la grande distribution

Chapitre 4 Les stratégies de distribution

Chapitre 5 Le merchandising (marchandisage)

PARTIE 8
La force de vente

CHAPITRE 1 Le vendeur et ses principaux statuts

CHAPITRE 2 La prospection

CHAPITRE 3 Les étapes de l'entretien de vente et leurs techniques respectives

Chapitre 4 La négociation commerciale

Chapitre 5 La gestion de la force de vente

Chapitre 6 La vente à l'étranger

Partie 9

La communication commerciale

Chapitre 1 Généralités sur la communication

PARTIE 10
La relation client

CHAPITRE 1 L'information marketing

CHAPITRE 2 Le client

CHAPITRE 3 Marketing relationnel et gestion de la relation client

CHAPITRE 4 Les canaux de la relation client

PARTIE 11
La communication professionnelle

CHAPITRE 1 La communication interpersonnelle

CHAPITRE 2 Les méthodes d'analyse de la communication comme outils d'aide à la négociation

REMARQUE
L'adresse internet de tous les organismes dont le nom est suivi du figuré {@} est mentionnée dans un tableau récapitulatif en fin de chapitre.

Sigles et abréviations

AFAQ	Association française pour l'assurance de la qualité
AFNOR	Association française de normalisation
ANPE	Agence nationale pour l'emploi
AOC	Appellation d'origine contrôlée
APE	Activité principale exercée
AT	Analyse transactionnelle
ATI	Automated Telephone Interview
BAS	Bazar avec service
BCG	Boston consulting group
BDDM	Base de données marketing
BIS	Business intelligence system = système de renseignement utilisant banques de données, panels... centré sur l'étude permanente du marché
BLS	Bazar libre-service
BN	Bureau de normalisation
BOF	Beurre, œufs, fromage
BRI	Banque des règlements internationaux
CA	Chiffre d'affaires
CAPI	Computer Assisted Personnal Interviewing
CATI	Computed Assisted Telephone Interviewing
CAWI	Computed Assisted Web Interviewing
CCA	Centre de communication avancée
CCI	Chambre de commerce et d'industrie
CEN	Comité européen de normalisation
CFCE	Centre français du commerce extérieur
CFR	Cost and Freight = coût et fret
CIF	Cost Insurance and Freight = coût, assurance et fret
CIP	Carriage and Insurance Paid to = port payé, assurance comprise jusqu'à...
CIV	Conditions internationales de vente
COFACE	Compagnie française d'assurance pour le commerce extérieur
COFREMCA	Compagnie française d'études de marché et de conjonctures appliquées

CPFR Collaborative Planning, Forecasting and Replenishment
CPT Carriage Paid to... = port payé jusqu'à...
CREDOC Centre de recherche pour l'étude, la documentation et l'observation des conditions de vie
CRM Customer Relationship Management (Gestion de la relation client)

DAF Delivered At Frontier = rendu frontière
DDP Delivered Duty Paid = rendu droits acquittés
DEQ Delivered Ex Quay = rendu à quai
DES Delivered Ex Ship = rendu à bord du navire
DLC Date limite de consommation
DLUO Date limite d'utilisation optimale
DLV Date limite de vente
DN Distribution Numérique
DPH Droguerie, parfumerie, hygiène
DV Distribution en Valeur

EAN European article number = code article européen
ECR Efficient consumer response (Réponse efficace au consommateur)
EDI Échange de données informatisé
EEG Étiquetage automatique de gondole
EVP Extra value proposition = proposition d'une valeur ajoutée
EXW Ex Works = à l'usine

FAS Free Alongside Ship = franco le long du navire
FCA Free Carrier = franco transporteur
FHT Francs hors taxe
FOB Free on Board = franco à bord

GEGS Grandes entreprises de grandes surfaces
GIE Groupement d'intérêt économique
GMS Grandes et moyennes surfaces
GPA Gestion partagée des approvisionnements
GRC Gestion de la Relation Client
GSS Grande surface spécialisée

HT Hors taxes

IFLS Institut français du libre-service
INPI Institut national de la propriété industrielle
INSEE Institut national de la statistique et des études économiques
IREP Institut de recherches et d'études de la publicité
ISA Imprimé sans adresse
ISO International standardization organisation (Organisation de standardisation internationale)

MAS Maisons à succursales
MBWA Management by wondering around = management par écoute et rencontre
MDD Marque de distributeur

MI Mètre linéaire
MOCI Moniteur du commerce international

NF Norme française

ODE Occasion d'entendre
ODV Occasion de voir
OMPI Organisation mondiale de la propriété industrielle

PAC Plan d'action commerciale
PAF Paysage audiovisuel français
PCS Profession et catégorie socioprofessionnelle
PDP Profit direct par produit
PF Produits frais
PGC Produits de grande consommation
PLV Publicité sur le lieu de vente
PME Petites et moyennes entreprises
PNL Programmation neurolinguistique
PQN Presse quotidienne nationale
PQR Presse quotidienne régionale

R & D Recherche et développement
RFM Récense, Fréquence, Montant
RLP Radio locale privée

SABONE Sécurité, affectivité, bien-être, orgueil, nouveauté, économie
SAV Service après-vente
SIAD Système Interactif d'Aide à la Décision
SICAV Société d'investissement à capital variable
SIM Système d'information marketing
SONCAS Sécurité, orgueil, nouveauté, confort, argent, sympathie
SWOT Strenghts, Weaknesses, Opportunities, Threats

TAT Test d'aperception de thème
TTC Toutes taxes comprises
TVA Taxe sur la valeur ajoutée

UFIE Union française des industriels exportateurs
URSSAF Union de recouvrement des cotisations de sécurité sociale et d'allocations familiales
USP Unique selling proposition = proposition unique de vente

VAD Vente à distance
VAKO Visuel, auditif, kinesthésique, olfactif
VDI Vendeur à domicile indépendant
VPC Vente par correspondance
VRP Voyageur-Représentant-Placier

Partie 1

Notions de marketing

Le premier chapitre de cet ouvrage est consacré à la présentation générale du marketing, mot anglais apparu aux États-Unis au début des années 1900. Sa traduction française par le mot mercatique est pratiquement inutilisée dans les milieux professionnels (l'abondance de la littérature commerciale a définitivement installé le terme marketing dans le vocabulaire des professionnels, comme d'ailleurs la plupart des termes commerciaux venus d'Outre-Atlantique).

Le second chapitre présente le marketing-mix (plan de marchéage), véritable clé de voûte opérationnelle du marketing.

Pour correspondre le plus possible à la réalité des entreprises, nous avons fait le choix délibéré d'utiliser dans cet ouvrage les termes professionnels d'origine anglo-saxonne, mais leur traduction française sera mentionnée lors de leur première apparition.

CHAPITRE 1

Qu'est-ce que le marketing ?

Le marketing n'a pas toujours existé. Il trouve son origine dans l'évolution de l'économie, au début du siècle dernier : les mutations économiques majeures du XXe siècle ont influé directement sur l'avènement et la transformation progressive du marketing.

A

Les mutations économiques du siècle dernier

■ **Jusqu'à la première guerre mondiale,** dans les pays développés, l'activité économique était dominée par la production. L'offre était souvent supérieure à la demande solvable. *La vente était une activité secondaire* qui permettait l'écoulement des produits vers les consommateurs.

■ **La crise de 1929** va modifier radicalement le paysage économique. La surproduction due à la baisse de la demande solvable pousse les entreprises à développer la vente des produits pour écouler leur production. Il faut essayer d'acheminer les produits au plus près des consommateurs. C'est l'époque de la création des premiers magasins populaires en France (1929 : Uniprix, 1931 : Prisunic, 1932 : Monoprix). Aux États-Unis, le développement de la pratique du marketing s'accompagne d'une réflexion sur la discipline ; la première revue « Journal of marketing » naît en 1936.

■ **La reprise après la seconde guerre mondiale** va encore accentuer ce phénomène : la demande augmente fortement, les capitaux affluent, les capacités de production connaissent une croissance très forte, la concurrence est de plus en plus vive. La vente des produits va peu à peu supplanter la production et prendre une place prépondérante dans l'activité économique. Le développement de politiques de marques pousse les entreprises à faire davantage connaître leurs produits par la publicité et à s'organiser pour les vendre de façon plus efficace. C'est dans les années cinquante que le marketing se propage dans les économies capitalistes évoluées, en France notamment, via les filiales des sociétés américaines.

■ **Les années soixante** consacrent l'avènement de l'économie de marché, apparue dans le nord-est des États-Unis dès les années 1920, et de la pensée marketing, ce que Peter Drucker traduira quelques années plus tard, dans son ouvrage « La nouvelle pratique de la direction des entreprises » (Éditions d'Organisation, 1975) par une phrase devenue célèbre : *Fabriquez ce que vous pouvez vendre, plutôt que d'essayer de vendre ce que vous pouvez fabriquer*. C'est le marché, et les besoins et motivations des consommateurs (puis ensuite leurs critiques, avec la naissance du consumérisme), qui vont déterminer la production. Cette période voit la création et le développement des premiers hypermarchés et de la grande distribution en général.

■ **La crise du pétrole, en 1973,** et ses incidences en matière d'inflation, de chômage, de diminution de la croissance, va entraîner une concurrence sévère sur les prix (apparition des produits génériques dans les grandes surfaces) et l'idée, en Allemagne, de la création d'une nouvelle forme de distribution, le hard discount (voir page 188). Dans les économies développées, *le marketing de masse* arrive à son apogée dans les années soixante-dix. Les entreprises communiquent de plus en plus sur leurs marques pour imposer leurs produits dans la grande distribution.

■ **Vers la fin des années soixante-dix,** la concurrence grandissante favorise un virage vers un *marketing plus segmenté* : de nombreuses entreprises cherchent à démarquer leurs produits de la concurrence en les positionnant sur des créneaux moins porteurs mais aussi moins concurrencés.

■ **Entre les années quatre-vingt-cinq et quatre-vingt-quinze,** le rééquilibrage progressif de l'économie mondiale, la baisse généralisée de l'inflation et la lente inflexion de la courbe du chômage vont permettre un retour vers la qualité, le service, et marquer les prémices d'un marketing plus adapté au client *(marketing one-to-few, puis one-to-one)*. La saturation progressive de la distribution en France entraîne une ouverture accélérée des distributeurs vers les marchés étrangers.

■ **Les dernières années du XXe siècle** voient à la fois une quasi mondialisation du marketing après l'écroulement de presque tous les régimes communistes et l'avènement, toujours aux États-Unis, de la « Nouvelle économie » (internet, téléphonie, médias). On assiste à une explosion de sites commerciaux issus de start-up. La majorité des grands groupes de distribution propose peu à peu des sites de vente de produits sur internet. Une réorganisation de ce nouveau mode de distribution se dessine peu à peu.

B

Les mutations économiques du début du XXIe siècle

Les années 2000 débutent avec un certain nombre d'éléments économiques marquants :

– l'explosion de la « Nouvelle économie » : le dégonflement de la « bulle Internet » entraîne la fermeture de nombreux sites de vente de produits économiquement non rentables ;

– la suprématie du « tout numérique » : la technologie numérique s'impose en force dans de nombreux domaines (télévision, photographie, vidéo, Internet, musique...) et bouleverse de nombreux marchés et une multitude d'habitudes de la part des consommateurs ;

– l'augmentation du cours du pétrole, qui a atteint des sommets historiques ;

– l'entrée de quelques grands pays émergents dans l'économie mondiale : l'Inde, avec l'OPA réussie de Mittal Steel sur Arcelor, la Chine, dont le budget de recherche et développement se situe au troisième rang mondial derrière ceux des États-Unis et de l'Union européenne, la République populaire du Vietnam, qui vient d'intégrer l'Organisation mondiale du commerce (OMC). Un rééquilibrage de l'économie mondiale est en train de s'opérer ;

– la prise de conscience des politiques de la nécessité de préserver l'environnement des effets de l'activité humaine.

« Le marketing est l'effort d'adaption des organisations à des marchés concurrentiels, pour influencer en leur faveur le comportement de leurs publics, par une offre dont la valeur perçue est durablement supérieure à celle des concurrents.
Dans le secteur marchand, le rôle du marketing est de créer de la valeur économique pour l'entreprise en créant de la valeur pour les clients (Source *Mercator*, J. Lendrevie, J. Lévy, D. Lindon, 8e éd., Dunod, 2006).

C

Concept et définition du marketing

Bâti à partir du mot anglais *market* (marché), le terme marketing explicite bien le concept de base qu'il désigne : consulter le consommateur (et de manière plus générale le marché) avant de prendre toute décision et d'entreprendre toute action commerciale. C'est la victoire de l'économie de marché sur l'économie de production. La production est ramenée au simple rang d'outil permettant d'élaborer les produits ou les services correspondant aux besoins des consommateurs.
Cette définition, volontairement très large, montre bien que le marketing ne s'applique pas seulement aux entreprises commerciales. Depuis de nombreuses années, le marketing s'est ouvert à d'autres organisations (voir la dernière partie de ce chapitre).
En français, le terme marketing a été traduit par deux mots inspirés également de « marché » : *mercatique* (à partir du mot latin *mercatus*) et *marchéage* (à partir du mot français marché). Ces deux termes sont complémentaires et désignent chacun une partie de la démarche marketing d'une entreprise.

D

La démarche marketing de l'entreprise

Dans la pratique, une organisation va suivre une démarche en trois temps correspondant aux trois facettes du marketing : une démarche d'abord *analytique*, puis *stratégique* (ces deux démarches peuvent être regroupées sous le mot « mercatique »), et enfin une démarche *opérationnelle* (marchéage).

1

Démarche analytique, ou marketing d'études

Première phase de la démarche marketing, elle étudie les différentes composantes du marché et de son environnement avant toute décision stratégique.

Ces études, qualitatives et quantitatives, portent généralement sur le marché : principaux acteurs (fournisseurs, concurrents, clients), environnement, produits, circuits de distribution, modes de communication…
Une partie de l'étude porte également sur l'entreprise, ses produits, ses marques, sa distribution, sa communication, sa politique commerciale…
Les outils permettant de réaliser ces études sont étudiés dans la partie 3, « La recherche d'informations sur le marché : l'étude de marché », pages 39 et suivantes.

2
Démarche stratégique, ou marketing stratégique

Le marketing stratégique permet de définir les objectifs généraux de l'entreprise, de choisir un (ou plusieurs) marché-cible, d'adapter une stratégie de segmentation du marché, de positionner les produits sur ce marché… Il correspond à un ensemble de prises de décisions concernant l'entreprise. C'est l'objet de la partie 4 de cet ouvrage, « La stratégie marketing », à partir de la page 83.

3
Démarche opérationnelle, ou marketing opérationnel

Le marketing opérationnel a pour but de concrétiser les choix effectués précédemment. Le responsable marketing doit, en fonction de la stratégie adoptée, développer un plan d'action pour chaque composante du produit (ou service) :
- plan produit (élaboration du produit, de son emballage…) ;
- plan prix (détermination et test du prix) ;
- plan distribution (choix d'un réseau de distribution, merchandising, management des forces de vente…) ;
- plan communication (publicité, promotion des ventes…).

La partie opérationnelle du marketing est étudiée dans les parties 5, 6, 7, 8, 9 et 10 de cet ouvrage, à partir de la page 103.

E
L'organisation marketing de l'entreprise

La naissance d'un esprit marketing a entraîné des modifications profondes dans la structure des entreprises.
Traditionnellement, l'organisation de l'entreprise était structurée autour de la

production, autour de laquelle gravitaient des services administratifs et commerciaux. L'entreprise fabriquait des produits pour un marché qu'elle connaissait souvent peu car elle pouvait écouler toute sa production sans se préoccuper beaucoup de ses clients.
Avec le marketing, l'organisation structurelle de l'entreprise a été radicalement modifiée : le service marketing (et avec lui la connaissance du marché) occupe une place centrale autour de laquelle s'organisent les autres services de l'entreprise. La production prend souvent une place de plus en plus restreinte avec la multiplication des sous-traitants.
Cette nouvelle structuration permet à l'entreprise de réagir beaucoup plus rapidement aux modifications de tendance du marché.

Évolution de la structure des entreprises

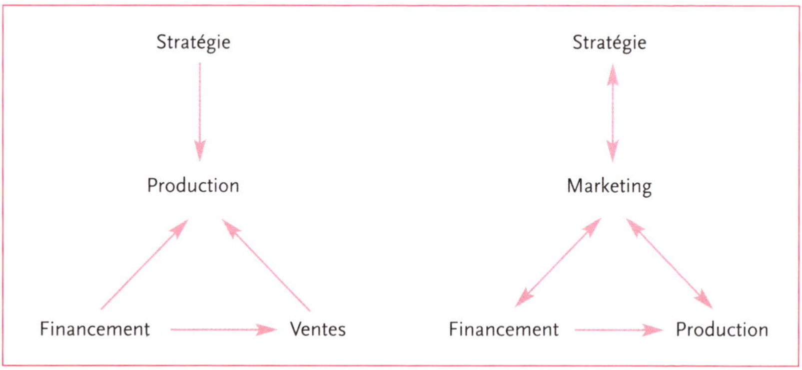

F

L'évolution du marketing

1

L'extension du champ d'application du marketing

Il y a quelques années encore, seules les entreprises industrielles et commerciales utilisaient une démarche marketing pour créer et vendre leurs produits. Désormais, le marketing s'applique à l'ensemble de la société : il a complètement intégré les collectivités territoriales, les administrations, les associations, les partis politiques, les syndicats...
Ces organisations ont des « produits » à promouvoir et elles utilisent tout naturellement des techniques réservées à l'origine aux seules entreprises.

EXEMPLE

l'Association Nationale des Maires des Stations de Montagne communique régulièrement à partir de son site Internet www.en-montagne.com et fait régulièrement diffuser des spots télévisés sur le thème « La montagne, ça vous gagne ! ».

2
Les mutations du marketing

Le marketing évolue avec son temps. L'apparition de nouvelles technologies (accroissement exponentiel des capacités de stockage et de la vitesse de calcul des ordinateurs, développement d'internet, échange de données informatisé), de nouvelles stratégies (passage d'un marketing segmenté à un marketing plus individualisé, nécessitant l'orientation vers un marketing one-to-one), de nouvelles formules de distribution (*hard discount*, magasin automatisé), de nouveaux horizons (marketing des sens – du toucher, olfactif, sonore), d'un nouveau média de communication mondial constituant également un nouveau canal de distribution (internet) rendent le marketing extrêmement réactif et évolutif.

Chaque semaine, chaque mois apporte son lot d'articles de presse, de publication de recherches, de sorties d'ouvrages concernant le marketing. Les cabinets spécialisés et les services marketing des organisations rivalisent chaque jour pour apporter le « plus » qui permettra de mieux satisfaire leur clientèle et donc d'atteindre leurs objectifs.

Quelques sites internet

SIGLE, nom de l'organisme, *activité*	**Adresse des sites**
• ADETEM Association pour le Développement des Techniques Marketing	adetem.org
• AFM Association Française du Marketing	afm-marketing.org
• Définitions Marketing *Définition du Marketing*	definitions-marketing.com
• IMA International Marketing Association	intermarketing.com
• Marketing-étudiant *Portail des étudiants en marketing*	marketing-etudiant.fr
• Markneting *Marketing*	http://markneting.free.fr
• RML *Recherche Marketing en ligne*	recherche-marketing.com
• Visionary Marketing *Informations sur le marketing*	visionarymarketing.com

Chapitre 2

Le marketing-mix

Le marketing analytique et le marketing stratégique (présentés dans le chapitre précédent) débouchent sur le marketing opérationnel, troisième étape indispensable pour matérialiser les choix opérés au cours des deux démarches précédentes. C'est dans cette phase que l'on va élaborer le produit (ou service) correspondant aux besoins des consommateurs et positionné conformément aux attentes de la cible choisie.

A Les composantes du marketing-mix

Le responsable marketing d'une entreprise dispose d'ingrédients (les variables marketing ou éléments du mix) qu'il doit réunir et combiner pour proposer le produit ou service décidé par l'entreprise, permettant d'atteindre les objectifs qui lui ont été fixés. Le dosage et le mélange de ces ingrédients vont permettre de positionner le produit sur le marché par rapport à ses concurrents.

Le marketing-mix est composé de 4 variables, les « 4P » décrits par Mc Carthy dans son ouvrage *Basic marketing, a managerial approach* publié en 1960 :

- *product* (produit),
- *price* (prix),
- *promotion* (communication),
- *place* (distribution).

À chaque variable correspond un plan d'action (ou politique) réunissant de nombreuses caractéristiques. L'ensemble des quatre plans d'action donne une identité propre au produit, lui permettant de se singulariser simplement par un dosage différent des caractéristiques de chaque variable.

On appelle marketing-mix l'ensemble cohérent de décisions relatives aux politiques de produit, de prix, de distribution et de communication d'un produit ou d'une marque (Source *Mercator,* J. Lendrevie, J. Lévy, D. Lindon, 8e éd., Dunod, 2006).

Le marketing-mix est aussi appelé plan de marchéage, ou plan d'action commerciale (P.A.C.).

B L'élaboration du marketing-mix

En fonction d'un positionnement préétabli au terme d'une réflexion stratégique (voir chapitre « Le plan stratégique d'activité »), les responsables marketing doivent mettre en place les différentes variables du produit pour que celui-ci corresponde parfaitement aux objectifs fixés. Le nombre important de variables fait que le dosage de chacune se rapproche un peu de l'alchimie tant les solutions possibles sont illimitées. La cohérence des actions est le maître mot pour aboutir à un produit parfaitement équilibré, qui conviendra à la cible, et qui participera à la réussite de la politique commerciale de l'entreprise.

1 Cohérence des actions

On peut comparer le marketing-mix à une table de mixage regroupant quatre groupes de curseurs (les plans d'action) : curseurs « produit », curseurs « prix », curseurs « distribution », curseurs « communication ». Les curseurs de chacun des quatre groupes correspondent aux caractéristiques marketing de ce groupe. Par exemple, le groupe de curseurs « produit » regroupe le nom du produit, la marque, la qualité, les propriétés techniques, les emballages primaire, secondaire et tertiaire, le design... L'ensemble de ces curseurs « produits » constitue le plan d'action produit. La cohérence est le maître-mot au sein du marketing-mix. On la retrouve à deux niveaux différents.

a. Cohérence globale

C'est la cohérence de l'ensemble des plans d'action, qui s'exprime à quatre niveaux différents.

Cohérence des plans d'action avec le marché

Le positionnement d'un produit (qui dicte les grandes lignes de chacun des plans d'action) doit être en parfaite harmonie avec les tendances réelles du marché. Si le produit ne correspond pas aux attentes des consommateurs potentiels, le meilleur des marketing-mix ne permettra pas de l'imposer sur le marché.

Cohérence des plans d'action entre eux

Chacun des quatre plans d'action doit être en harmonie avec les trois autres.
Exemple de plans d'action pour un parfum haut de gamme :
- produit sophistiqué, emballage de luxe, design élaboré, parfum très agréable...,
- prix élevé,
- distribution exclusivement en parfumerie,
- campagne de communication trop banale, qui ne colle pas avec l'image élitiste du produit,

risque d'échec, car un des plans d'action n'est pas en harmonie avec les autres.

Cohérence des plans d'action avec le potentiel et la culture de l'entreprise

Les plans d'action ne doivent pas marquer de rupture trop importante avec le potentiel, les pratiques et la culture de l'entreprise. Ainsi, le lancement d'un produit destiné à être distribué par l'intermédiaire de prescripteurs dont la force de vente ignore les habitudes et les motivations d'achat risque d'être voué à l'échec sans une solide formation des vendeurs. De même, un changement brutal de circuit de distribution risque d'enlever toute cohérence au mix d'un produit si l'entreprise ne maîtrise pas parfaitement les modalités de travail avec ce circuit.

Cohérence des plans d'action dans le temps

Le déroulement des plans d'action doit être orchestré en suivant un « timing » précis et rigoureux. Ainsi, un plan de communication trop tardif par rapport à la date prévue de première mise en rayon d'un produit peut entraîner l'échec, ou pour le moins, le démarrage tardif d'un produit.

b. Cohérence au sein de chaque variable

On peut aller plus loin dans l'analyse et parler de mix pour chaque plan d'action.

- Mix produit, harmonie entre les caractéristiques du produit, sa marque, son emballage, son design...

- Mix prix, équilibre entre une méthode de fixation du prix, des contraintes de réseaux et de canaux de distribution...

- Mix distribution, équilibre entre les différents réseaux et canaux de distribution, la logistique...

- Mix communication, dosage entre communication médias et hors médias, choix des médias, choix des supports médias et hors médias...

Le marketing-mix est ainsi fait d'un grand nombre d'éléments distincts qui prennent leur sens par la présence des autres au sein d'un ensemble le plus homogène possible. Un bon produit seul n'est rien commercialement sans distribution, une bonne campagne de communication ne produira aucun effet sans circuit de distribution adapté au produit...

2
Marketing-mix et politique commerciale

Le rôle du marketing-mix est primordial au sein d'une entreprise. C'est l'outil qui va permettre de finaliser toute la démarche marketing, de traduire de manière opérationnelle les décisions politiques puis stratégiques prises en amont.

Politique commerciale

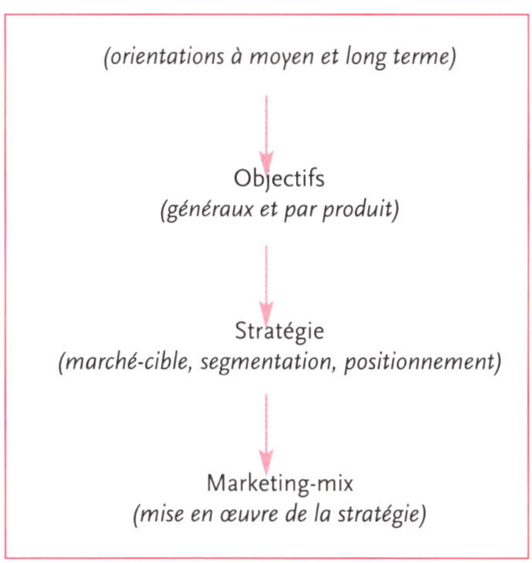

C

L'évaluation du marketing-mix

L'importance déterminante du marketing-mix au sein de la démarche commerciale de l'entreprise rend son évaluation primordiale pour se rendre compte s'il est bien le meilleur outil afin de permettre à la stratégie d'atteindre les objectifs fixés par l'entreprise.
Cette évaluation va se faire à partir de la détermination de budgets prévisionnels à moyen terme (3 à 5 ans) déterminant un chiffre d'affaires, une part de marché, une marge brute prévisionnels.... La comparaison des résultats réels avec le prévisionnel va permettre de mesurer la progression vers l'objectif fixé et ainsi d'évaluer la qualité du marketing-mix.

PARTIE 2

Le marché

Nous avons vu dans la première partie la place du marché comme point de départ de toute réflexion marketing. Aucune décision importante ne peut être prise, aucune action commerciale ne peut être menée sans avoir au préalable étudié le marché.

Mais qu'est-ce que le marché ? Quelles sont ses composantes ? Quelle en est la place du consommateur ? Quelle importance donner à l'environnement du marché ?

Cette seconde partie va permettre de répondre à ces questions, en s'attachant à bien montrer les deux composantes du marché que sont l'offre et la demande, et en s'efforçant d'analyser dans le détail le comportement d'achat du consommateur.

Chapitre 1

Notions de marché

Le marché peut être défini de façon très simple comme le lieu de rencontre de l'offre et de la demande d'un bien. La bourse, une foire à la brocante, une criée sont alors autant d'exemples qui illustrent parfaitement cette définition. Mais cette acception géographique du marché, quoique réelle, est trop simpliste pour expliquer ce terme et comprendre l'importance de son rôle au sein du marketing.

A Définitions (éclairages économique et marketing)

Il est possible de définir le marché de différentes manières, selon l'éclairage qu'on lui donne. Chacune de ces définitions apporte sa pierre à la compréhension globale de la notion de marché. La première explication du terme « marché » doit donc être complétée par deux autres éclairages, l'un économique et l'autre plus marketing.

1
Eclairage économique

Le marché est la rencontre des offres et des demandes d'un bien, d'un service ou de capitaux dans un secteur déterminé et un environnement donné.

EXEMPLES :

- le marché du téléphone portable,
- le marché de l'assurance,
- le marché du tourisme.

Cette approche économique montre bien les composantes essentielles d'un marché : un ou plusieurs producteurs (offre) fabrique(nt) un produit destiné à un ou plusieurs consommateurs (demande).

2
Eclairage marketing

• Théorie de l'ensemble évoqué : lors de l'achat d'un produit par un consommateur, le marché global de ce produit regroupe les marques inconnues par ce consommateur, les marques connues mais qu'il rejette, les marques connues mais qui le laissent indifférent, et enfin les marques évoquées par lui comme potentiellement intéressantes pour son achat.

Théorie de l'ensemble évoqué

Marché global d'un produit X pour un consommateur Y	Marques qui lui sont inconnues
	Marques qu'il connaît mais qui le laissent indifférent
	Marques qu'il connaît mais qu'il rejette pour un achat
	Marques qu'il connaît et évoquées pour un achat

Cette vision du marché est plus intéressante par le fait qu'elle prend pour point de départ la perception du marché par le consommateur, démarche marketing par excellence. Par contre, elle doit être complétée par la circonstance d'achat, car une personne qui désire acheter un produit dans un but précis va d'elle-même éliminer certaines marques.

EXEMPLE :

Jaguar ou Bentley ne feront certainement pas partie de l'ensemble évoqué par l'immense majorité des parents pour l'achat d'une automobile à leur enfant. À l'inverse, Renault (Twingo), Peugeot (107, 207), Fiat (Punto) et Volkswagen (Polo ou Fox) pourraient en faire fréquemment partie.

Pour un consommateur précis et dans des circonstances d'achat données, le marché d'un produit regroupe l'ensemble des marques évoquées par ce consommateur à propos de ce produit.

Cette vision du marché est très intéressante en marketing car elle montre bien, par exemple, l'importance du positionnement des marques les unes par rapport aux autres (certaines laissent indifférent, d'autres sont rejetées), et de la communication (certaines marques sont inconnues du consommateur, mais sont peut-être potentiellement intéressantes).

B Les différentes approches de la notion de marché

On peut appréhender la notion de marché de différentes manières, selon l'approche que l'on en fait. Au-delà des approches classiques par l'offre et la demande, il peut aussi être intéressant d'avoir d'autres angles d'analyse d'un marché.

1 Approche par l'offre

C'est l'étude du marché vue du côté des producteurs et des produits.
Le nombre de producteurs a une grande importance sur le comportement du marché. Pour simplifier, on discerne généralement trois configurations-type (voir tableau ci-après). Cette classification est importante en matière d'analyse de la concurrence. Les stratégies des entreprises seront complètement différentes selon la configuration dans laquelle elles se trouvent.

Les structures relatives à l'offre

Marché non concentré	**Concurrence** : il existe de très nombreuses entreprises proposant le même produit ou service. *EXEMPLES :* – le marché du pain, – le marché du vêtement.
Marché concentré	**Oligopole** : il existe quelques entreprises proposant le même produit ou service. *EXEMPLES :* – le marché de l'automobile, – le marché de la lessive.
Marché très concentré	**Monopole** : il n'existe qu'une entreprise proposant un produit ou service. *EXEMPLE :* – le marché français de la distribution d'électricité.

Les entreprises présentes sur le marché créent des produits ou des services qui peuvent être classés de la manière suivante.

<table>
<tr><th rowspan="4">Services</th><th colspan="5">Produits matériels</th></tr>
<tr><td colspan="4">Produits de consommation</td><td rowspan="3">Produits industriels</td></tr>
<tr><td colspan="2">Produits banals, de grande consommation</td><td colspan="2">Produits anomaux, de consommation moins fréquente</td></tr>
<tr><td>Produits alimentaires</td><td>Produits non alimentaires</td><td>Produits durables</td><td>Produits non durables</td></tr>
</table>

2 Approche par la demande

C'est l'étude du marché vu du côté du client. Le statut de consommateur ou de non consommateur (relatif ou absolu) entraîne différents types de marchés pour l'entreprise.

Les différents marchés d'une entreprise

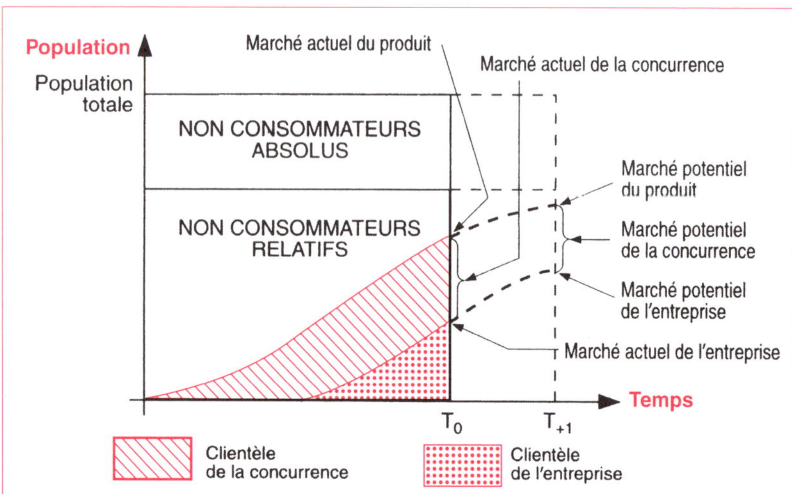

L'importance de la demande a une incidence sur le fonctionnement du marché. Pour simplifier, on discerne généralement trois configurations-type (voir tableau ci-après). Chaque configuration entraîne une stratégie particulière de la part des entreprises.

EXEMPLE :

on ne prospecte pas de la même manière un client sur un marché très concurrentiel ou sur un marché très peu concurrencé.

Les structures relatives à la demande

Marché non concentré	**Concurrence** : il existe de très nombreuses acheteurs *EXEMPLES :* – le marché de l'automobile, – le marché du tourisme.
Marché concentré	**Oligopsone** : il existe seulement quelques acheteurs *EXEMPLE :* le marché de l'aviation civile.
Marché très concentré	**Monopsone** : il n'existe qu'un seul acheteur. *EXEMPLE :* le marché français de la culture du tabac.

3
AUTRES APPROCHES

a. Approche par le produit

Il existe autant de marchés que de produits ou services différents.

EXEMPLES :

- marché de l'automobile,
- marché de la micro-informatique,
- marché de l'agriculture biologique.

L'approche par le produit induit deux autres types de marchés :

- le marché des produits de substitution : produits qui satisfont le même besoin que le produit principal. Par exemple, pour visionner un film vidéo, il est possible d'utiliser les supports CD-ROM ou DVD, substituables à la cassette vidéo,

- le marché des produits complémentaires : produits additionnels par rapport au produit principal, qui permettent de satisfaire un besoin différent (mais complémentaire) de celui du produit principal. Par exemple, une imprimante, un scanner, une manette de jeux sont autant de produits complémentaires à un micro-ordinateur.

b. Approche par le lieu

On prend ici en compte le territoire géographique qui délimite un marché.

EXEMPLE :

- marché breton de l'agro-alimentaire,
- marché français de l'automobile,
- marché de l'agro-alimentaire dans l'Union européenne.

c. Approche par le temps

La mesure du marché actuel d'un produit est intéressante, mais une entreprise est beaucoup plus intéressée par le marché potentiel, le jour suivant, le mois suivant ou l'année suivante.

EXEMPLE :

- marché actuel du photocopieur numérique,
- marché prévisionnel de l'Airbus A380.

C Les relations entre les marchés

a. Relations horizontales

Le marché d'un produit n'est jamais complètement isolé. Voir plus haut les notions de :

- marché de produits de substitution,
- marché de produits complémentaires.

b. Relations verticales : les filières

Une filière correspond à la réunion, d'amont en aval, des différents marchés organisés autour d'un même produit. Chaque marché met en relation offreurs et demandeurs. Tous concourent à la transformation des matières premières en produits finis.

EXEMPLE :

la filière du bois. Elle réunit :

- le marché de l'exploitation forestière,
- le marché des produits de première transformation (pâtes à papier, contre-plaqués...),
- le marché des produits de deuxième transformation (emballages, parquets, charpente, meubles...).

c. Notions de marché principal, environnant, support et générique[1]

Marché principal	Ensemble des produits semblables au produit étudié et directement concurrents. Un marché est principal pour une entreprise dès lors qu'elle y propose un produit. EXEMPLE : marché du stylo-bille.
Marché environnant	Ensemble des produits de nature différente des produits étudiés, mais satisfaisant les mêmes besoins et les mêmes motivations dans les mêmes circonstances de consommation. EXEMPLES : marchés des stylos-encre, des feutres, des crayons.
Marché support	Ensemble des produits dont la présence est nécessaire à la consommation du produit étudié. EXEMPLE : marché du papier.
Marché générique	Ensemble des produits satisfaisant le même besoin que celui satisfait par le produit étudié. EXEMPLE : marché de l'écriture.

D
L'environnement du marché

Tout marché se développe au sein d'un environnement à multiples facettes qui accompagne et encadre son évolution.
Ainsi, le nucléaire est né en France d'une situation économique, d'un environnement technologique et d'une volonté politique plutôt favorables. Par contre, les réactions des associations de défense de l'environnement et des consommateurs, certains médias, certains milieux culturels ont violemment réagi face à ce qu'ils ont considéré comme une grave menace pour notre pays.
Une entreprise vit dans son environnement (économique, politique, réglementaire, culturel, social, naturel...). Aucune décision ne peut se prendre sans tenir compte soit des fournisseurs, soit de la réglementation, soit des syndicats, soit des associations de défense des consommateurs, soit des banques, soit des marchés financiers...
Le marketing doit intégrer cette démarche environnementale à tous les niveaux : études de marché, utilisation de matériaux recyclables, respect de normes, politique sociale au sein de l'entreprise, communication institutionnelle...

(1) C. Matricon, *Le marketing du réel*, Éditions de l'Usine Nouvelle 1984.

Pour l'étudier plus aisément, nous allons scinder cet environnement en deux grandes parties : l'environnement primaire et l'environnement secondaire.

1
Environnement primaire

Il est constitué des principaux acteurs en relation avec l'entreprise et son marché.

a. Les fournisseurs

Indispensables à toute entreprise pour obtenir matières premières, machines, fournitures, main-d'œuvre..., ils constituent des interlocuteurs constants en matière de négociation lors des achats, mais aussi pour les livraisons et la gestion des stocks.

b. La clientèle

Partie intégrante du marché avec les producteurs, la clientèle fait également partie de l'environnement du marché si on la considère dans son ensemble. Les tendances d'achat, l'évolution des besoins et des motivations d'achat, l'évolution des modes de paiement, les changements d'habitudes d'achat, sont autant de facteurs qui donnent à la clientèle toute son importance dans l'environnement de l'entreprise.

c. Les banques et les marchés financiers

Les banques (prêts à court, moyen ou long terme) et les marchés financiers (augmentation de capital) sont, en dehors de l'autofinancement, les fournisseurs d'argent des entreprises. Les intermédiaires financiers sont des interlocuteurs indispensables dans une économie capitaliste.

d. L'État

Il intervient dans l'environnement d'un marché ou d'une entreprise sous la forme de prélèvements fiscaux, de réglementations diverses (normalisation), de mesures de protection de l'environnement, mais aussi de mesures favorisant telle ou telle activité subissant des difficultés (allègement d'impôts, subventions, allègement de cotisations patronales...).

e. Les organismes et associations de défense des consommateurs

Le mouvement consumériste s'est fortement développé à partir des années soixante, aux États-Unis puis en Europe. La défense du consommateur fait partie intégrante de l'environnement des marchés et des entreprises. De nombreux exemples prouvent désormais son importance (utilisation de farines animales provoquant la maladie de la « vache folle », pneumatiques et automobiles défectueux, présence d'amiante dans certains édifices, prix anormalement élevé de l'essence...). On peut dissocier les organismes officiels des associations de consommateurs.

Les organismes officiels

- La DGCCRF {@} (Direction Générale de la Concurrence, de la Consommation et de la Répression des Fraudes), qui a pour rôles principaux de garantir la qualité et la loyauté des produits et services, et de protéger la sécurité et les intérêts des consommateurs,
- l'INC {@} (Institut National de la Consommation), établissement public national à caractère industriel et commercial, dont les rôles principaux sont de faire réaliser des essais de produits et services et d'informer les consommateurs des résultats de ses travaux (revue « 60 millions de consommateurs »),
- le CNC {@} (Conseil National de la Concurrence), qui dépend du Ministre chargé de la consommation, est un organisme de consultation sur des sujets ayant une incidence sur la consommation.

Les associations de défense des consommateurs

Régies par la loi de 1901 sur les associations, elles ont pour rôle principal la défense des intérêts des consommateurs. Il en existe une multitude en France. Les principales possèdent des antennes dans chaque région, chaque département, et dans les villes les plus importantes. Promptes à se mobiliser au niveau national, elles constituent une aide très importante pour les consommateurs.

EXEMPLES D'ASSOCIATIONS :

- la CLCV {@} (Consommation Logement et Cadre de Vie),
- l'ORGECO {@} (Organisation Générale des Consommateurs),
- l'UFC {@} (Union Fédérale des Consommateurs)...

f. Autres acteurs

Les Chambres de commerce et d'industrie {@} (CCI), les Chambres des Métiers, les syndicats professionnels, les syndicats de salariés, les médias...

2
Environnement secondaire

Un marché n'existe pas seul. Il évolue dans un environnement qui le sert, mais qui exerce également des pressions sur lui. Cet environnement est dominé par six grands pôles.

- L'économie : c'est elle qui régit les activités de production, de distribution et de consommation, et par ce fait, elle constitue l'environnement de base de tous les marchés (effet sur les prix et les revenus). Elle donne la « température » des marchés. En période de récession économique, la majorité des marchés sont moroses. L'inflation, le chômage, la croissance, le PIB, le commerce extérieur sont autant de thermomètres de la plupart des marchés.

- La technologie : c'est un des moteurs de l'innovation. Le marketing sait utiliser la technologie pour lancer de nouveaux produits et services, favoriser le développement des produits existants et créer ou proposer de nouveaux besoins aux consommateurs. La technologie intervient également dans les relations entre producteurs et distributeurs (EDI, internet), et entre producteurs, distributeurs et consommateurs (internet). La production en elle-même a gagné, avec les nouvelles technologies, en productivité et en qualité.

- La nature : la protection de la nature et de l'environnement prend une importance de tout premier plan en ce début de siècle. Les récentes conférences internationales ont fait prendre conscience aux États et aux grandes entreprises de l'importance de préserver notre environnement. Quels que soient les marchés, les mesures ont été nombreuses : création de l'organisme « Eco-emballages », effort d'utilisation de matériaux recyclables dans l'automobile, collecte de piles usagées...

- La culture : l'environnement culturel spécifique d'un pays, d'une région, a nécessairement de l'importance sur un marché. Par exemple, il existe des différences sensibles dans les relations entre producteurs et distributeurs dans des pays aussi différents que le Japon, les États-Unis ou l'Italie, et il faut les connaître pour réussir. La culture a aussi des effets sur la communication publicitaire ou sur le nom d'un produit.

- La démographie, qui influence directement les ventes des produits. La pyramide des âges a une influence sur de nombreux marchés (tourisme, jouets...).

- La législation, qui donne un cadre aux relations entre les intervenants dans un même marché, ainsi qu'aux relations entre plusieurs marchés.

Quelques sites internet

SIGLE, nom de l'organisme, *activité*	**Adresse des sites**
• ACFCI Assemblée des Chambres Françaises de Commerce et d'Industrie	acfci.cci.fr
• BEUC Bureau Européen des Unions de Consommateurs	beuc.org
• CCI Portail des Chambres de Commerce et d'Industrie	cci.fr
• CCI Chambre de Commerce Internationale	iccwbo.org
• CLCV Consommation Logement et Cadre de Vie	clcv.org
• Conseil de la Concurrence	conseil-concurrence.fr
• CNC Conseil National de la Consommation	conseilconsommation. minefi.gouv.fr.
• Consumers international *Association de protection et de promotion des intérêts des consommateurs*	consumers international.org
• DGCCRF Direction Générale de la Concurrence, de la Consommation et de la Répression des Fraudes	finances.gouv.fr/dgccrf
• INC Institut National de la Consommation	conso.net
• Ministère de l'Économie et des Finances	minefi.gouv.fr
• ORGECO Organisation Générale des Consommateurs	orgeco.net
• Service-Public *Portail de l'administration française*	service-public.fr
• Sos-net *Base de données juridiques grand public*	sos-net.eu.org
• TACD Trans Altantic Consumer Dialogue (Dialogue transatlantique des consommateurs)	tacd.org
• UFC Union Fédérale des Consommateurs	quechoisir.org

CHAPITRE 2

Les consommateurs et leurs comportements d'achat

A

Définitions (Consommateur, besoin, motivation, comportement)

Consommateur : personne qui achète et consomme un ou plusieurs produits (ou services) auprès d'un producteur ou d'un distributeur.
Besoin : état de tension résultant d'une pulsion, créant une sensation de privation, et la prise de conscience d'un écart à combler (entre, par exemple, ce que l'on est et ce que l'on voudrait être).
Motivation : énergie qui va pousser un individu à satisfaire un besoin.
Comportement : action ou réaction d'un individu résultant de son attitude par rapport à quelqu'un ou quelque chose.

B Caractéristiques des consommateurs

Sur un marché donné, les consommateurs représentent la clientèle finale d'un type de produit ou d'un service. Le marketing moderne a besoin de plus en plus d'informations sur les consommateurs, particuliers ou organismes. Leur analyse, au moyen d'études diverses (voir la partie intitulée « La recherche d'informations sur le marché : l'étude de marché »), permet aux entreprises présentes sur ce marché de les connaître avec précision afin d'adapter leur offre (stratégie, produits) à leurs besoins.

Les principaux éléments qui caractérisent les consommateurs d'un produit ou d'un service sont les suivants :

- leur nombre,
- leurs qualités socioculturelles (répartition par âge, sexe, niveau social...),
- leur localisation géographique,
- leurs motivations d'achat,
- leurs comportements d'achat (qui achète, combien, quand, où, quoi, pourquoi, les critères de choix, le degré d'implication...),
- leurs habitudes de consommation (qui consomme, combien, quand, où...)...

À l'échelle d'une entreprise, les consommateurs d'un de ses produits (ou service) constituent sa *clientèle*. Les informations dont dispose une entreprise sur sa clientèle ont la plus grande importance. Elles lui permettent de pratiquer une nouvelle forme de marketing, le marketing relationnel (voir la partie intitulée « La relation client »), qui essaie de valoriser le plus possible le capital-client de l'entreprise par des relations de plus en plus individualisées.

C Les facteurs explicatifs du comportement d'achat

Face à l'achat d'un produit, un individu est influencé, consciemment ou non, par un certain nombre de facteurs.

EXEMPLE :

> à l'occasion de l'achat d'un téléviseur à écran plat, un individu peut être influencé par :
> - sa propre opinion sur ce type de produit,
> - les conseils d'un ami qui vient d'en acquérir un,
> - le fait qu'il estime que son statut social rend son téléviseur actuel complètement ringard.

Bernard Dubois, dans son ouvrage « Comprendre le consommateur » (Dalloz, 1994), détermine trois niveaux de facteurs explicatifs du comportement d'achat d'un consommateur :

- le niveau individuel, personnel,

– le niveau interpersonnel,
– le niveau socio-culturel.

Chacun de ces niveaux comprend un certain nombre de facteurs qui vont influencer un consommateur face à l'acte d'achat.

Les trois niveaux d'explication du comportement d'achat

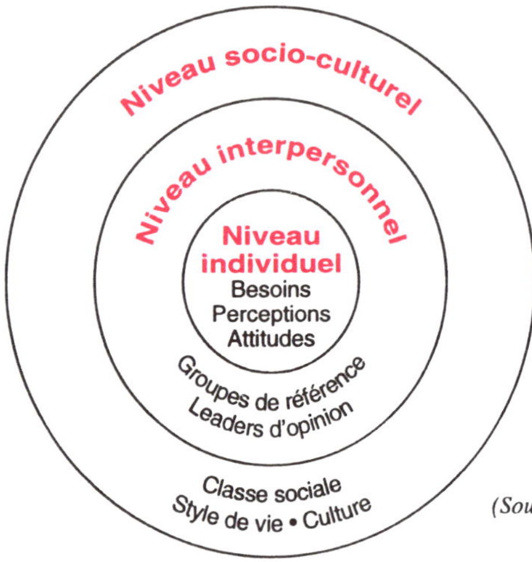

(Source B. Dubois)

1 Au niveau individuel

Il est logique de considérer que l'individu lui-même constitue le point de départ du comportement d'achat, au travers de ses besoins, de sa motivation, de sa perception du produit et de son attitude envers ce produit.

a. Notion de besoin

Tout individu ressent des besoins à satisfaire : besoin de manger, besoin de prendre l'air, besoin d'acheter des vêtements...

Le besoin trouve son origine dans une pulsion, force inconsciente qui se manifeste au plus profond d'un individu et qui a une origine somatique (physiologique).

Cette pulsion va créer la prise de conscience par l'individu d'un sentiment de privation, c'est-à-dire d'un écart à combler entre deux états :

État actuel de l'individu		État vers lequel tend l'individu
Ce que je suis *(je suis au chômage)*		Ce que je veux être *(je veux travailler)*
Ce que je possède *(j'ai une 206)*		Ce que je veux posséder *(je veux une Audi TT)*

Le besoin correspond à la prise de conscience de cet écart et au désir de le combler : j'ai besoin de travailler, d'acheter un véhicule plus puissant...

Classification des besoins

Une première classification distingue les besoins vitaux des besoins de civilisation :

- les besoins vitaux, ou *absolus* (Keynes), ou *innés* : ils existent par le fait même que nous sommes des êtres humains, avec un organisme à satisfaire,
- les besoins de civilisation, ou *relatifs* (Keynes), ou *acquis* : ils dépendent de la société dans laquelle nous vivons. Ils correspondent à des besoins culturels ou sociaux.

Une autre distinction peut être faite entre besoin générique et besoin dérivé :

- le besoin générique est un besoin général,
- le besoin dérivé correspond à la réponse apportée au besoin générique. Cette réponse fait référence à un outil technologique qui pourra évoluer avec le temps et les progrès scientifiques.

EXEMPLE :

- besoin d'écrire : besoin générique,
- besoin d'un stylo et d'une feuille de papier : besoin dérivé (mais ce pourra être aussi le besoin d'une machine à écrire, ou bien d'un ordinateur, d'un logiciel de traitement de texte et d'une imprimante).

La hiérarchie des besoins de Maslow

Un Américain, Abraham Maslow, a travaillé sur la notion de besoin et en a établi une hiérarchie applicable à chaque individu.

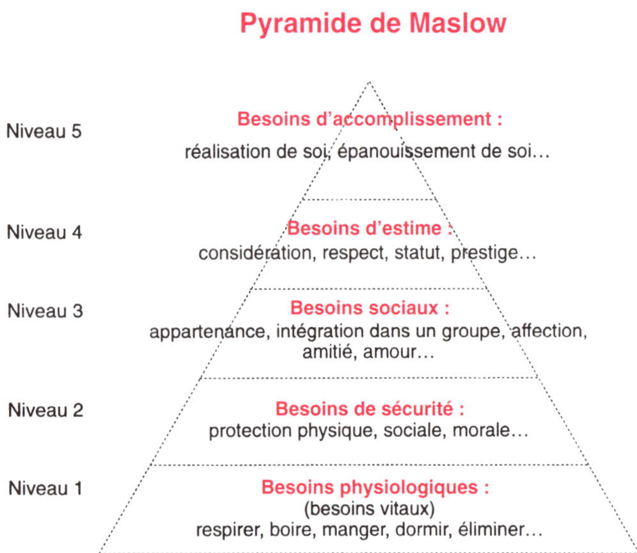

Ses travaux montrent que les besoins de chaque personne peuvent être classés en cinq grandes catégories, la satisfaction d'un besoin de niveau n ne pouvant intervenir qu'après la satisfaction du besoin de niveau n – 1.

Selon Maslow, un individu ne ressentira pas ou ne recherchera pas à assouvir de besoins de sécurité tant qu'il n'aura pas satisfait ses besoins physiologiques. Cette règle est valable à tous les niveaux de cette hiérarchie, un individu ne pouvant atteindre les besoins dits supérieurs (haut de la pyramide) qu'après avoir satisfait les besoins de niveau inférieur.

Cette théorie, la « Pyramide de Maslow », est désormais critiquable. Elle pêche par un excès de généralisation. Un même individu peut très bien ressentir au même moment des besoins de niveaux différents, et surtout assouvir des besoins de niveau n + 1 sans avoir satisfait les besoins de niveau n.

EXEMPLES :

- une personne ayant réussi dans la vie, ayant atteint un certain statut social (niveau 4) peut très bien se sentir exclue de la société (niveau 3),
- un individu peut assouvir des besoins de niveau 5 (développement personnel par la culture, la pratique d'activités artistiques) et souffrir d'un manque de reconnaissance par la société (niveau 4). C'est le cas de nombreux artistes incompris de leur vivant et dont la qualité n'a été reconnue qu'après leur mort.

Par contre, le travail sur la typologie des besoins effectué par Maslow, à partir des travaux de Keynes, est indiscutable.
Il faut simplement considérer la théorie de la hiérarchisation des besoins de Maslow comme une théorie applicable dans certains cas, mais que l'on ne peut généraliser.

La théorie des besoins interpersonnels de Schultz

Un autre Américain, William Schultz, qui a travaillé sur les relations interpersonnelles, a défini trois besoins interpersonnels :

- le besoin d'inclusion : besoin de reconnaissance par les autres,
- le besoin de contrôle : besoin de responsabilité et de recherche de pouvoir,
- le besoin d'affection : degré d'affection dans une relation sociale (certaines personnes sont naturellement très chaleureuses avec autrui et d'autres préfèrent au contraire garder leurs distances).

Cette distinction dans la notion de besoin apporte un éclairage particulier par rapport à la théorie de Maslow, dans un domaine complètement différent.
Selon Schultz, l'individu qui, dans une relation de communication interpersonnelle, arrive à satisfaire les besoins d'inclusion, de contrôle et d'affection avec son interlocuteur a toutes les chances d'instaurer un climat de communication satisfaisant.

b. Notion de motivation

La motivation correspond à l'énergie qui pousse un individu à satisfaire un besoin en induisant un comportement.
Cette énergie est toute personnelle. Elle existe quand l'individu prend conscience de l'importance de l'écart entre ses désirs et la réalité génératrice d'un besoin.

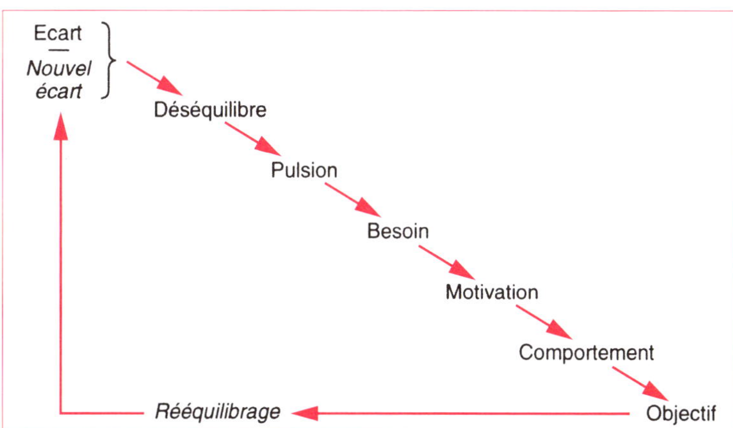

Cet écart crée un déséquilibre interne que l'individu supporte mal. On dit qu'il est en état de *dissonance cognitive*. Le désir de réduction de cet écart va constituer le moteur de la motivation, pour effectuer un retour à une situation d'équilibre. Il existe plusieurs classifications des motivations d'achat.

Classification d'Henri Joannis

– Motivations hédonistes : recherche du plaisir comme but de la vie.

EXEMPLES :

- recherche de plaisirs physiques : confort, goût, odorat, ...
- recherche de plaisirs intellectuels : savoir, découvrir, ...
- recherche de sécurité,
- recherche de plaisirs procurés par la possession d'un objet.

– Motivations oblatives : recherche du plaisir pour ceux qui nous entourent.

EXEMPLES :

- pour une ménagère : cuisiner des petits plats à son entourage,
- pour un enfant : offrir un cadeau à sa mère le jour de sa fête.

– Motivations d'auto-expression : besoin pour un individu d'exprimer qui il est.

EXEMPLE :

désir de s'exprimer, de paraître (sportif ou riche par l'achat de vêtements, bijoux, voitures correspondant au désir).

Classification en fonction du caractère personnel

– Motivations personnelles :
  - motivations de *sécurité* : recherche de protection, d'assurance, de garantie,
  - motivations de *confort* : recherche de bien-être,
  - motivations *hédonistes* : recherche de plaisirs physiques et intellectuels, accomplissement de soi,
  - motivations *d'avidité* : recherche de domination, ambition.

– Motivations altruistes : recherche du plaisir pour les autres, s'effacer au profit d'autrui.

Classification en fonction du caractère conscient ou non

– Motivations conscientes, rationnelles.

EXEMPLE :

J'achète cette voiture parce qu'elle ne consomme que 3,9 litres de gazole aux 100 km.

– Motivations subconscientes, irrationnelles.

EXEMPLES :

- j'ai acheté cet ensemble parce qu'il me plaisait,
- J'ai acheté ce gâteau sans réfléchir, j'en ai eu envie.

Plusieurs moyens mnémotechniques ont été créés pour se rappeler les motivations principales :

SONCAS
Sécurité
Orgueil
Nouveauté
Confort
Argent
Sympathie

SABONE
Sécurité
Affectivité
Bien-être
Orgueil
Nouveauté
Économie

c. Notion de perception

Le Petit Robert définit la perception comme une « *fonction par laquelle l'esprit se représente les objets* ».

La perception des objets par un individu influence largement son comportement d'achat. Les entreprises l'ont bien compris et prennent en compte le phénomène de la perception de différentes manières.

EXEMPLES :

- études de perception des différentes marques présentes sur un marché, avant le lancement d'un produit,
- campagnes de publicité qui présentent les produits de telle manière que leur perception sera la plus favorable à l'achat pour le plus grand nombre de consommateurs composant la cible.

d. Notion d'attitude

L'attitude peut être définie comme la capacité d'évaluation d'un individu à l'égard de quelqu'un ou de quelque chose.

L'attitude d'un individu par rapport à un produit constitue une étape intermédiaire entre le besoin et la motivation d'une part et l'acte d'achat proprement dit d'autre part.

L'attitude peut être décomposée en trois composantes :

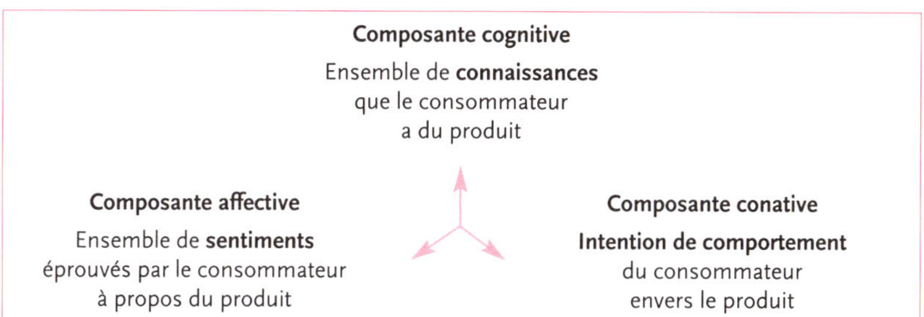

La conjonction de ces trois composantes constitue l'attitude d'un individu par rapport à un produit.

2
Au niveau interpersonnel

L'environnement social d'un individu exerce une influence indéniable sur ce dernier dans le processus d'achat. Il est constitué de différents *groupes d'influence* :

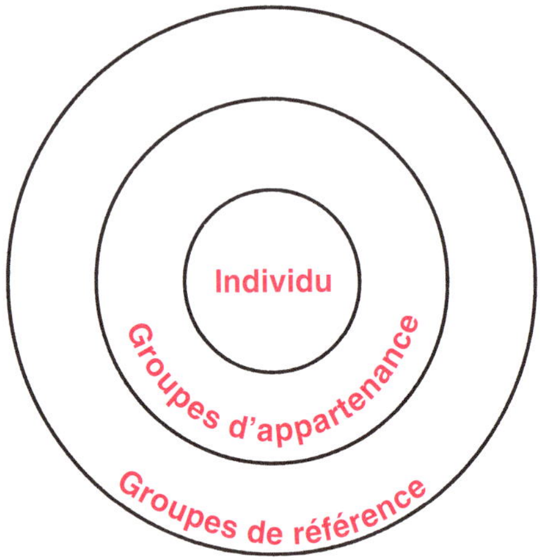

– les groupes d'appartenance sont très proches de l'individu (famille, amis, collègues de travail...). Ils sont sources de conseils, de repères pour l'individu,

– les groupes de référence sont plus éloignés de l'individu. Il n'en fait pas directement partie, mais il s'y réfère consciemment ou non (ce peut être un parti politique, une association... dont l'individu n'est pas membre mais dont l'action l'influence).

3
Au niveau socio-culturel

De nombreux facteurs socio-culturels *au niveau de la société entière et des sous-cultures* interviennent dans le processus d'achat d'un consommateur.
On peut les regrouper en trois parties : les facteurs socio-démographiques, les styles de vie et les facteurs culturels.

a. Facteurs socio-démographiques

– âge,
– sexe,

- revenu,
- PCS (Profession et Catégorie Socio-professionnelle),
- type d'habitat...

Professions et catégories socioprofessionnelles de l'INSEE (PCS)

• Agriculteurs exploitants, • Artisans, commerçants, chefs d'entreprise, • Cadres, professions intellectuelles supérieures,	• Professions intermédiaires, • Employés, • Ouvriers, • Chômeurs n'ayant jamais travaillé.

b. Styles de vie

L'approche par les styles de vie (présentation dans le chapitre intitulé « Le plan stratégique d'activité ») s'est développée fortement depuis les années 60, sous l'impulsion de différents organismes :

– le C.C.A. {@} (Centre de Communication Avancée), qui présente régulièrement depuis 1972 une typologie des populations françaises et étrangères (tous les 4 à 6 ans). La dernière étude disponible pour la France (2000), très largement axée sur les tendances prospectives, c'est-à-dire sur les objectifs de styles de vie de chaque profil dans les 10 prochaines années, présente 15 familles sociologiques. On y retrouve les Intenses, les Orpailleurs, les Équilibristes, les Dériveurs, les Méfiants, les Attentistes, les Îlotiers, les Fragiles, les Puritains, les Intégrés, les Bâtisseurs, les Butineurs, les Cools, les Explorateurs et les Sur-Actifs (voir la cartographie dans le chapitre intitulé « Le plan stratégique d'activité », dans la partie traitant de la segmentation, page 98),

– Sociovision {@}, qui propose une représentation de la diversité des sensibilités au sein d'une population donnée (française et étrangère) sous forme de différents groupes homogènes partageant les mêmes aspirations de vie, les mêmes systèmes de valeurs et les mêmes modes de vie (approche « Sinus-Milieus »).

c. Facteurs culturels

Le Petit Robert définit la culture comme *« l'ensemble des aspects intellectuels d'une civilisation »*.
Cela comprend les acquis purement culturels, religieux, sociaux, artistiques, moraux...

D
La prise de décision d'achat

Ce long processus intérieur mêlé de nombreuses influences externes aboutit à une phase comportementale entraînant ou non l'acte d'achat.
Cette phase correspond à la recherche et au traitement d'informations permettant la prise de décision.
Selon l'importance de l'achat, la démarche de recherche d'informations peut s'apparenter à celle qui est effectuée lors d'une étude de marché :
- recherche d'informations internes (connaissances personnelles, livres revues à disposition...),
- recherche d'informations externes (conseils de vendeurs, d'amis, achat de revues...).

L'exploitation et la perception de ces informations débouchent sur une évaluation, une attitude préférentielle concernant un produit particulier qui va se conclure par la prise de décision d'achat ou de non achat.
La consommation du produit entraînera par la suite une nouvelle perception de ce dernier qui confirmera ou infirmera la première.

E
Schéma récapitulatif du comportement d'achat

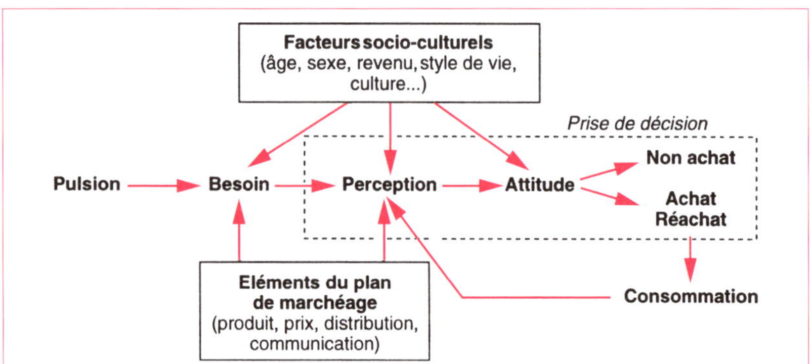

Quelques sites internet

SIGLE, nom de l'organisme, *activité*	**Adresse des sites**
• CCA Centre de Communication Avancée	lecca.com
• Sociovision Cofremca	sociovision.com

PARTIE 3

La recherche d'informations sur le marché : l'étude de marché

En marketing, l'information prend une place de plus en plus importante. La technologie actuelle permet une grande facilité de circulation, de stockage et de traitement de l'information (Internet, échange de données informatisé, entrepôts de données...).

Basé sur l'étude du marché, le marketing est gros consommateur d'informations soit déjà existantes (analyse documentaire, ventes réalisées, analyse des comportements d'achats...), soit créées pour l'occasion (études qualitatives ou quantitatives). Aux traditionnels fichiers informatisés s'ajoutent désormais de véritables bases de données relationnelles réunissant des millions de pages.

Cette troisième partie va d'abord nous permettre de comprendre, d'une manière générale, ce qu'est une étude de marché. Ensuite, nous analyserons dans le détail les outils qui permettent d'obtenir cette information marketing : analyse documentaire, étude qualitative, étude quantitative, tests.

CHAPITRE 1

Généralités sur l'étude de marché

Toute décision stratégique ou opérationnelle est importante pour une entreprise : modifier l'emballage d'un produit, étendre la vente d'un produit à un nouveau canal de distribution, lancer une opération de communication... Mais elle possède rarement l'ensemble des informations nécessaires à la prise de telles décisions aux conséquences si importantes.
Le recours à une étude de marché va permettre à l'entreprise de compléter ses informations pour lui permettre de prendre la décision la plus adaptée au marché et à ses objectifs.

A Définition d'une étude de marché

L'étude de marché regroupe un ensemble d'outils et de techniques permettant de rechercher et d'analyser des données sur un marché, dans le but d'aider la prise de décisions marketing concernant un produit ou un service présent ou pressenti sur ce marché.

B

Les différents types d'information

Les informations peuvent être quantitatives ou qualitatives, internes ou externes, primaires ou secondaires, ponctuelles ou permanentes.

Type d'information	Définition
Informations quantitatives	Les informations quantitatives sont chiffrées. Elles permettent de mesurer un phénomène à un moment donné. Elles sont en principe objectives.
Informations qualitatives	Les informations qualitatives permettent d'expliquer un phénomène. Elles ont souvent un caractère subjectif.
Informations internes	Les informations internes sont disponibles dans l'entreprise.
Informations externes	Les informations externes sont disponibles à l'extérieur de l'entreprise.
Informations primaires	Les informations primaires n'existent pas encore. Elles sont à créer.
Informations secondaires	Les informations secondaires existent déjà, soit dans l'entreprise, soit à l'extérieur.
Informations ponctuelles	Les informations ponctuelles existent à une date donnée. Passée cette date, elles sont obsolètes.
Informations permanentes	Les informations permanentes sont mises à jour régulièrement dans le cadre d'enquêtes récurrentes : les panels.

C

La démarche générale de mise en place d'une étude de marché

Une étude de marché se prépare avec une grande minutie, comme tout projet important. Les étapes suivantes sont autant de thèmes de réflexion obligés avant d'entreprendre le recueil d'informations.

1
Établir un projet d'étude

Cette première étape est importante. Elle va permettre à l'entreprise de poser le problème, de l'analyser, et de décider de le résoudre seul, en interne si elle

possède un département « études », ou bien de le confier à un cabinet d'études spécialisé, qui aura pour avantage de poser un regard extérieur et relativement neutre sur l'entreprise.
Dans ce cas l'entreprise et le cabinet d'études analyseront ensemble le problème et détermineront des objectifs quantitatifs et qualitatifs. Le cabinet d'études consignera toutes ces informations dans un document de synthèse, avec calendrier et budget prévisionnel, pour le soumettre à l'accord du chef d'entreprise.

2
Définir le contenu de l'étude

Il s'agit de lister les informations désirées, en mesurer la pertinence et les hiérarchiser. Les informations à rechercher portent le plus souvent sur les trois grands thèmes suivants.

a. Informations sur l'offre

- L'entreprise : audit des principales fonctions de l'entreprise.
- Le produit : étude approfondie de toutes les caractéristiques du produit considéré (caractéristiques techniques et commerciales).
- Les entreprises concurrentes : nombre, qualité, part de marché, stratégie, rayonnement géographique, gammes de produits, caractéristiques du plan de marchéage et positionnement de chacun des produits, résultats...
- La distribution : logistique utilisée, circuits et canaux utilisés, poids relatif des différents canaux, méthodes de vente, pratiques commerciales...

b. Informations sur la demande

- Le marché en général : importance, évolution, acteurs...
- Les prescripteurs
- La clientèle finale : qualité (âge, sexe, PCS – profession et catégorie socioprofessionnelle –, lieu d'habitation...), importance, quantités consommées, fréquence de consommation, lieu de consommation, besoins, motivations d'achat, comportement d'achat, critères de choix du produit, de la marque, du point de vente...

c. Informations sur l'environnement

- La situation économique
- La situation politique (ceci est surtout utile lors de l'étude d'un marché étranger).
- L'environnement juridique : évolution de la législation relative aux produits, à leur distribution, à leur communication...
- L'environnement technologique : évolution des processus de fabrication, du type et de la qualité des matériaux utilisés, apparition de nouvelles technologies...
- L'environnement culturel : étude de l'impact de la culture, de la religion, des croyances et traditions liées à la consommation du produit étudié.
- L'environnement naturel ou géographique

Une entreprise réalise rarement une analyse complète du marché (pour une raison évidente de coût et de temps). Elle dispose d'indicateurs qui vont lui permettre d'obtenir des informations sur différents points cités ci-dessus.
Dans certains cas, elle va commander une étude plus pointue sur un ou plusieurs points sensibles.

3
Déterminer et justifier le type d'informations à rechercher

Le choix du contenu de l'étude et donc de la nature des informations à rechercher a une incidence directe sur le choix du type de ces informations. Que l'information à rechercher soit quantitative ou qualitative, peut-on se contenter de sources internes, secondaires, ou bien faut-il créer l'information ? Bien souvent, les différents types d'information sont utilisés.
On commence à rechercher en interne, au service commercial, comptable, documentation... Ces informations sont souvent insuffisantes pour résoudre le problème initial.
Il faut alors rechercher des informations secondaires (déjà existantes) et externes (à l'extérieur de l'entreprise). Les sources d'informations externes sont aussi diverses que les revues professionnelles, les syndicats professionnels, les organismes publics, les banques de données, les associations de consommateurs, les panels...
Si ces informations s'avèrent insuffisantes pour traiter le problème initial, ou si tout simplement l'information recherchée n'existe pas, il faut la créer. On arrive alors dans le domaine des informations primaires, créées par l'entreprise ou pour le compte de l'entreprise par un cabinet extérieur.
Le coût d'une *étude « ad hoc »* (réalisée pour répondre aux besoins spécifiques

d'une entreprise) est évidemment beaucoup plus élevé. La décision de recourir à ce type d' enquête est pris en fonction du rapport « pertinence des informations / coût ».

4

Choisir les outils de recueil d'information

Le type d'information (quantitative ou qualitative) a bien entendu une incidence sur le choix des outils. Les outils ne seront pas les mêmes si l'information à obtenir est purement qualitative (motivations d'achat par exemple) ou bien quantitative (étude sur la consommation d'un produit). Pour une information qualitative, on utilisera les entretiens, individuels ou de groupe, alors qu'un besoin en information quantitative engendrera une enquête par sondage. De la même manière, un besoin d'information permanente entraînera l'utilisation d'outils (panels) différents de ceux nécessaires pour un besoin d'information ponctuelle.
Assez souvent, les deux types d'outils vont être utilisés successivement : l'étude qualitative va permettre de mettre à jour, conforter ou infirmer des hypothèses qui seront ensuite validées par une étude quantitative.

5
Préciser le déroulement général de l'étude

Déroulement général d'une étude de marché

1 - Détermination du problème marketing

2 - Définition des objectifs de l'étude de marché

3 - Définition du contenu de l'étude

4 – Choix de l'opérateur (service marketing ou cabinet extérieur)

5 - Détermination et justification du type d'informations à rechercher

	Recherche d'informations **secondaires**, quantitatives ou qualitatives		Besoin d'informations **primaires**, quantitatives ou qualitatives	
	Internes	**Externes**	**Internes**	**Externes**
Besoin d'informations **ponctuelles**	Consultation de sources d'informations internes	Consultation de sources d'informations externes	Réalisation d'une enquête par sondage ou d'entretiens, individuels ou de groupe Par l'entreprise	Réalisation d'une enquête par sondage ou d'entretiens, individuels ou de groupe Par une société spécialisée
Besoin d'informations quasi **permanentes**	—	—	—	Panels (*), baromètres (**), tracking (***)

6 – Réalisation de l'étude

7 - Exploitation des informations

8 - Élaboration du rapport d'étude

(*) Voir page 72.
(**) Voir page 77.
(***) Voir page 77.

Quelques sites internet

SIGLE, nom de l'organisme, *activité*	**Adresse des sites**
• Plus d'études *Librairie d'études de marché*	plusdetudes.com
• Syntec *Études Marketing et opinion*	syntec-etudes.com
• Xerfi *Société d'études sectorielles*	xerfi.fr

CHAPITRE 2

L'étude documentaire

La recherche d'informations commence par une étude de la documentation existante, soit en interne, au sein de l'entreprise, soit à l'extérieur de celle-ci.

A Les sources internes

Leur principal avantage est qu'elles ne demandent pas d'investissements financiers extérieurs. Elles sont théoriquement rapides d'accès, et leur mise à jour dépend de l'efficacité du système de gestion de l'information. Si l'entreprise possède un système d'information marketing, sa simple consultation fournira tous les éléments demandés. Sinon, il faudra « faire le tour » des différents services de l'entreprise.

1 Le service comptable

Il va permettre d'obtenir des informations sur :
- « l'état de santé financière » de l'entreprise, et donc d'en déduire sa capacité à financer tel ou tel projet commercial,
- les règlements des clients de l'entreprise,
- les règlements aux fournisseurs...

2 Le service commercial

Il va permettre d'obtenir des informations sur :
- les ventes, produit par produit, en volume et en valeur,
- les ventes par secteur géographique (sur une ville, un département, une région, un pays),
- les ventes par circuit de distribution,
- les ventes par client,
- les clients (fichier clients, rapports commerciaux, SAV). Informations minimum : récence, fréquence, montant des achats. Un fichier client très bien renseigné va permettre de travailler également sur des informations comportementales.

B Les sources externes

Cette documentation externe à la disposition de toute entreprise est quantitativement très importante, mais rarement directement adaptée aux besoins en information des entreprises. Elle permet cependant une première approche qui devra le plus souvent être complétée par une étude spécifique.

Les sources externes sont consultables de différentes manières :
- support papier : revue, rapport,
- support informatique : CD-Rom,
- support télématique : Internet.

Elles sont le plus souvent payantes. Les informations obtenues sont d'ordre général et rarement adaptées au besoin précis d'une entreprise. Elles peuvent être disponibles très rapidement (Internet).

Principales sources d'informations externes :

- **Organismes internationaux** : CEE {@} (Communauté économique européenne), OCDE {@} (Organisation de coopération et de développement économique), OMPI {@} (Organisation mondiale pour la propriété industrielle), CEN {@} (Comité européen de normalisation), ISO {@} (Organisation de standardisation internationale)...,
- **Organismes nationaux** : INSEE {@} (Institut national de la statistique et des études économiques), CREDOC {@} (Centre de recherche pour l'étude, la documentation et l'observation des conditions de vie), Chambres consulaires {@} (CCI, Chambres des métiers, Chambres d'agriculture), Ministères, Universités, COFACE {@} (Compagnie française d'assurance pour le commerce extérieur), AFNOR {@} (Association française de normalisation), INC {@} (Institut national de la consommation), INED {@} (Institut national d'études démographiques)...,
- **Syndicats professionnels** (pour toutes les professions),
- **Sociétés privées de fichiers** : KOMPASS {@}, LE BOTTIN {@}, banques de données télématiques, moteurs de recherche (Google {@}, Yahoo {@}...),
- **Organismes privés** : IFLS {@} (Institut français pour le développement des liens et services), ADETEM {@} (Association pour le développement des techniques marketing), FCD {@} (Fédération des entreprises du commerce et de la distribution), CECOD (Centre d'études du commerce et de la distribution)...,
- **Revues professionnelles** : LSA {@} (Libre-service Actualités), Points de vente {@}, Marketing Magazine {@}, Marketing Direct {@}, La revue française du marketing {@}, Action commerciale {@}, Stratégies {@}, l'Expansion Management review {@}, Décisions marketing {@}...

Quelques sites internet

SIGLE, nom de l'organisme, *activité*	**Adresse des sites**
• ACFCI Assemblée des Chambres Françaises de Commerce et d'Industrie	acfci.cci.fr
• Action commerciale *Revue commerciale*	actionco.fr
• ACNielsen France *Études de marché*	acnielsen.fr
• Acxiom France (ex Claritas) *Bases de données comportementales*	acxiom.fr
• ADETEM Association pour le Développement des Techniques Marketing *éditeur de la Revue Françaisede Marketing*	adetem.org

SIGLE, nom de l'organisme, *activité*	**Adresse des sites**
• AFNOR Association Française de Normalisation	afnor.fr
• Altema *Le journal des tendances de consommation*	altema.com
• CCE Conseillers du Commerce Extérieur (ex CNCCEF)	cnccef.org
• CCI Chambres de Commerce et d'Industrie	cci.fr
• CCI Chambre de Commerce Internationale	iccwbo.org
• CCIP Chambre de Commerce et d'Industrie de Paris	ccip.fr
• CEN Comité Européen de normalisation	cen.eu
• CEPPII Centre d'Études Prospectives et d'Informations Internationales	cepii.fr
• CESP Centre d'Étude des Supports de Publicité	cesp.org
• CLCV Confédération de la Consommation, du Logement et du Cadre de Vie	clcv.org
• CNCCEF Comité National des Conseillers du Commerce Extérieur de la France	cnccef.org
• CNIS Conseil National de l'Information Statistique	cnis.fr
• COFACE Compagnie Française d'Assurance pour le Commerce Extérieur	coface.fr
• Conso.net *Portail de la consommation*	conso.net
• CREDOC Centre de Recherche pour l'Étude et l'Observation des Conditions de vie	credoc.fr
• Décisions Marketing *Revue commerciale*	revue-dm.org
• DGCCRF Direction Générale de la Concurrence, de la Consommation et de la Répression des Fraudes	finances.gouv.fr/dgccrf
• e Marketing *Portail marketing – Revues « Marketing Magazine » et « Marketing Direct »*	e-marketing.fr
• Emballages Magazine *Revue*	emballagesmagazine.com oscarsdelemballage.com
• ESOMAR *World Association of Research professionals*	esomar.org
• Études de marché	etudesdemarche.net
• Euractiv *Nouvelles communautaires*	euractiv.com
• Euridile *Registre national du commerce et des sociétés*	euridile.inpi.fr
• Europa *Le portail de l'Union Européenne*	europa.eu
• Europages *Annuaire B to B*	europages.com
• EUROSTAT *Office statistique de l'Union Européenne*	epp.eurostat.ec.europa.eu
• Exporter *Site gouvernemental du commerce extérieur*	exporter.gouv.fr
• FCD Fédération des entreprises du commerce et de la distribution	fcd.asso.fr
• GFM Guide des Fichiers et du Marketing	gfm.fr
• Google *Moteur de recherche*	google.fr
• ICC International Chamber of Commerce	iccwbo.org
• IFEN Institut Français de l'Environnement	ifen.fr
• IFLS Institut Français pour le développement des liens et des services	ifls.net
• IFM Institut Français du merchandising	ifm.asso.fr
• INC Institut National de la Consommation	conso.net

SIGLE, nom de l'organisme, *activité*	**Adresse des sites**
• INED Institut National d'Études Démographiques	ined.fr
• INSEE Institut National de la Statistique et des Études Économiques	insee.fr
• IREPP Institut de Recherches et Prospective Postales	irepp.com
• ISO Organisation internationale de normalisation	iso.org
• Kompass International *Base de données d'entreprises*	kompass.fr
• Le Bottin *Annuaire des entreprises françaises*	bottin.fr
• Le Moci Moniteur Officiel du Commerce International	lemoci.com
• Le Monde Diplomatique *Revue*	monde-diplomatique.fr
• L'Expansion Management review *Revue commerciale*	lexpansion.com/EMR/O.O.O.html
• Linéaires *Revue*	lineaires.com
• L'officiel de la franchise *Revue*	franchiseline.com
• LSA *Revue Libre-Service Actualités*	lsa.fr
• Media Marketing *Revue*	mm.be
• Net-iris *Veille juridique professionnelle*	net-iris.com
• OCDE Organisation de coopération et de développement économiques	oecd.org
• OMC Organisation Mondiale du Commerce	wto.org
• OMD Organisation Mondiale des Douanes	wcoomd.org/ie/index.html
• OMPI Organisation Mondiale de la Propriété Industrielle	wipo.int
• Points de vente *Revue*	pointsdevente.fr
• SIRENE Système Informatisé du Répertoire National des Entreprises et des établissements	sirene.tm.fr
• SNA Syndicat National des Éditeurs d'Annuaires	sna.asso.fr
• Sos-net *Base de données juridiques grand public*	sos-net.eu.org
• SPQR Syndicat de la Presse Quotidienne Régionale	spqr.fr
• Stratégies *Revue*	strategies.fr
• Tarif Médias *Revue*	tarifmedia.com
• UBIFRANCE Agence française pour le développement international des entreprises (ex. CFCE)	ubifrance.fr
• UCCIFE Union des Chambres de Commerce et d'Industrie Françaises à l'Étranger	uccife.org
• UFC Union Fédérale des Consommateurs	quechoisir.org

CHAPITRE 3

L'étude qualitative

Comprendre l'attitude d'un individu face à un produit ou une publicité, trouver les motivations qui sous-tendent un acte d'achat sont autant d'objectifs qui peuvent être assignés à une étude qualitative. Ce type d'étude nécessite des méthodes d'investigation très spécifiques, assez souvent indirectes ou détournées, difficiles à utiliser, qui permettent de produire des informations délicates à exploiter.

A Définition et but

On appelle qualitative toute étude qui permet d'analyser et d'essayer de comprendre les motivations et le comportement des individus. Elle est basée sur des méthodes issues de la psychologie appliquée (analyse d'entretiens individuels ou de groupe, techniques projectives...).

B
Caractéristiques de l'étude qualitative

Elle porte sur un échantillon assez restreint d'individus (entre 10 et 150 selon les outils utilisés). Cet échantillon n'a pas besoin d'être représentatif de l'ensemble d'une population ; il doit simplement être issu de la base de sondage, et composé d'individus présentant des profils différents.
Elle nécessite le recours à des psychologues ou des psycho-sociologues pour analyser les informations obtenues.
Sa durée est importante comparativement au nombre de personnes interrogées, car l'analyse des informations obtenue est très longue (un entretien peut durer jusqu'à 2 ou 3 heures).
Elle est très utilisée par les entreprises de communication (pour effectuer des tests de publicité ou de packaging), par les médias (par des chaînes de télévision pour tester des programmes, par la presse pour tester une nouvelle maquette de revue ou de journal), par les producteurs (pour connaître la perception qu'ont les consommateurs d'un produit)...
Elle représentait en 2005 12 % du chiffre d'affaires de l'ensemble des études réalisées en France (source Syntec Études Marketing et Opinions).

C
Rôles de l'étude qualitative dans une étude de marché

Elle est bien souvent utilisée en amont de l'étude de marché. Dans ce cas, son rôle est de mettre à jour des éléments qui seront vérifiés ultérieurement grâce à une étude quantitative.
Elle peut également être utilisée seule pour, par exemple, comprendre le comportement d'un individu face à un linéaire.
Enfin, elle est parfois également utilisée en aval d'une étude quantitative, pour tenter d'expliquer certains points mis en évidence par le sondage.

D
Les méthodes utilisées

Il existe trois grandes familles de méthodes pour l'étude qualitative.

1 L'ENTRETIEN INDIVIDUEL

Il rassemble un intervieweur (psycho-sociologue) et un interviewé. L'entretien est enregistré au magnétophone ou en vidéo pour permettre l'analyse des informations obtenues. Les réponses de l'interviewé peuvent être entrées sur informatique pour effectuer une analyse quantitative de ses propos au moyen d'un logiciel spécialisé : nombre de fois qu'un mot a été prononcé, analyse sémantique des phrases...

L'intervieweur doit donner à l'entretien les caractéristiques générales suivantes :

- création d'une ambiance favorable à la discussion,
- utilisation d'une stratégie de questionnement claire, constituée de questions majoritairement ouvertes et simples à comprendre,
- adoption d'une attitude d'écoute.

L'entretien individuel représentait en 2005 22 % des méthodes de recueil d'information (source Syntec Études Marketing et Opinions).

On distingue généralement trois types d'entretiens individuels.

a. L'entretien non-directif

Il se caractérise par la liberté accordée à la personne interrogée pour s'exprimer sur un thème donné. L'intervieweur formule alors ses questions de manière très ouverte : « parlez-moi de la voiture idéale... ». Son rôle est de favoriser la parole de l'interviewé, et de recadrer sur le sujet si le besoin se fait sentir. La durée moyenne d'un entretien non-directif est de deux heures. L'échantillon est très restreint (10 – 20 personnes).

L'entretien non-directif est utile pour faire ressortir les motivations profondes des personnes interrogées.

b. L'entretien semi-directif

Plus structuré, il est conduit par l'intervieweur à l'aide d'un guide préparé à l'avance. Les thèmes abordés ont donc préalablement été préparés et l'entretien est un peu plus directif que le précédent. Les questions sont ouvertes. La durée moyenne d'un entretien semi-directif est de 1 à 2 heures. L'échantillon est restreint (20 – 30 personnes).

Ce type d'entretien est utilisé pour traiter des problèmes marketing précis.

c. L'entretien directif

Encore plus structuré, ce type d'entretien est plus facile à mener car les questions sont intégralement rédigées sur un guide d'entretien. Plus rythmé et plus rapide que les deux types d'entretien précédents, il est aussi plus facile à analyser. Il est souvent pratiqué sur des échantillons plus importants (jusqu'à 100 ou 200 personnes), et sa durée est relativement courte (inférieure à une heure).

2
L'entretien de groupe *(focus group)*

Il consiste à réunir un groupe restreint d'environ 10 personnes, et à leur demander de s'exprimer sur un thème donné. Un animateur, souvent aidé d'un psycho-sociologue, conduit le débat, donne la parole à tous les participants et recadre si besoin la discussion. L'entretien est enregistré pour faciliter l'analyse, mais les interactions entre les membres la rendent très délicate. La durée d'un entretien de groupe est d'environ une heure.
Ce type d'entretien est plus productif que les entretiens individuels, car la diversité des membres composant le groupe favorise la créativité et la prise de parole. Il permet de verbaliser sur le thème donné. Par contre, certains participants peuvent jouer un rôle de composition face au groupe et là encore ne pas être sincères. Il est utilisé pour obtenir rapidement un grand nombre d'informations sur le thème à étudier, mais il est peu efficace pour analyser des motivations profondes.
Il représentait en 2005 57 % des méthodes de collecte d'informations (source Syntec Études Marketing et opinions).

3
Les méthodes d'observation

Elles permettent d'essayer de comprendre les attitudes et les comportements des consommateurs ou des prospects face à un produit. Le principe consiste à observer, à l'aide d'une ou de plusieurs caméras dissimulées ou non, le comportement d'un consommateur potentiel devant un produit. À chaque fois, on demande à des personnes de choisir un ou plusieurs produits en rayon. Il existe différentes méthodes d'observation :
- caméra dissimulée dans un point de vente réel, devant un rayon précis,
- caméras disposées dans un point de vente expérimental installé dans une salle spécialement aménagée. Il est constitué de gondoles garnies de produits et d'allées, comme dans un magasin réel,
- caméras disposées dans un camion laboratoire placé sur le parking d'une grande surface.

E
Les outils utilisés

Lors des entretiens individuels ou de groupe, des outils plus spécifiques peuvent être utilisés pour enrichir l'information obtenue à partir du simple questionnement. On peut les classer en deux grandes parties.

1
Les tests projectifs

La difficulté des entretiens est de savoir comment pénétrer en profondeur le comportement de l'interviewé pour atteindre son inconscient. Parler de ses propres sentiments et motivations induit souvent un biais que les tests projectifs permettent d'éviter. En faisant parler les personnes interrogées non pas d'elles-mêmes mais des autres, elles seront plus enclines à parler sincèrement et à projeter leurs propres sentiments au travers de tests dans lesquels elles ne se sentent pas du tout impliquées.
On distingue trois types de tests projectifs :

- **le test d'association**, par lequel on demande à l'interviewé d'associer une marque à un mot ou à un dessin dont il possède une liste (association contrôlée) ou non (association libre),
- **le test d'aperception de thème** (T.A.T.), où l'on demande à l'interviewé son opinion vis-à-vis d'une situation conflictuelle vécue par un personnage et décrite par un dessin, une photographie ou un texte,
- **le jeu de rôle**, par lequel on demande à un individu de se mettre dans la peau d'un personnage qui doit réagir par rapport à une situation donnée.

Ces tests sont administrés sur un nombre restreint d'individus. Ils nécessitent l'intervention d'un psycho-sociologue pour les analyser dans le détail.

2
Le test de créativité

Basé sur la technique du brainstorming (remue-méninges), il permet de faire resurgir une multitude d'idées à propos d'un thème donné (nouveau produit, nouvelle marque...). La règle d'or d'un remue-méninges est dans un premier temps l'absence totale de critique : chaque participant doit se sentir libre d'émettre des idées, des mots, sans aucune retenue. C'est dans un second temps, lors de l'analyse des propositions émises, que l'analyse critique permettra peut-être de conserver seulement une ou plusieurs idées qui mériteront d'être étudiées lors d'entretiens individuels ou de groupe.

F L'analyse des informations obtenues

Les outils d'analyse des études qualitatives sont inspirés de ceux utilisés en sociologie, en psychologie ou en sémiotique (théorie générale des signes). Le but est de comprendre le sens des données recueillies (signes) à l'aide des outils qualitatifs utilisés.

Méthodes des études qualitatives
(entretiens, tests, observation)

↓

Production de données qualitatives
(signes)

↓

Production de sens
(signification)

Les données qualitatives peuvent également être quantifiées et analysées ainsi comme des données quantitatives. On peut, grâce à l'analyse de contenu et avec le recours de logiciels lexicométriques (comme Hyperbase ou Alceste), quantifier un texte pour en extraire les structures signifiantes les plus fortes, afin de dégager l'information essentielle contenue dans les données textuelles.

D'autres logiciels (comme Nud*Ist ou NVivo) peuvent permettent ensuite d'aller plus loin en réalisant un travail d'analyse sur des interprétations, sur des sens donnés par des répondants. Ces logiciels possèdent de plus une interface graphique permettant de mettre en schéma des hypothèses ou des constructions théoriques.

Quelques sites internet

SIGLE, nom de l'organisme, *activité*	**Adresse du site**
• Plus d'Études *Librairie d'études de marché*	plusdetudes.com

Chapitre 4

L'étude quantitative (1) : l'enquête par sondage

Nous avons vu dans le chapitre intitulé « L'étude documentaire » qu'une étude de marché commence par une recherche d'informations secondaires (étude documentaire). Si celle-ci est insuffisante ou impossible (par absence d'informations existantes sur le thème à étudier), il faut créer cette information (information primaire). Si l'étude qualitative ne permet pas d'avoir suffisamment d'informations, ou s'il est important de les vérifier sur un plus grand nombre de personnes, l'étude quantitative devient indispensable. C'est la technique d'étude la plus utilisée en France (88 % du chiffre d'affaires de l'ensemble des études réalisées en France en 2005. Source Syntec Études Marketing et Opinions).

A

Définition et but

On appelle quantitative toute étude qui permet de mesurer des opinions ou des comportements. Elle est le plus souvent basée sur un sondage effectué sur un échantillon représentatif de la population à étudier. Les résultats chiffrés issus de ce sondage donnent, après analyse, la mesure du phénomène étudié (par exemple, mesurer la notoriété d'une marque).

B

Le principe du sondage

Le sondage, effectué sur un échantillon représentatif de la population à étudier, est l'outil de base d'une étude quantitative.
Il est important de bien distinguer la différence entre sondage et recensement :

- **Le recensement** est une enquête exhaustive, c'est-à-dire que l'on interroge la totalité de la population considérée (exemples : recensement de tous les Français, enquête exhaustive sur tous les notaires d'une localité...). Dans le domaine du marketing, le recensement est très peu utilisé, sauf pour les cibles quantitativement peu importantes,
- **Le sondage** est la modélisation réduite d'une population réelle à partir d'un simple échantillon de la population considérée (sondage de la population française à partir d'un échantillon représentatif de 1 000 personnes).

C

Les objectifs d'une enquête par sondage

L'enquête quantitative par sondage est réalisée principalement dans deux buts :
- valider par des chiffres des éléments mis à jour dans une étude qualitative effectuée préalablement. Dans ce cas, l'étude quantitative est postérieure à l'étude qualitative. C'est le cas le plus fréquent,
- produire une information chiffrée qui n'existait pas.

Dans les deux cas, ces objectifs doivent être définis avec précision car ils vont déterminer le sens de l'enquête et avoir une influence directe sur le sondage. Une erreur dans la définition de ces objectifs entraînera immanquablement un biais dans les résultats de l'enquête.

D La détermination de la population de l'enquête

C'est le choix de la base de sondage. Sa composition doit être très précise. Une erreur dans le choix de la population de l'enquête va induire une erreur dans l'échantillon représentatif, et entraîner une erreur dans les résultats de l'enquête.

1 La définition de la base de sondage

La base de sondage correspond à l'ensemble des individus constituant la population à étudier. Par extension, cette expression désigne également le fichier regroupant cet ensemble d'individus. Par exemple, la base de sondage d'une enquête peut être constituée de l'ensemble des personnes vivant en France, dans les villes de plus de 50 000 habitants, et exerçant une activité professionnelle.

2 Le choix de la méthode d'échantillonnage

La grande majorité des enquêtes par sondage est effectuée à partir d'un échantillon représentatif de la population à étudier. Les techniques actuelles d'échantillonnage permettent d'obtenir des résultats très proches de ceux d'une enquête exhaustive pour un coût et une durée très inférieurs.
Un échantillon est dit représentatif lorsque tous les individus de la base de sondage ont la même chance d'en faire partie.
Il existe deux grandes catégories de méthodes pour obtenir un échantillon : les méthodes probabilistes et les méthodes empiriques.

a. Les méthodes probabilistes

Elles se caractérisent par le fait que chaque individu de la base de sondage a une probabilité connue et différente de zéro de faire partie de l'échantillon. Le choix de l'échantillon se fait par tirage au sort dans la population à étudier.
Leur principal avantage est de pouvoir mesurer avec précision la marge d'erreur des résultats obtenus, grâce au calcul de probabilité. Celle-ci est liée à la taille de l'échantillon.
Par contre, pour pouvoir effectuer un tirage au sort, ces méthodes nécessitent de disposer de la liste exhaustive de tous les membres de la base de sondage. Cela représente un coût important pour les bases importantes (coût d'acquisition du fichier total).
On distingue plusieurs méthodes probabilistes.

Nom de la méthode	Principe	Caractéristiques
Sondage aléatoire élémentaire	Tirage au sort simple des individus de la base de sondage (on peut utiliser pour cela une table de nombres au hasard).	– Bonne représentativité, – méthode simple, – nécessité de disposer de la liste exhaustive de tous les membres de la base de sondage, – méthode utilisée uniquement pour les bases de sondage de faible importance.
Sondage aléatoire systématique	Tirage au sort d'individus régulièrement espacés dans la base de sondage (par exemple, tirer un individu tous les dix).	– Possibilité de biais si la base de sondage est réduite, – nécessité de disposer de la liste exhaustive de tous les membres de la base de sondage.
Sondage stratifié	Tirage au sort (aléatoire élémentaire) d'individus dans des groupes homogènes (strates) réalisés dans la base de sondage (par exemple, tirer au sort 3 élèves de chaque classe d'un lycée).	– Des individus de chaque strate figureront dans l'échantillon, – difficulté parfois pour déterminer les strates, – nécessité de disposer de la liste exhaustive de tous les membres de la base de sondage.
Sondage en grappes	Tirage au sort (aléatoire élémentaire) de grappes dans lesquelles tous les membres sont interrogés.	– Simple (peu de dispersion), – peu fiable, – nécessité de disposer de la liste exhaustive de tous les membres de la base de sondage.

b. Les méthodes empiriques

Elles se caractérisent par le fait que la sélection des membres de l'échantillon n'est pas aléatoire mais raisonnée. Beaucoup plus simple, ces méthodes n'exigent pas de posséder la liste exhaustive de tous les membres de la base de sondage.

On distingue deux méthodes empiriques.

La méthode des quotas

– Principe : construire un échantillon qui aura proportionnellement la même composition que la population à étudier, par rapport à des critères sociogéographiques (âge, sexe, PCS, habitat, région, ville...).

L'échantillon ainsi construit est sensé tendre vers la représentativité car sa structure est en tout point conforme à celle de la population totale. Contraire aux méthodes probabilistes, aucune loi mathématique ne dit que cette représentativité est réelle.

– Organisation pratique : chaque enquêteur construit lui-même son échantillon en respectant les quotas qui lui sont assignés.

EXEMPLE :

> supposons que la population à étudier comprenne 50 % d'hommes et 50 % de femmes, habite pour 60 % en ville et 40 % à la campagne, se décompose en 40 % de 25 – 35 ans, 30 % de 35 – 50 ans, 20 % de 50 – 65 ans et 10 % de plus de 65 ans...
> Si chaque enquêteur doit interroger chaque jour 20 personnes, il devra trouver : 10 hommes et 10 femmes, dont 12 habitent en ville et 8 en dehors, dont 8 ont entre 25 et 35 ans, 6 entre 35 et 50 ans, 4 entre 50 et 65 ans, et 2 plus de 65 ans.

C'est la méthode la plus utilisée en marketing, car elle possède deux avantages « économiques » importants par rapport aux méthodes probabilistes : elles est peu coûteuse et relativement rapide à déployer. Malheureusement, elle se caractérise également par de nombreux inconvénients :
– obligation de déterminer les quotas avec des statistiques récentes,
– impossibilité de mesurer une marge d'erreur,
– obligation d'exercer un contrôle strict des enquêteurs (s'assurer qu'ils respectent les quotas),
– possibilité de biais si les quotas sont trop précis : les enquêteurs peuvent être tentés, en fin de journée, de fausser les résultats, n'arrivant pas à trouver de personnes correspondant aux profils dictés par les quotas (problème des « queues de quotas »),
– possibilité de biais si le nombre de critères déterminant les quotas est trop faible : les enquêteurs peuvent introduire, par facilité de travail, des critères non prévus : interroger uniquement des personnes habitant au rez-de-chaussée, ou des personnes habitant très près des villes (et sensées habiter à la campagne)...

La majorité des sondages effectués par les instituts spécialisés sur l'ensemble de la population française utilisent cette méthode, sur un échantillon d'environ 1 000 personnes.

La méthode des itinéraires

– Principe : il s'agit d'imposer à un enquêteur un itinéraire déterminé par tirage au sort sur des villes, des quartiers, des rues, des numéros de rue et des étages. Il ne doit interroger que les foyers résidant à l'endroit déterminé par l'itinéraire. Le tirage au sort apporte une touche aléatoire à cette méthode.

– Organisation pratique : chaque enquêteur doit suivre l'itinéraire et sonner à la porte désignée. Cette méthode permet d'interroger des foyers vivants dans des endroits que les enquêteurs ne visiteraient peut-être pas sans la contrainte de l'itinéraire (5e étage sans ascenseur, rez-de-chaussée au fond d'une petite ruelle sombre...).

EXEMPLE :

> « aller rue Yves-Giloux, côté impair, commencer par le 1, et visiter toutes les maisons, au 1er étage, jusqu'au 25 – aller ensuite rue de Siam, côté pair, commencer par le 2, et visiter toutes les maisons, au 2e étage, jusqu'au n° 18... »

Cette méthode se rapproche des conditions du sondage aléatoire, sans atteindre la précision mathématique des méthodes purement aléatoires. Elle ne permet pas de mesurer la marge d'erreur, et un contrôle strict des enquêteurs est indispensable (respect des itinéraires).

3
La taille de l'échantillon

Il peut sembler évident que la taille de l'échantillon puisse influer sur la précision des résultats recherchés : interroger 20 personnes donnera des résultats plus éloignés de la réalité qu'en interroger 150 (sur une base de sondage de 50 000 personnes).
Mais le rapport entre précision des résultats et taille de l'échantillon est plus complexe qu'il n'y paraît, et sa parfaite compréhension passe par la définition de 2 notions : la marge d'erreur acceptée et le seuil de risque.

a. La marge d'erreur acceptée (E)

Elle correspond à la fourchette de précision avec laquelle seront présentés les résultats. On l'appelle aussi l'intervalle de confiance.

EXEMPLE :

> les sondages réalisés chaque mois par l'institut BVA {@} sur la cote de popularité des hommes politiques français (à partir d'un échantillon représentatif d'environ 1 000 personnes) doivent être lus en tenant compte d'une marge d'erreur de plus ou moins 3 %. Quand l'institut de sondage annonce 45 % d'opinions favorables pour Monsieur X, il faut comprendre : « entre 42 et 48 % des Français pensent que... »

b. Le seuil de risque (T)

Il correspond à la probabilité qu'a le résultat réel de bien se situer dans la fourchette annoncée. Il représente en fait le degré de fiabilité de l'échantillon. Des calculs ont été réalisés pour obtenir des valeurs de T arrondies à l'unité qui correspondent aux seuils de risque suivants :

Valeur de T	Seuil de risque correspondant
1	68 %
2	95 %
3	99,70 %

EXEMPLE :

les résultats de l'institut BVA devraient en fait être lus de la manière suivante : « il y a 95 % des chances qu'entre 42 et 48 % des Français pensent que… ».

c. Calcul de la taille d'un échantillon

Une formule mathématique permet de calculer la taille d'un échantillon en fonction de la précision de résultat souhaitée (marge d'erreur acceptée et seuil de risque).

$$E = \pm T \sqrt{\frac{P \cdot Q}{N}}$$

On peut en retirer les résultats suivants.

Taille de l'échantillon	Pour un seuil de risque de : 68 %	95 % (la marge d'erreur acceptée sera de :)	99,70 %
100	10 % (entre 45,00 et 55,00 %)	20 % (entre 40,00 et 60,00 %)	30 % (entre 35,00 et 65,00 %)
400	5 % (entre 47,50 et 52,50 %)	10 % (entre 45,00 et 55,00 %)	15 % (entre 42,50 et 57,50 %)
900	3,40 % (entre 48,30 et 51,70 %)	6 % (entre 47,00 et 53,00 %)	10 % (entre 45,00 et 55,00 %)
1 600	2,50 % (entre 48,75 et 51,25 %)	5 % (entre 47,50 et 52,50 %)	7,5 % (entre 46,25 et 53,75 %)
2 500	2 % (entre 49,00 et 51,00 %)	4 % (entre 48,00 et 52,00 %)	6 % (entre 47,00 et 53,00 %)
11 000	1 % (entre 49,50 et 50,50 %)	2 % (entre 49,00 et 51,00 %)	3 % (entre 48,50 et 51,50 %)
Formule utilisée	$E = \pm \sqrt{\frac{P \cdot Q}{N}}$	$E = \pm 2 \sqrt{\frac{P \cdot Q}{N}}$	$E = \pm 3 \sqrt{\frac{P \cdot Q}{N}}$
Légende	E = marge d'erreur acceptée T = seuil de risque P = proportion de oui (si connue dans un sondage précédent et identique) Q = 1 – P (de sorte que P + Q = 1) N = taille de l'échantillon		

On observant le tableau ci-dessus, on voit bien le lien entre erreur acceptée et taille de l'échantillon. Pour un seuil de risque de 95 % (colonne du milieu) :

- la taille de l'échantillon est de 400 personnes pour une marge d'erreur acceptée de 10 % (entre 45 % et 55 %),
- la taille de l'échantillon est de 1 600 personnes pour une marge d'erreur acceptée de 5 % (entre 47,50 et 52,50 %).

La taille de l'échantillon est multipliée par 4 quand la marge d'erreur acceptée est, elle, divisée par 2.

D'autres facteurs peuvent être également prépondérants lors du choix de la taille de l'échantillon :
- le temps et le budget disponibles pour réaliser le sondage,
- le mode d'administration du questionnaire : il y a par exemple plus de non-réponses par courrier que par téléphone, ce qui influence directement la taille de l'échantillon final,
- les travaux réalisés à partir des résultats du sondage : les calculs statistiques demandent plus de précision, donc un échantillon plus important.

E La collecte de l'information

Après avoir choisi un mode d'échantillonnage et déterminé la taille de l'échantillon, il faut désormais bâtir le questionnaire qui va permettre d'obtenir l'information souhaitée.
L'élaboration de ce questionnaire est fonction de son mode d'administration, c'est-à-dire de la manière dont on va interroger les membres de l'échantillon.

1 Le choix du mode d'administration du questionnaire

Il existe plusieurs modes d'administration d'un questionnaire. Le choix d'un mode particulier est fonction du type d'enquête (y a-t-il un ou plusieurs documents à montrer ?), de la base de sondage (comment est-ce le plus facile pour contacter ses membres ?), de la dispersion de l'échantillon, du budget disponible, du temps alloué pour l'administration...
Des progrès récents ont été effectués dans ce domaine par l'utilisation de technologies jusqu'alors inutilisées à cet effet (informatique et internet).On peut regrouper les modes d'administration en deux grandes parties : l'administration par un enquêteur et l'administration par le sondé lui-même.

a. Les modes d'administration par enquêteurs

L'enquêteur peut recueillir l'information soit directement, en face à face, soit par l'intermédiaire du téléphone.

- Le recueil d'informations en face à face (interview directe)

Relativement coûteux, l'interview directe est parfois indispensable pour montrer des visuels ou un produit. Elle n'est envisageable que sur un secteur géographique réduit. Elle se pratique soit de manière classique, soit assistée par

ordinateur. Dans ce cas, l'investissement est important, et il est indispensable de former les enquêteurs à l'utilisation de l'outil informatique.
Le face à face représentait, en 2005, 32,6 % des méthodes de recueil d'informations quantitatives pratiquées en France (source Syntec Études Marketing et Opinions).

Entretien simple	L'intervieweur travaille soit dans la rue, soit au domicile de l'interviewé. Il interroge le sondé aidé d'un simple document papier qui lui permet de lire les questions et de noter manuellement les réponses.
Entretien CAPI *(Computer Assisted Personnal Interviewing)*	L'intervieweur est assisté dans sa tâche par l'outil informatique. Il travaille soit au domicile du sondé (avec un micro-ordinateur portable), soit dans une salle spécialement installée en micro-ordinateurs de bureau, dans laquelle l'interviewé est invité. L'informatique permet de montrer des images, un film, de faire écouter un message sonore. L'écran peut être tactile pour faciliter l'enregistrement des réponses. La remontée d'informations est très rapide, par modem.

- Le recueil d'informations par téléphone

Le recueil d'informations par téléphone est de plus en plus utilisé car son coût est peu élevé et l'obtention des informations est immédiate. Le téléphone permet de contacter des individus géographiquement très dispersés et le contrôle des télé-enquêteurs est facile (écoute téléphonique). Il représentait en France, en 2005, 23,2 % des méthodes de recueil d'informations quantitatives (source Syntec Études Marketing et Opinions).
Principaux inconvénients : impossibilité d'accéder aux personnes inscrites sur la liste rouge (possibilité de biais dans l'échantillon) et difficulté d'aborder des thèmes délicats ou personnels.
L'informatique a également fait son entrée dans le domaine du recueil d'information par téléphone pour faciliter la tâche des télé-enquêteurs et des instituts de sondage. Mais l'investissement est très lourd, et il est indispensable de former les télé-enquêteurs à l'utilisation de l'outil informatique.

Entretien téléphonique simple	Le télé-enquêteur possède un simple téléphone, un plan d'appel téléphonique sur papier et note manuellement les réponses.
Entretien CATI *(Computer Assisted Telephone Interviewing)*	Le télé-enquêteur est assisté dans sa tâche par l'outil informatique : l'ordinateur compose automatiquement les numéros de téléphone, à partir du fichier, à l'aide d'un automate d'appel. Les rappels sont également automatiques si la ligne est occupée. Une aide à l'entretien est disponible sur l'écran. La remontée d'informations est instantanée.

b. Les modes d'administration sans enquêteur

La méthode la plus ancienne est l'utilisation du courrier pour faire parvenir un questionnaire à tous les membres de l'échantillon. D'autres méthodes très récentes utilisent l'informatique. Mais elles nécessitent un investissement très lourd.

L'enquête postale	Très économique, elle permet d'effectuer des enquêtes sur des sujets personnels (intimité de la réponse). Les remontées sont assez lentes, et le taux de non-réponses est élevé, ce qui modifie sensiblement la structure de l'échantillon. (3,7 % des méthodes de recueil d'informations qualitatives en France en 2005 – Source Syntec Études Marketing et Opinions).
ATI *(Automated Telephone Interview)*	C'est un automate téléphonique qui appelle les interviewés et qui administre le questionnaire. L'ATI est très rapide (aucune attente entre deux appels) et économique par rapport au système CATI (pas de télé-enquêteur). La remontée d'informations est instantanée. Par contre, ce système n'est possible qu'avec un questionnaire très court et très simple (3 ou 4 questions fermées maximum) car la relation est impersonnelle et le sondé doit répondre en appuyant sur les touches de son téléphone.
CAWI *(Computer Assisted Web Interviewing)*	Le questionnaire est envoyé par e-mail aux membres de l'échantillon ou accessible sur un serveur. L'interviewé peut prendre son temps pour répondre. La remontée d'informations est instantanée à partir du moment ou le sondé envoie son message de réponse. Principal inconvénient : le manque actuel de représentativité des personnes possédant un ordinateur et un modem (10,3 % des méthodes de recueil d'informations quantitatives en France en 2005 – source Syntec Études Marketing et Opinions).

2 L'élaboration du questionnaire

Le questionnaire est le support par lequel on traduit les objectifs de l'enquête en interrogations pour obtenir des interviewés les informations susceptibles de répondre à la question initiale, source de l'étude de marché. Autant dire que si une seule question est mal formulée, si quelques termes choisis sont impropres, si la formulation ou les mots déforment l'idée de départ, les réponses obtenues seront biaisées et inutilisables. Il faut donc prendre le plus grand soin à la rédaction des questions.

a. Les différents types de questions

Différents types de questions permettent d'obtenir différents types de réponses.

• Les questions fermées

Elles demandent une réponse précise et facilement exploitable par l'informatique.

EXEMPLES :

– « Aimez-vous lire ? »
. oui
. non
– « Quel âge avez-vous ? »

• Les questions ouvertes

Elles permettent à l'interviewé de répondre librement. Elles sont plus difficilement exploitables par informatique.

EXEMPLE :

« Quel était le thème de votre dernier livre ? »

• Les questions préformées, ou à choix multiples

Elles proposent un choix de réponses à l'interviewé. Le fait de prévoir différentes réponses possibles permet une gestion informatique aisée, au contraire des questions ouvertes.

EXEMPLE :

« Comment vous êtes-vous procuré le dernier livre que vous avez lu ?
. vous l'avez acheté ?
. vous l'avez emprunté dans une bibliothèque ?
. vous l'avez emprunté à un parent ou un ami ?
. vous ne savez pas
. autre : .... »

• Les échelles de mesure des attitudes

Elles permettent d'évaluer des attitudes et des opinions sur des échelles graduées.

Échelles d'évaluation	• **Échelle de Likert** : graduations accompagnées de supports sémantiques allant de « Pas du tout d'accord » à « Tout à fait d'accord ». « Que pensez-vous de la vente de livres sur internet ? » Tout à fait d'accord – Plutôt d'accord – Ni d'accord Ni pas d'accord – Plutôt pas d'accord – Pas du tout d'accord • **Échelle sémantique différentielle** (Osgood) : bipolaire, elle oppose des qualificatifs antinomiques. « Comment jugez-vous l'assortiment de livres dans un hypermarché ? » Petit 1 2 3 4 5 Grand
Échelle d'intention	Elle a pour objectif de mesurer la prédisposition à l'achat. Elle est graduée de « J'achèterai certainement » à « En aucun cas je n'achèterai ».

b. La rédaction du questionnaire

Qu'il soit présenté à l'interviewé par oral, par écrit ou par téléphone, un questionnaire doit toujours être introduit par une phrase présentant son objet, et conclu par une phrase de remerciements.
Remplir un questionnaire, pour le sondé, constitue un effort : il faut donc tout faire pour ne pas le lasser. Le corps du questionnaire, qui regroupe l'ensemble des questions, doit suivre une progression commençant par des questions très simples, plutôt fermées, pas du tout impliquantes, pour finir par des questions plus personnelles comme l'âge, le revenu..., souvent utiles pour obtenir des informations qui permettront, lors de l'analyse, de faire des tris croisés avec les questions importantes de l'enquête. Les questions doivent être classées par thèmes, selon un ordre dont la logique a pour but de rendre le questionnaire plus aisé à comprendre par le sondé.
La formulation des questions doit suivre quelques règles précises :
- une seule idée par question,
- chaque question doit être simple, claire et sans ambiguïté,
- le vocabulaire utilisé doit être compréhensible par la base de sondage,
- éviter le plus possible les questions ouvertes, très difficiles à exploiter par informatique.

Le nombre de questions, leur ordre, leur libellé, dépendent des individus constituant la base de sondage et du mode d'administration du questionnaire : un questionnaire téléphonique devra, par exemple, être beaucoup plus court, surtout s'il est géré par un système ATI, qu'un questionnaire administré à domicile par un enquêteur.

c. Les pré-tests

Un questionnaire doit obligatoirement être testé auprès d'un mini-échantillon de la base de sondage afin d'éliminer toutes les sources de biais. Pour être efficaces, ces tests doivent être effectués dans les conditions réelles d'administration du questionnaire afin de se rendre compte des erreurs réalisées (question mal formulée et ambiguë, questionnaire trop long...). La rédaction définitive du questionnaire vient conclure les pré-tests, juste avant l'administration réelle auprès des membres de l'échantillon.

F

Le traitement et l'analyse des données collectées

La première tâche à effectuer est de rentrer les données collectées lors d'entretiens (en face à face ou par téléphone) réalisés sans l'outil informatique ou par retour de courriers (les nouvelles technologies utilisant l'informatique, CAPI,

CATI, ATI, CAWI évitent en effet cette phase longue et fastidieuse car les données sont intégrées en temps réel ou par modem dans la base de données).
Le traitement des données s'effectue à l'aide d'un logiciel spécialisé (comme le Sphinx {@}) qui a déjà été utilisé au départ pour entrer le questionnaire et codifier toutes les réponses. Le logiciel permet d'effectuer automatiquement un grand nombre de tâches :

- conception et présentation du questionnaire (en amont de son administration),
- saisie des réponses (ou récupération des données),
- opérations statistiques de base : tris simples, à partir d'une seule variable, ou croisés (entre 2 ou plusieurs variables), variance,
- analyse de contenu, qui permet de quantifier des réponses apportées à des questions ouvertes,
- représentations graphiques diverses,
- rédaction du rapport.

Les méthodes d'analyse multivariée comme la typologie ou la segmentation permettent également de traiter les données d'un sondage (les études de sociostyles réalisées par le CCA {@}, à partir d'un très grand nombre de questions, sont réalisées grâce à une analyse typologique).

Quelques sites internet

SIGLE, nom de l'organisme, *activité*	**Adresse des sites**
• ACNielsen France *Études de marché*	acnielsen.com
• BVA *Institut d'Études de Marché et d'Opinion*	bva.fr
• CCA Centre de Communication Avancée	lecca.com
• GFK *Études et conseils en marketing*	gfk.fr
• IFOP Institut Français d'Opinion Publique	ifop.com
• IPSOS *Société d'études*	ipsos.fr
• Le Sphinx *Logiciels d'enquêtes et d'analyse de données*	lesphinx-developpement.fr sphinxonline.com
• Sociovision Cofremca	sociovision.com
• Tns Sofres Taylor Nelson Sofres	tns-sofres.com
• Tns worldpanel *Société paneliste*	secodip.com

CHAPITRE 5

L'étude quantitative (2) : les autres types d'enquête

L'étude quantitative « *ad hoc* », réalisée pour répondre au besoin d'une entreprise en informations chiffrées, n'est pas le seul outil de recueil de données quantitatives. Il en existe plusieurs autres que nous allons étudier dans ce chapitre.

A Les panels

Certaines études nécessitent d'interroger régulièrement, plusieurs fois par an, la même population. Un échantillon représentatif de cette population est alors constitué et soumis au même questionnaire à intervalles réguliers. Des sociétés panélistes organisent ce recueil d'informations, les analysent, les mettent en forme et les revendent à des entreprises clientes (producteurs, distributeurs). Les panels permettent d'avoir des informations quasi permanentes et ainsi d'observer l'évolution d'un phénomène sur une période longue.

1 Définition

Un panel est un échantillon permanent de personnes ou d'entreprises, représentatif d'une population donnée, soumis à des enquêtes périodiques utilisant la même méthode de recueil d'informations.

2 Les différents types de panels

On peut distinguer cinq types différents de panels.

a. Les panels de consommateurs

Un panel de consommateurs regroupe un échantillon permanent de personnes qui, par exemple, déclarent quotidiennement leurs achats de produits alimentaires, d'hygiène - santé, d'entretien, de textile… Pour cela, ces consommateurs sont équipés de « home-scanners » ou « scanettes » (terminaux à lecture optique lisant les code-barres sur les emballages des produits). De plus, ils doivent indiquer le lieu d'achat, l'enseigne, le type de magasin, le prix, la quantité achetée, le jour de l'achat…
Les informations stockées par la « scannette » sont transmises chaque semaine vers les ordinateurs de l'organisme de panel.
Par exemple, le panel « ConsoScan » de Tns Secodip {@} regroupe 12 000 foyers représentatifs de la population française et prend en compte environ 15 millions d'actes d'achat chaque année. Cette masse d'informations est traitée et proposée aux entreprises adhérentes au panel.
Les panels de consommateurs permettent de mesurer de façon continue les comportements d'achat des consommateurs.

EXEMPLES :

- panel ConsoScan de Tns Secodip (groupe Taylor Nelson Sofres {@}),
- panel Homescan d'ACNielsen {@}.

b. Les panels de détaillants

Ils permettent de mesurer les conditions de l'offre des produits et leur écoulement dans les points de vente. Ils sont constitués d'échantillons permanents de magasins de détail qui sont interrogés régulièrement pour connaître précisément le détail de leurs achats, le niveau de leurs stocks, les prix qu'ils pratiquent, la place des produits en linéaire, les opérations promotionnelles qu'ils organisent et le détail de leurs ventes.

Ces points de vente sont visités par des enquêteurs qui effectuent des relevés à l'aide de scanettes. Certaines données sont directement issues des sorties de caisse.

EXEMPLE :

– panel ScanTrack d'ACNielsen.

Ce panel regroupe un ensemble d'hypermarchés et de supermarchés français. Les données sont extrapolées selon des règles statistiques pointues garantissant la fiabilité des résultats : une marge d'erreur inférieure à 4 % pour une marque distribuée dans 80 % des points de vente.

Une double méthode de collecte d'information assure une compréhension globale de l'activité en magasin :

– collecte électronique et hebdomadaire des ventes magasin (technologie scanning) ;

– relevés effectués par les inspecteurs ACNielsen des données dites « causales », dont mises en avant et prospectus, exposition en linéaire.

La livraison des bases de données se fait au maximum 12 jours après la fin de chaque période 4 semaines, par CD-Rom ou transfert télécom (d'après ACNielsen).

Achetés par des fabricants écoulant leurs produits dans la grande distribution, les résultats de ces panels permettent d'obtenir les données principales suivantes :

- la distribution numérique (DN) d'une référence (ou d'une marque), qui correspond au pourcentage de magasins qui détiennent cette référence :

$$DN = \frac{\text{Nombre de magasins détenant cette référence (ou cette marque)} \times 100}{\text{Nombre total de magasins}}$$

EXEMPLE :

une DN de 80 en hypermarché pour une référence de pâtes alimentaires signifie qu'elle est distribuée dans 80 % des hypermarchés.

- la distribution en valeur (DV) d'une référence (ou d'une marque), qui correspond au poids que représentent les points de vente détenant cette référence par rapport aux ventes globales de la catégorie de ce produit.

$$DV = \frac{\text{CA des magasins (détenant une référence) dans la catégorie de produits} \times 100}{\text{CA total de la catégorie de produits}}$$

EXEMPLE :

une DV de 90 pour une référence de pâtes alimentaires signifie que les magasins qui distribuent cette référence réalisent dans leur ensemble 90 % des ventes (en volume) de pâtes alimentaires.

- le volume des ventes par référence, par marque, par catégorie de produits, en volume et en valeur,
- la part de marché (et son évolution) par référence, par marque, par catégorie de produits,
- le niveau de stock par référence, par marque, par catégorie de produits...

c. Les panels de nouvelle génération *(panels single source ou source unique)*

Ils regroupent un panel de consommateurs et un panel de détaillants sur la même zone géographique. Ils permettent d'avoir une vue plus complète grâce à ces deux échantillons complémentaires.

EXEMPLE :

- BehaviorScan de MarketingScan {@} (joint-venture entre Médiamétrie {@} et Gfk AG {@}), qui a mis en place 2 panels single source, l'un à Angers et l'autre au Mans, regroupant en tout 22 hypermarchés et supermarchés (panels distributeurs) et 9 000 consommateurs (panels consommateurs) tous équipés d'une carte à code-barres scannée lors de leurs passages en caisse.

Dans les magasins, des informations sont recueillies périodiquement par des enquêteurs : achats, niveau de leurs stocks, prix, place des produits en linéaire, opérations promotionnelles mises en place, ventes...
Ces données « détaillants » sont complétées par deux types de données issues du panel consommateurs :
- les achats faits dans ces magasins par les membres du panel consommateurs (repérés à leur passage en caisse par à une carte magnétique). La lecture optique de leurs achats vient alimenter la base de données,
- le degré d'exposition à la publicité (T.V. et Internet), connu soit par enquête auprès des membres du panel consommateurs, soit par l'équipement de ces foyers en audimètres à touches individuelles (voir partie suivante « Les panels d'audience »).

Le croisement des informations issues des deux panels, détaillants et consommateurs, permet d'obtenir des informations très riches pour les entreprises adhérentes :
- effet d'une campagne de publicitaire ou promotionnelle sur les ventes,
- effet d'une modification de la présentation d'un produit en rayon (changement de niveau, augmentation ou diminution du facing...)...

Les panels *single source* constituent d'excellents outils pour mener à bien des marchés tests (lancement expérimental, sur une zone géographique réduite, de nouveau produits).

d. Les panels d'audience

Depuis de nombreuses années, ils permettent de mesurer l'audience des médias télévision et radio (voir ci-dessous les exemples des panels télévision et radio de Médiamétrie). Plus récemment, des panels d'audience ont porté sur les ISA (imprimés sans adresse, voir page 000), comme le panel « Isamétrie » de Médiamétrie, ou portent sur internet (35 000 panélistes chez LINK Institut, représentatifs de la population suisse).

Audience télévision (exemple : Médiamétrie)

Panel Médiamat de Médiamétrie : 3 150 foyers en France, soit 8 000 individus de 4 ans et plus. Chaque foyer est équipé d'un audimètre à touches individuelles qui enregistre en permanence et à la seconde près :

– toutes les utilisations du (ou des) téléviseur(s) du ménage,
– toutes les audiences de chacun des membres du foyer et de leurs invités.

Médiamat permet de mesurer avec certitude les comportements du public face à la télévision, par jour daté, chaîne par chaîne et sur divers publics.
Les services MEDIAMAT sont disponibles par transmission directe sur ordinateur, par diffusion sur disquette ou encore sous forme de rapports (source Médiamétrie).

Audience radio (exemple : Médiamétrie)

Panel radio de Médiamétrie : 13 600 personnes âgées de 13 ans et plus, recrutées par téléphone. Après acceptation, les participants reçoivent quatre carnets d'écoute semaine et un questionnaire d'habitudes d'écoute. Cet envoi est suivi, dès réception du matériel d'enquête par les panélistes, d'un appel d'explication du mode de remplissage des documents. Les panélistes retournent leurs carnets d'écoute à la fin de chaque semaine, par voie postale. Ces feuilles d'écoute sont quotidiennes et individuelles. Chaque panéliste bénéficie d'une période d'initiation, durant laquelle l'audience recueillie n'est pas prise en compte. La période de panélisation active s'étend sur trois semaines pleines (lundi-dimanche) et quatre week-ends. A l'issue du Panel, les panélistes reçoivent un cadeau. Le Panel permet à des souscripteurs de disposer des résultats d'audience de la radio et des stations nationales, quart d'heure par quart d'heure, sur les 23 jours du Panel, ainsi que sur différentes périodes temporelles (15 jours de semaine, 8 jours de week-end, première, deuxième et troisième semaines...) (source Médiamétrie).

e. Les panels de professionnels

Quelques sociétés ont mis en place ces panels. Par exemple :

– les panels « Automobiles », « Parfumeries sélectives » et « Restauration » de Tns Secodip,
– le panel « Exploitants agricoles » de BVA {@},
– le panel Euroleaders de Tns Sofres qui regroupe plus de 2 000 représentants des milieux économiques européens.

B Les baromètres

Un baromètre est une enquête réalisée à intervalles réguliers à partir d'un échantillon non permanent, c'est-à-dire renouvelé complètement à chaque fois. Le questionnaire et le mode d'administration restent eux inchangés.

EXEMPLES :

- CSA {@} – La Vie – France Info : baromètre mensuel sur la cote de popularité du président de la République et du Premier ministre (enquête téléphonique sur un échantillon de 1000 personnes âgées de 18 ans et plus représentatif de la population française),
- Tns Sofres {@} – Figaro Magazine : baromètre politique,
- IFOP {@} : baromètre IFOP – Paris Match (tableau de bord politique mensuel).

C Le tracking

Le *tracking* est une enquête réalisée à intervalles réguliers à partir d'un échantillon non permanent et très réduit (une centaine de personnes maximum). Le questionnaire et le mode d'administration restent eux inchangés.
Cette méthode peut être utilisée pour surveiller l'évolution de la notoriété d'une marque, l'impact d'une publicité, pour mesurer le climat social interne d'une entreprise ou la satisfaction des consommateurs par rapport à un produit...

EXEMPLE :

- tracking d'IPSOS sur les effets des campagnes publicitaires.

D Les enquêtes collectives

Les enquêtes omnibus (ou enquêtes collectives) sont organisées périodiquement par des instituts de sondage auprès d'échantillons identiques. Elles regroupent des questions pour différents clients (la même enquête omnibus peut porter sur des thèmes très variés). Leur principal avantage est le coût, moins élevé qu'une enquête menée spécifiquement pour une entreprise (une entreprise peut acheter une ou plusieurs questions à insérer dans l'enquête). L'inconvénient majeur est la dilution d'une question parmi de nombreuses autres portant sur des thèmes différents.

EXEMPLES :

- OMNICAP (omnibus CAPI) et OMNITEL (omnibus CATI) de BVA, tous les deux hebdomadaires, portant sur des échantillons de 1 000 personnes de 15 ans et plus,

– « OMCAPI » de l'Ifop, enquête omnibus ouverte à des thèmes aussi divers que la notoriété et l'image, les bilans de campagne publicitaire, des tests de concept et de produit, des sondages d'opinion...

E

Les piges

Elles consistent à identifier toutes les communications publicitaires des supports choisis au sein d'un échantillon représentatif issu des différents médias. Ce relevé exhaustif permet aux entreprises clientes de surveiller en permanence le marché publicitaire (en terme de budgets publicitaires, de positionnement, de création...).

EXEMPLES :

– « Adnettrack » (Tns Media Intelligence), la pige des bannières publicitaires sur Internet ;
– Pige publicitaire du BVP {@} et de l'ADEME {@}, qui ont décidé de conduire conjointement une étude sur la production publicitaire diffusée en 2006 sur différents supports.

Les études quantitatives permettent de produire des données, brutes, qu'il faut ensuite traiter à l'aide de l'outil informatique pour leur donner un sens. Elles se rapprochent en cela des études qualitatives, qui elles permettent de mettre à jour et d'expliquer des attitudes et des comportements. Les deux permettent de recueillir des informations (production de signes) auxquelles des méthodes d'analyse donnent une signification (production de sens).

Quelques sites internet

SIGLE, nom de l'organisme, *activité*	**Adresse des sites**
• ACNielsen France *Études de marché*	acnielsen.com
ADEME Agence de l'Environnement et de la Maîtrise de l'Energie	ademe.fr
BVP Bureau de Vérification de la Publicité	bvp.org
• BVA *Institut d'Études de Marché et d'Opinion*	bva.fr
• CSA Conseil supérieur de l'Audiovisuel	csa.fr
• GFK *Études et conseils en marketing*	gfk.fr
• IFOP Institut Français d'Opinion Publique	ifop.com
• IPSOS Institut Public de Sondage d'Opinions et de Statistiques	ipsos.fr canalipsos.com
• MarketingScan	marketingscan.fr
• Médiamétrie *Institut de mesure d'audience des médias*	mediametrie.fr
• Nielsen media Research *Études sur les médias*	nielsenmedia.com
• Tns Sofres Taylor Nelson Sofres	sofres.com
• Tns worldpanel	secodip.fr

Chapitre 6

Les tests

Ils représentent la partie expérimentale des études quantitatives. Les enquêtes par sondages ou autres panels permettent d'obtenir des informations sur un marché ou un produit. Les tests vont permettre de prévoir les réactions du marché par rapport à telle ou telle action marketing de l'entreprise.
On regroupe les tests en deux grandes parties : les tests proprement dits et les marchés-tests.

A Les tests proprement dits

Ils permettent de mesurer les réactions des consommateurs face à une seule variable du marketing-mix d'un produit. Il en existe de nombreuses variantes, utilisées tour à tour tout au long du processus de développement (ou de la modification) d'un produit.

Nom	But *(d'après Mercator, Dunod)*	Outils utilisés
Tests de concept	Mesurer les réactions des consommateurs à une « idée de produit nouveau, formulée de manière verbale ».	• Dessin, fiche produit, maquette. • Questionnaire.
Tests de produit	Mesurer les réactions des consommateurs à l'égard d'un nouveau produit qu'on leur fait essayer réellement.	• Produit. • Questionnaire.
Tests de nom	Mesurer les réactions d'un public à un (ou plusieurs) nom de marque, notamment sous l'aspect des évocations symboliques de ce nom.	• Entretiens individuels ou collectifs. • Tests projectifs.
Tests d'emballage	Mesurer les réactions des consommateurs à un nouveau packaging et, notamment leurs opinions sur sa commodité, son esthétique et ses évocations.	• Emballage. • Questionnaire.
Tests de prix	Mesurer les réactions des consommateurs à l'égard d'un (ou plusieurs) prix envisagé pour un produit.	• Questionnaire (méthode du prix psychologique – voir page 161).
Tests d'impact en linéaire	Mesurer les réactions d'un public à la présentation d'un (ou plusieurs) produits en linéaire.	• Produit dans son emballage. • Laboratoire, camion magasin ou linéaire réel.
Tests publicitaires	Mesurer les réactions d'un public à une (ou plusieurs) annonce publicitaire qui est présentée, selon les cas, sous une forme plus ou moins achevée.	• Ébauche (*rough*) du message publicitaire, ou bien message définitif. • Le test peut porter soit sur le message isolé (questionnaire à partir de la publicité), soit sur le même message inséré par exemple dans une revue ou un écran publicitaire. • Entretiens individuels.

B Les marchés-tests (ou marchés-témoins)

Ils consistent à distribuer un produit dans un nombre plus ou moins restreint de points de vente, à l'intérieur d'une (ou plusieurs) zone géographique clairement délimitée. Ils permettent de mesurer les réactions des consommateurs face à l'ensemble des variables du marketing-mix d'un produit, dans des conditions très proches de la réalité.
Il existe trois sortes de marchés-tests.

1 Les mini marchés-tests

Il s'agit de tester la distribution d'un produit dans un nombre très restreint de points de vente avec lesquels un accord a été passé. Un suivi strict des ventes est mis en place, accompagné par une enquête auprès des acheteurs du produit considéré. Effectués sur une période suffisamment longue pour étudier les ré-achats de produits (mais aussi relativement courte pour ne pas donner trop de temps à la concurrence pour réagir), les mini marchés-tests permettent d'obtenir des données assez précises sur les ventes, la perception du produit par les consommateurs, le taux de ré-achat...

2 Les marchés-tests classiques

Il s'agit de tester la distribution d'un produit dans un nombre relativement important de points de vente avec lesquels un accord a été passé. Ce test va permettre d'évaluer la validité d'un choix stratégique unique (sur une seule zone géographique) ou bien de plusieurs choix stratégiques différents (sur différentes zones stratégiques). Cela va permettre d'affiner le mix définitif du produit, en faisant varier ses éléments dans des dosages spécifiques.
La représentativité des points de vente choisis (tant au niveau des types de magasin, de leur enseigne, de leur situation géographique...) est primordiale pour l'élargissement futur des résultats du marché-test.
Les données recueillies lors d'un marché-test sont multiples, surtout lorsqu'il est couplé avec des panels de détaillants et de consommateurs (utilisant des cartes de paiement spéciales qui permettent de les identifier) : volume total des ventes et taux de ré-achat du produit, quantités achetées (par foyer), fréquence d'achat... Le marché-test peut être couplé avec un test de la communication du

produit, sur le secteur géographique considéré. On peut alors, en plus, tester l'efficacité réelle de la publicité du produit.
Le coût d'un marché-test est relativement important, très supérieur à celui d'un mini marché-test, mais la quantité de données obtenues, et leur fiabilité, est plus grande.
Dans l'absolu, le marché-test est l'outil idéal pour affiner le mix définitif d'un produit. Mais son utilisation induit un inconvénient majeur : la concurrence (par l'intermédiaire de ses commerciaux) prend connaissance du projet bien avant sa mise sur le marché. Elle peut alors soit essayer d'intervenir sur la zone géographique du marché-test pour essayer d'en fausser les résultats (opération promotionnelle, campagne publicitaire), soit se donner les moyens de réagir pour lancer un produit similaire le plus rapidement possible.

3 Les marchés-tests simulés

C'est la seule méthode de marché-test qui permettent de protéger le nouveau produit des regards indiscrets de la concurrence. Le test s'effectue dans un point de vente fictif auprès de consommateurs potentiels exposés à la communication du produit au cours d'une enquête préalable.
Beaucoup plus léger à mettre en place que les deux méthodes précédentes (il ne nécessite que le produit et sa publicité), le marché-test simulé reste néanmoins très intéressant par les informations qu'il procure : pourcentage de personnes qui achèteraient le produit (par rapport à l'échantillon total de personnes acceptant de participer au test), taux de ré-achat, perception de la publicité...
La fiabilité des résultats dépend de la qualité des modèles mathématiques utilisés par les sociétés qui proposent ce « produit » aux fabricants (sociétés d'études de marché).

PARTIE 4

La stratégie marketing

Une stratégie est un ensemble de décisions prises à l'avance par une entreprise pour une période donnée, en vue d'atteindre des objectifs généraux, dans un univers concurrentiel, économique, politique et social.
Pour bien comprendre ce qu'est la stratégie marketing, nous allons la scinder en deux parties distinctes :

Plan stratégique général

Il permet de définir (ou de redéfinir) les objectifs de la stratégie marketing, en suivant une démarche en quatre temps :
- analyse externe du marché et de la concurrence,
- analyse interne des différents produits-marchés de l'entreprise,
- analyse des différentes stratégies de développement possibles,
- définition des objectifs de la stratégie marketing.

Plan stratégique d'activité

Il permet d'élaborer la stratégie marketing, qui comprend quatre éléments principaux :

- le choix d'un marché-cible,
- le choix d'une stratégie de segmentation sur ce marché-cible,
- le choix d'un positionnement sur ce marché-cible.
- le choix du plan d'action marketing.

CHAPITRE 1

Le plan stratégique général

A Définition

Le plan stratégique général a pour but la définition des objectifs de la stratégie marketing. Il consiste en un travail d'analyse et de réflexion situé en amont de toute action opérationnelle.
Il peut être résumé en quatre étapes principales :
- une analyse externe du marché et de la concurrence,
- une analyse interne des différents produits-marchés de l'entreprise,
- une analyse des différentes stratégies existantes,
- la définition des objectifs de la stratégie marketing.

Son étude nécessite la définition préalable de la notion de produit-marché.

B

Qu'est-ce qu'un produit-marché ?

Tout le monde sait ce qu'est un produit. Mais cette notion n'est pas suffisamment complète en marketing. Un produit est destiné à un marché. Sur un graphique en deux dimensions, le couple produit-marché représente tout simplement un produit à l'intersection de la clientèle qui peut l'acheter (voir schéma ci-après).
Cette notion de produit-marché, plus marketing puisqu'elle intègre le marché-cible du produit, correspond aux notions d' « activité » ou de « domaine d'activité stratégique » mentionnées par certains auteurs.

EXEMPLE :

le marché du transport.

- Il regroupe différents types de clientèles : les jeunes, les familles, les personnes âgées, les célibataires, les hommes d'affaires...
- Il comprend plusieurs produits : le train, l'avion, l'automobile, le bateau...

Un produit-marché correspond par exemple au transport des jeunes par le train, ou au transport des hommes d'affaires en TGV 1re classe.

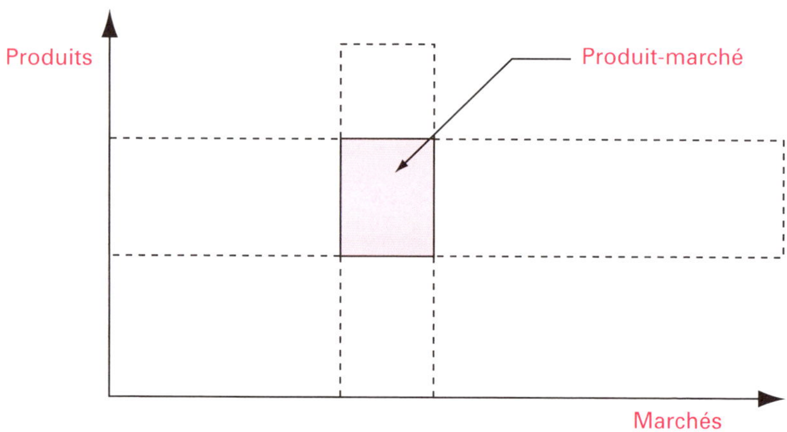

C

Analyse externe

C'est la première étape de l'élaboration d'une stratégie marketing : il faut avant tout faire le point sur le marché, son environnement, la clientèle, la concurrence.

1
L'analyse du marché et de son environnement

Il s'agit là d'étudier le marché dans ses grandes lignes : volume des ventes (au niveau international, national, local), segmentation produits (lister les produits qui le constituent), analyse plus fine de chacun de ces produits (volumes, cycle de vie, évolution des prix...), tendances d'évolution du marché...
Pour l'analyse de l'environnement du marché, se référer à la partie « L'environnement du marché » à la page 23, qui regroupe l'ensemble des acteurs en relation avec l'entreprise et importants à étudier.

2
L'analyse de la clientèle

Des distinctions doivent être opérées entre les acheteurs consommateurs et non consommateurs, décisionnaires ou non décisionnaires. Chacun a des motivations et des freins propres à son statut face au produit. Ensuite, il faut analyser l'ensemble des intervenants dans le processus de décision d'achat : les prescripteurs, les leaders d'opinion, les membres de la famille ou des groupes auquel appartient l'acheteur.
Le réseau de distribution ne doit pas être oublié dans cette analyse : types d'intermédiaires, politique et stratégie de chacun, motivations et freins...

3
L'analyse de la concurrence

De nombreux outils peuvent être utilisés pour effectuer une analyse concurrentielle : analyse simple (identification des concurrents, analyse actuelle et prospective de chacun d'entre eux, évaluation des positions concurrentielles), modèle S.W.O.T. (voir page 93) ou benchmarking (étalonnage concurrentiel).

Le benchmarking est une méthode par laquelle on évalue les performances d'une entreprise en les comparant à celles de concurrents significatifs (Source *Mercator*, J. Lendrevie, J. Lévy, D. Lindon, Dunod, 2006). Il s'agit d'analyser et de s'approprier les méthodes les plus efficaces des entreprises concurrentes ou bien des entreprises reconnues comme étant les meilleures dans un domaine donné. Il existe ainsi plusieurs types de benchmarking :

- le benchmarking interne : il est tout d'abord intéressant d'étudier, dans les grands groupes, les performances de filiales ou des départements les plus performants afin de s'approprier leurs méthodes de travail. Les informations seront plus aisées à obtenir, pour un coût assez faible.

- le benchmarking direct : étudier les sociétés directement concurrentes à l'entreprise considérée,

- le benchmarking générique : prendre exemple sur les meilleures entreprises dans leur domaine, même s'il est différents du secteur d'activité de l'entreprise qui effectue cette démarche (par exemple, analyser la logistique d'un grand groupe de vente par correspondance (aux particuliers) quand on est un grossiste en outillage).

D

Analyse du portefeuille de produits-marchés de l'entreprise (analyse interne)

Un des buts du plan stratégique général est de définir le portefeuille de produits-marchés de l'entreprise (lors de sa création) ou bien tout simplement de l'évaluer (en cours d'activité de l'entreprise). Cela va permettre de fixer (ou de modifier) le poids que l'on veut donner à un produit-marché par rapport à un autre et de définir l'importance des stratégies à développer pour un produit par rapport à un autre.
Plusieurs outils d'analyse du portefeuille d'activités ont été développés par des cabinets de marketing américains. Le plus connu est certainement le modèle du Boston Consulting Group (BCG) {@}.
Une analyse croisée à partir du taux de croissance d'un marché et de la part de marché relative permet de déterminer quatre principaux types de produits (voir schéma ci-après) :

Modèle d'analyse du Boston Consulting Group (BCG)

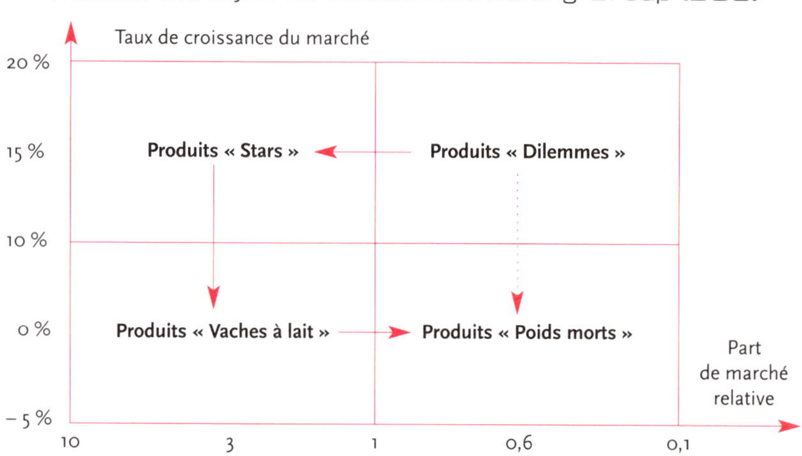

La part de marché relative correspond au rapport entre la part de marché de l'entreprise et la part de marché de son concurrent le plus important.

EXEMPLES :

- si l'entreprise possède une part de marché (30 %) identique à celle de son concurrent principal, la part de marché relative sera de 1 (30/30),
- si l'entreprise possède une part de marché de 45 %, et que son principal rival a une part de marché de 15 %, la part de marché relative sera de 3 (45/15)
- si l'entreprise possède une toute petite part de marché (5 %) par rapport à celle de son concurrent le plus important (35 %), sa part de marché relative sera de 0,14 (5/35).

- Les « dilemmes », avec un taux de croissance du marché fort mais une faible part de marché relative, sont intéressants si on les soutient fortement pour les transformer en produits « vedettes ». Ils représentent alors l'avenir de l'entreprise. Par contre, si leur évolution n'est pas satisfaisante, ils vont se transformer en « poids morts ».
- Les « stars » ont certainement la meilleure position : forte part de marché relative sur un marché en forte progression. Ils représentent des « locomotives » pour l'entreprise.
- Les « vaches à lait » sont des produits particulièrement rentables avec une part de marché relative forte mais en stagnation. Ils sont en pleine phase de maturité et il faut essayer de les maintenir dans cette position le plus longtemps possible.
- Les « poids morts » laissent apparaître un taux de croissance et une part de marché relative très faibles. Il faut essayer de les supprimer au plus tôt.

L'idéal pour une entreprise est de posséder un portefeuille équilibré, avec des produits « dilemmes » en devenir, des « stars » pour augmenter les parts de marché, et des « vaches à lait » pour la rentabilité.

E

Les différentes stratégies de développement

Après ces analyses externes et internes, il est indispensable, pour faciliter la détermination des objectifs généraux de l'entreprise, de faire le tour des différentes stratégies de développement qui s'offrent à elle. Ces stratégies, très différentes, peuvent être envisagées de plusieurs manières.

1

La matrice produits-marchés d'ANSOFF

Ansoff a travaillé à partir de deux axes :
- les marchés de l'entreprise, actuels et nouveaux,
- les produits de l'entreprise, actuels et nouveaux.

À partir de cela, il a défini quatre stratégies différentes.

Marchés nouveaux	**Extension de marché**	**Diversification**
Marchés actuels	**Pénétration de marché**	**Développement de produits**
	Produits actuels	Produits nouveaux

Caractéristiques de ces stratégies

• Extension de marché :
- augmentation de l'implantation géographique,
- attaque de nouveaux segments sur le même marché.

• Diversification :
- produits nouveaux sur un nouveau marché.

• Pénétration de marché :
- augmenter la part de marché,
- persuader les non-consommateurs relatifs.

• Développement de produits :
- produits nouveaux,
- modification des produits existants,
- produits similaires de qualité différente.

2
Les stratégies de PORTER

M. Porter analyse les stratégies de base qui s'offrent à une entreprise en fonction de deux critères : la *cible* (selon que l'on s'adresse à la totalité d'un marché ou à un seul segment) et un *avantage concurrentiel* (qu'il provienne des qualités du produit ou bien de coûts de productivité réduits).
À partir de ces critères, M. Porter a élaboré une matrice qui présente trois stratégies différentes :

Cible	Totalité du marché	**Différenciation**	**Domination par les coûts**
	Un seul segment de marché	**Spécialisation**	**Spécialisation**
		Qualités du produit	Coûts de productivité
		Avantage concurrentiel	

Caractéristiques de ces stratégies

- Différenciation, lorsque l'entreprise peut se démarquer sur le marché par les qualités de son produit.
- Domination par les coûts, lorsque l'entreprise produit à un coût inférieur par rapport à ses concurrents.
- Spécialisation, lorsque l'entreprise se concentre sur un segment très précis.

3 Les stratégies de croissance

Une entreprise qui n'envisage pas de croissance est une entreprise en péril. Les stratégies de croissance sont un fabuleux moteur de dynamisme et de motivation pour le personnel de l'entreprise. On peut les classer en trois grandes parties :
- croissance intensive,
- croissance par intégration,
- croissance par diversification.

Les stratégies de croissance intensive

Stratégies	Descriptions
Pénétration de marché	Augmenter les ventes, en jouant sur trois facteurs : • augmenter la fréquence d'achat, ainsi que les quantités achetées, • prendre des consommateurs à la concurrence, • augmenter le nombre de consommateurs potentiels.
Extension de marché	Étendre le marché : • géographiquement, au niveau régional, national ou international, • commercialement, en utilisant de nouveaux circuits de distribution.
Développement de produits	Travailler sur les produits : • apporter des modifications, des « plus-produits », • étendre les lignes et les gammes de modèles.

Les stratégies de croissance par intégration

Stratégies	Descriptions
Intégration amont	Prendre le contrôle d'un ou plusieurs fournisseurs. Cette démarche permet à une entreprise d'assurer ses approvisionnements.
Intégration aval	Prendre le contrôle d'un ou plusieurs réseaux de distribution. Cette démarche permet à une entreprise de s'assurer des débouchés commerciaux.
Intégration horizontale	Prendre le contrôle d'un ou plusieurs concurrents. Cette démarche permet à une entreprise d'absorber un concurrent gênant, ou bien d'atteindre une taille plus importante lui permettant d'avoir, par exemple, plus de poids auprès des fournisseurs.

Les stratégies de croissance par diversification

Stratégies	Descriptions
Diversification concentrique	Développer une ou plusieurs activités complémentaires à un produit-marché existant.
Diversification horizontale	Développer une ou plusieurs activités nouvelles auprès de la clientèle existante.
Diversification par conglomérat	Développer une ou plusieurs activités nouvelles auprès d'une clientèle nouvelle.

4

Les stratégies par rapport à la concurrence

Stratégies	Descriptions
Leader	L'entreprise leader est celle qui domine le produit-marché et qui est reconnue comme telle par ses concurrents. Trois stratégies différentes sont possibles pour l'entreprise leader : • **Stratégie d'accroissement de la demande globale** : stratégie de croissance intensive (convaincre des non-consommateurs relatifs, trouver de nouvelles utilisations du produit, augmenter la fréquence d'utilisation...), • **Stratégie de protection de sa part de marché**, en innovant (sur le produit), en consolidant sa part de marché, en affrontant le ou les concurrents (guerre des prix par exemple)..., • **Stratégie d'extension de marché** (voir plus haut).
Challenger	La position de challenger donne des envies d'être leader. Les stratégies du challenger sont donc des stratégies offensives dirigées vers le leader dans le but de le déloger... Elles sont multiples : baisse des prix, innovation, réduction des coûts, augmentation des dépenses publicitaires...
Suiveur	Le suiveur possède une part de marché réduite et n'a pas encore les moyens de s'attaquer au leader. Sa meilleure stratégie est bien souvent de « suivre » les stratégies des meilleurs.
Spécialiste	L'entreprise spécialisée sur un segment de marché doit se défendre sur son créneau pour rester en vie, en étant techniquement maître de ce créneau, en possédant suffisamment d'avance pour espérer se développer, et en se protégeant des attaques du leader par cette avance.

F

La présentation du diagnostic et la définition des objectifs de la stratégie marketing

Après avoir effectué les deux analyses externe et interne situant avec précision la position de l'entreprise sur son marché, la présentation d'un diagnostic peut se faire à l'aide du **modèle S.W.O.T.** (Strengths[1], Weaknesses[2], Opportunities[3], Threats[4]), qui présente sous la forme de deux tableaux récapitulatifs les forces[1] et les faiblesses[2] ainsi que les opportunités[3] et les menaces[4] de l'entreprise. Les recommandations qui accompagnent ce diagnostic vont permettre de définir les objectifs de l'entreprise.

La définition des objectifs constitue une étape incontournable de la stratégie marketing. Les objectifs correspondent aux buts que se fixent les dirigeants de l'entreprise. Ces buts sont, dans un premier temps, généraux (objectifs qualitatifs) et pas forcément chiffrés : améliorer l'image de l'entreprise, développer la rentabilité, devenir leader sur tel ou tel marché...

Leur définition précise engage l'entreprise, et l'énergie dégagée pour les atteindre va constituer le « carburant » de l'entreprise.

Dans un second temps, ces objectifs sont bien évidemment chiffrés pour permettre de mesurer l'ampleur des efforts à consentir et la progression pour les atteindre.

Quelques sites internet

SIGLE, nom de l'organisme, *activité*	**Adresse du site**
• BCG Boston Consulting Group	bcg.com

Chapitre 2

Le plan stratégique d'activité

A Définition

Le plan stratégique d'activité correspond à une seconde phase après le plan stratégique général.

Après avoir déterminé les objectifs de la stratégie marketing, il faut les appliquer sur le (ou les) marché(s) sur lequel (lesquels) l'entreprise est présente. Le plan stratégique d'activité va permettre d'élaborer une stratégie marketing qui comprend quatre éléments principaux :

- le choix d'un marché-cible,
- le choix d'une stratégie de segmentation sur ce marché-cible,
- le choix d'un positionnement sur ce marché-cible,
- le choix du plan d'action marketing.

À partir du choix d'un marché-cible, et d'un premier travail de segmentation de ce marché, la stratégie marketing va permettre de positionner un (ou plusieurs) produit(s) et de décliner ce positionnement en différents plans d'action : plan produit, plan prix, plan distribution, plan communication.

B Le choix d'un marché-cible

Le *marché de référence* est le marché sur lequel une entreprise veut exercer (ou exerce) son activité. Pour l'analyser, on le décompose suivant trois axes : les fonctions, les groupes d'acheteurs et les technologies. Il est alors aisé d'explorer toutes les solutions possibles, qui sont autant de stratégies envisageables.

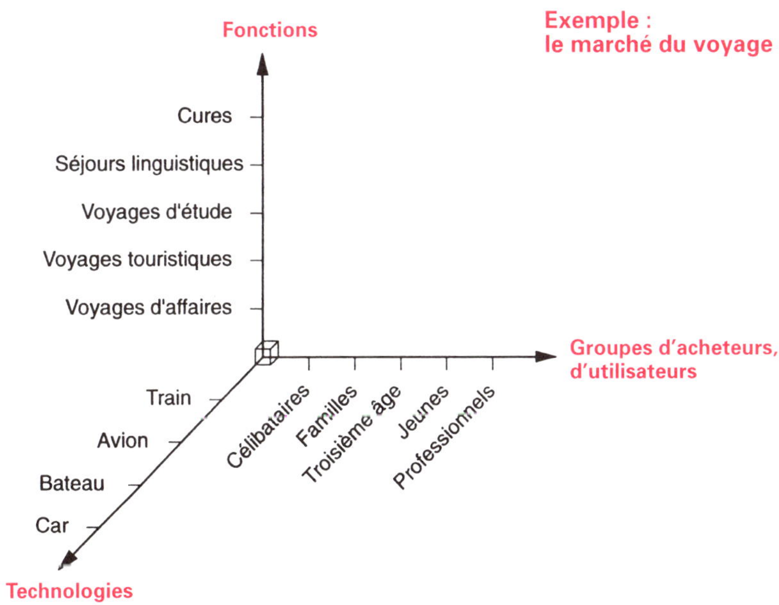

Cette analyse graphique permet de dégager quatre stratégies différentes sur un même marché-cible :

- La stratégie de spécialiste, pour une entreprise qui concentre toute son activité sur un « produit-marché » (intersection d'une technologie, d'un groupe d'acheteurs et d'une fonction) : spécialiste de l'autocar, spécialement aménagé pour des voyages d'étude destinés à des professionnels,
- La stratégie de spécialiste-produit : entreprise spécialisée dans le voyage touristique,
- La stratégie de spécialiste-client : agence de voyage spécialisée pour le troisième âge,

- La stratégie de couverture complète du marché : agence de voyage proposant tous les types de produits pour toutes les clientèles.

C Le choix d'une stratégie de segmentation sur ce marché-cible

Après avoir déterminé un marché-cible, l'entreprise doit analyser ce marché en le décomposant en sous-ensembles homogènes. C'est l'objet de la segmentation.

1 Définition et objet de la segmentation

Les marchés sont le plus souvent très hétérogènes et un seul produit, « moyen », ne pourrait satisfaire toute la demande, très diversifiée.

EXEMPLE :

> un constructeur automobile construisant une seule voiture, située dans le milieu de gamme.

Pour faire face à ce problème, les entreprises sont obligées de « segmenter » le marché.

Définitions

> Un segment est un groupe d'individus caractérisé par un comportement homogène (comportement d'achat d'un produit ou service, choix d'un magasin...).
> La segmentation est la division d'un marché en sous-ensembles homogènes.

Objet

- La segmentation doit permettre d'adapter un produit aux besoins spécifiques des consommateurs, en le *positionnant* sur un segment précis de la population.
- L'entreprise va appliquer à chaque segment choisi une politique marketing et un plan de marchéage spécifiques. L'efficacité de chaque élément du plan de marchéage se trouvera ainsi renforcée car il sera destiné à une même catégorie d'acheteurs.

2
Les méthodes de segmentation et les critères correspondants

Une méthode de segmentation est une technique permettant la division du marché en segments homogènes.

Un critère de segmentation est une variable qui permet d'expliquer les différences de comportement étudiées entre les segments. Ces critères sont très nombreux et chacun est rattaché à une méthode de segmentation.

La segmentation utilisant des critères socio-démographiques

Critères	Exemples de marchés segmentés selon ces critères
Âge	Jouet, vêtement.
Sexe	Vêtement, parfum.
Revenu	Produit « haut » ou « bas » de gamme.
Profession	Matériel spécifique pour les dentistes, pour les dessinateurs industriels...
Taille du foyer	Automobile, immobilier.
Situation géographique	Chauffage solaire.
Type d'habitat	Enrobé pour allées de jardin, clôture.

Deux autres critères sont utilisés depuis quelques années :

– Le prénom : il existe une correspondance entre le prénom et l'âge. Ainsi, les personnes portant les prénoms Alphonsine, Cindy correspondent à des tranches d'âge assez précises. Cela n'est pas vérifiable pour les « Marie ».

EXEMPLE :

> les Éditions Atlas-La Guilde ont utilisé cette technique sur leur produit « Nicolas le jardinier » (collection de fiches) : les amateurs de jardinage ont en majorité entre 40 et 50 ans. Une segmentation sur les prénoms correspondant à cette classe d'âge a permis d'obtenir d'excellents résultats.

Cette méthode s'apparente à une segmentation à partir de l'âge.

– Le géotype : c'est un ensemble homogène présentant des caractéristiques sociologiques, démographiques et économiques communes. Chaque commune, chaque quartier, correspond, selon cette méthode, à un géotype. La COREF a déterminé 48 géotypes en France. Cette méthode est essentiellement utilisée en marketing direct (voir la partie géomarketing, page 343).

La segmentation par avantages recherchés

Cette méthode permet de distinguer les consommateurs selon les avantages qu'il recherchent dans leurs achats.

EXEMPLE :

une étude a été réalisée en 1964 pour la société Timex sur le marché des montres (J. J. Lambin, Le marketing stratégique, Mac Graw Hill) :
- 23 % des personnes recherchaient le prix le plus bas,
- 46 % des personnes recherchaient la durabilité, la qualité,
- 31 % des personnes achetaient une montre comme symbole d'une occasion importante.

La segmentation psychographique (selon les socio-styles)

Cette méthode de segmentation ne s'intéresse pas au consommateur dans son activité de consommation mais dans l'ensemble de ses activités, loisirs, travail, opinions diverses..., l'activité de consommation étant une activité parmi beaucoup d'autres.

Deux organismes en France réalisent périodiquement des études sur les socio-styles des français :

- le CCA{@} (Centre de communication avancée),
- Sociovision Cofremca {@} (Compagnie française d'études de marché et de conjonctures appliquées).

Les socio-styles sont déterminés à partir de trois composantes :

- *les activités* (loisirs, travail...),
- *les attitudes* (ensemble de tendances qui poussent à un comportement : personnalité, attitude de père, d'adulte...),
- *les opinions* (jugements sur l'économie, la politique, la religion...).

Des informations sur ces trois points, récoltées grâce à des enquêtes auprès d'un échantillon représentatif de la population française, permettent d'établir les styles de vie.

LES « SOCIO-STYLES DE VIE » DES FRANÇAIS EN 2000 (TENDANCES ÉTABLIES PAR LE CCA)

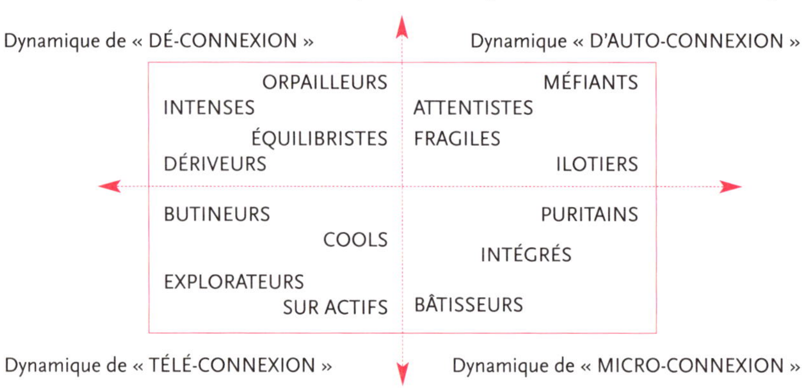

La segmentation comportementale

Cette technique utilise comme critère de segmentation le comportement d'achat par rapport à un produit.
On peut ainsi segmenter par rapport à trois critères.

- *Le taux d'utilisation du produit*, directement ou en utilisant la règle des 20/80.
- *L'utilisation du produit* (non utilisation, utilisation potentielle, première utilisation, utilisation fidèle ou non).
- *La sensibilité à une composante marketing du produit* (marque, prix, publicité, promotion...).

3
Comment choisir un critère de segmentation ?

Un bon critère de segmentation doit posséder trois caractéristiques.

• La pertinence, c'est-à-dire être choisi en fonction des attitudes et des comportements des consommateurs vis-à-vis du produit.

EXEMPLE :

> le critère du sexe n'est pas très pertinent pour un micro-ordinateur. Par contre, l'âge ou la profession peuvent être des critères très pertinents.

• La mesurabilité : les critères mesurables comme les critères démographiques ou ceux liés à une méthode de « scoring » permettent une analyse objective, rigoureuse.

• La taille du segment : la segmentation n'est réellement utile que si les segments déterminés correspondent à une population suffisamment importante pour justifier le déploiement de politiques marketing propres (produit, distribution, communication...).

4
Comment choisir un segment ?

Le choix d'un segment repose sur quelques règles fondamentales.

- Choisir un segment peu concurrentiel ou bien occupé par des entreprises anesthésiées par la routine et la facilité.
- Au contraire, choisir un segment très concurrentiel et copier la concurrence en ajoutant un plus-produit.
- Effacer la concurrence en se basant sur une nouveauté technologique.

• Créer un produit venant se positionner sur un emplacement encore libre (Actimel).

• Créer un produit standardisé, destiné à l'ensemble des consommateurs, ce qui entraîne une réduction des coûts fixes, une publicité identique dans tous les pays, en ignorant les lois de la segmentation (suppression en France de la marque Treets au profit de M. & M's, marque qui existait déjà dans de nombreux pays, pour bénéficier des investissements réalisés pour cette marque internationale).

5
Les différentes stratégies de segmentation

Il existe quatre stratégies de segmentation.

- La stratégie d'indifférenciation : c'est l'anti-segmentation, la stratégie de marketing global (voir exemple M. & M's ci-dessus, stratégie utilisée également par Mc Donald's ou Coca-Cola).
- La stratégie de concentration : l'entreprise concentre ses efforts sur un seul segment de marché délaissé par les grandes entreprises parce que trop étroit (Ligier sur le segment des voitures sans permis). La rentabilité sur ce segment peut être alors très élevée.
- La stratégie d'adaptation : un même produit adapté à différents segments.
- La stratégie de différentiation : un produit différent pour chaque segment : l'entreprise est présente sur tous les segments (hyper-segmentation).

D
Le choix d'un positionnement sur ce marché-cible

Les marchés sont de plus en plus encombrés et concurrencés. Cela entraîne une segmentation de plus en plus précise. De nombreux produits plus ou moins identiques peuvent subvenir aux besoins des consommateurs.
La stratégie de positionnement intervient dans ce cadre. Elle permet de remédier à la situation hyper-concurentielle de certains marchés (lessives, cafés, boissons, barres chocolatées...) en caractérisant un produit.

1
Définition

Un produit est constitué d'un ensemble de caractéristiques techniques, commerciales, gustatives, artistiques, communicationnelles, objectives, subjectives... voulues par ses créateurs. Cet ensemble constitue sa carte d'identité. Parmi cet ensemble de caractéristiques, seules quelques-unes sont véritablement distinctives par rapport aux produits concurrents.

Le positionnement correspond aux quelques caractéristiques d'un produit véritablement distinctives par rapport à celles des produits concurrents.

EXEMPLE :

la Citroën C3 Pluriel peut être décrite par un ensemble de caractéristiques techniques et commerciales, comme toutes les voitures actuellement sur le marché (longueur, largeur, hauteur, caractéristiques de la motorisation, suspension...). Mais son positionnement vient de quelques caractéristiques véritablement distinctives par rapport aux autres véhicules : modularité, habitabilité très importante par rapport aux dimensions du véhicule, nombreux coffres de rangement, organisation intérieure.

2
La démarche de positionnement

Elle se déroule en trois temps.

- **Situer la concurrence** : une analyse qualitative, effectuée auprès d'un échantillon représentatif de consommateurs, va permettre de dresser une carte (un *mapping*) des concurrents par rapport à des axes (grâce aux techniques statistiques de l'analyse multidimensionnelle). Cette phase permet de préciser la vision par les consommateurs des produits présents sur le marché. Elle correspond à un travail de segmentation du marché.
Il émerge de cette première phase plusieurs grandes catégories de produits (segments) sur le marché considéré.

- **Choisir une catégorie de produit**, c'est-à-dire choisir le segment sur lequel on va positionner le produit (petite berline, voiture de sport, monospace...). De ce choix découle tout un ensemble de caractéristiques du produit inhérent au segment choisi (motorisation, équipement, prix...).

- **Attribuer au produit des caractéristiques distinctives** : créer la différenciation du produit par des qualités distinctes de celles des concurrents.

C'est le véritable travail de positionnement du produit. Il peut porter sur :
- une ou plusieurs caractéristiques du produit (caractéristique technique, conformité à une norme, design original, prix...) ;

- une ou plusieurs caractéristiques du service associé au produit (livraison rapide, service après-vente performant...) ;
- une ou plusieurs caractéristiques des autres éléments du plan de marchéage associé à ce produit (communication, distribution).

Pour être efficace, le positionnement d'un produit doit correspondre aux désirs des consommateurs, être simple, original, et conforme à l'image du produit et de l'entreprise.

E Le choix du plan d'action marketing (ou plan d'action commerciale)

Nous avons vu dans le chapitre « Le marketing-mix » que la pièce maîtresse de la démarche marketing était le plan d'action marketing (marketing-mix ou plan de marchéage ou plan d'action commerciale : PAC). Il comprend le plan produit, le plan prix, le plan communication et le plan distribution.

Le positionnement du produit choisi par l'entreprise va être concrétisé par tous ces éléments du mix : le produit (l'emballage, le design...), le prix, la communication, la distribution, jusqu'aux arguments des commerciaux qui vont reprendre les caractéristiques distinctives déterminées durant la réflexion stratégique sur le positionnement.

Dans un souci de clarté, les aspects stratégiques concernant le produit, le prix, la distribution et la communication seront traités à la fin de chacun des chapitres portant sur les éléments du plan d'action marketing.

Quelques sites internet

SIGLE, nom de l'organisme, *activité*	**Adresse des sites**
• CCA Centre de Communication Avancée	lecca.com
• Sociovision Cofremca	sociovision.com

PARTIE 5

Le produit

Parmi les composantes du marketing-mix, le produit est certainement la plus importante pour le consommateur, puisqu'elle représente ce qu'il désire acquérir. Pour l'entreprise, elle est la matérialisation de la stratégie marketing et du travail effectué par les salariés.
La multiplication constante de l'offre oblige les entreprises à effectuer un travail de plus en plus poussé sur les produits.
Cette partie va nous permettre d'étudier toutes les facettes d'un produit : courbe de vie, normalisation, marque, ligne, gamme, emballage, stylique, qualité. Nous analyserons également les différentes stratégies spécifiques au produit.

Chapitre 1

Généralités sur le produit

A Notions de produit

Dans le contexte marketing, la notion de produit évolue régulièrement. Nous pouvons ainsi distinguer trois approches différentes du produit.

Le produit-technique : ensemble de caractéristiques techniques et technologiques.
Le produit-service (= couple consommateur/produit selon Kotler) : ensemble de bénéfices procurés à l'utilisateur (« plus-conditionnement », services liés à l'achat, SAV...). C'est une vision du produit orientée vers les bénéfices que le consommateur va retirer de l'achat de ce produit (dans un système concurrentiel où tous les produits se valent plus ou moins techniquement).
Le produit-marché : sous-ensemble homogène du marché global, à l'intersection d'un produit et de son marché correspondant (voir chapitre « Le plan stratégique général »).

B Classification et nomenclature de produits

1 Classification de produits

Une classification est une liste exhaustive de critères permettant de déterminer des catégories homogènes de produits.

On peut ainsi classer les produits en plusieurs grandes familles.

■ **Les biens de consommation finale**, que l'on peut subdiviser de plusieurs manières (voir schéma page 20) :
- produits alimentaires et non alimentaires,
- produits banals (achetés régulièrement comme le journal) et produits anomaux (achetés moins fréquemment comme des vêtements),
- produits durables (un téléviseur) et non durables (un journal).

■ **Les produits industriels** (matières premières, fournitures, pièces détachées, produits intermédiaires).

■ **Les biens d'équipement** : équipement principal (bâtiments, machines...) et accessoire (outils, matériel de bureau...).

2 Nomenclature de produits

Une nomenclature est une liste de produits exhaustive et classée selon un ordre logique.

Il existe en France plusieurs nomenclatures de produits très utilisées dans le domaine commercial :

• Les nomenclatures de l'IFLS (Institut français du libre-service) très utiles pour les entreprises de grande distribution.

• La nomenclature de l'INPI {@} (Institut national de la propriété industrielle), composée de 42 divisions, qui permet à une entreprise de fixer avec précision le (ou les) secteur(s) dans lequel (lesquels) une marque sera protégée.

• Les nomenclatures des douanes françaises ou internationales.

C Le cycle de vie d'un produit

1 Définition

C'est une évidence de dire « tout produit naît, croît puis meurt ». Ce parallèle entre un produit et le cycle biologique est pourtant réel.

On peut définir le cycle de vie d'un produit comme l'analyse des grandes étapes de sa vie, de la conception jusqu'à la décision finale de le retirer du marché.
On matérialise le cycle de vie d'un produit par une courbe appelée courbe de vie : c'est la représentation dynamique de sa vie, c'est-à-dire l'évolution de sa demande potentielle dans le temps.

2 Les phases du cycle de vie d'un produit (voir schéma page suivante)

• Chaque phase se caractérise par son taux de croissance, ses ventes, sa rentabilité, son endettement, le degré de mise au point du produit, la vitesse de développement du marché, les stratégies adoptées pour chaque élément du mix...

• Chaque phase peut avoir une durée plus ou moins longue selon le produit ou service.

• Ne pas confondre le cycle de vie d'un produit (par exemple, celui du nouveau 4 × 4 Peugeot 4007, en phase de lancement en 2007) et le cycle de vie de la classe de produits correspondante (celui de l'automobile, en phase de maturité).

• Ne pas confondre produit et marque : le cycle de vie d'une marque est bien souvent différent de celui du produit qui la porte (Exemple : en cas de stratégie multi-produits, une marque est portée par de nombreux produits différents, nés à des périodes différentes).

• La notion de cycle de vie n'est pas à remettre en cause. Par contre, sa représentation, la courbe de vie (avec sa forme « traditionnelle » en S) n'est pas toujours vérifiée (de nombreux produits ont des courbes bien différentes).

Analyse des phases du cycle de vie d'un produit

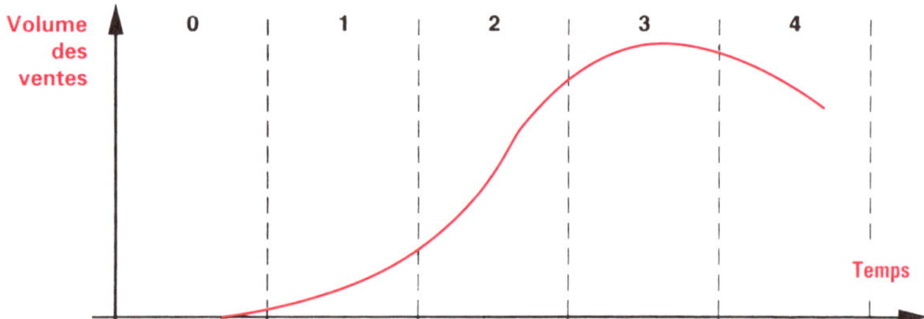

	Mise au point	Lancement	Croissance	Maturité	Déclin
Description de la phase	Élaboration du produit (recherche, tests, expérimentation)	Distribution du produit sur le marché	– Augmentation des ventes – Accroissement de la clientèle – Apparition de la concurrence	– Plafonnement des ventes – Forte pression des concurrents	– Forte diminution des ventes – Vieillissement du produit
Taux de croissance	Nul	Faible	Fort	Faible ou nul	Négatif
Ventes	Expérimentales	Faibles	En forte progression	Progression faible ou nulle	En régression
Rentabilité	Négative	Négative	Moyenne puis forte	Forte puis moyenne	Faible puis nulle
Endettement	Fort	Fort	Faible	Nul	Nul
Produit	– Élaboration – Tests – Expérimentation	– Quelques modifications possibles – Gamme limitée	– Production en grande série – Élargissement de la gamme	– Segmentation importante – Modifications (poussée de la concurrence)	– Réduction de gamme – Diminution des coûts de production
Prix	Calcul du prix	Stratégie d'écrémage (prix élevés) ou de pénétration (prix bas)	– Peu de changements – Gamme de prix étendue (gamme de produits)	Réajustement par rapport à la concurrence	Promotion par le prix
Distribution	Marché test	Mise en place du produit (distribution intensive, sélective ou exclusive)	Élargissement de la distribution	– Importance du service – Conditions spéciales aux distributeurs	Abandon de certains distributeurs
Communication	Dépenses importantes juste avant le lancement (médias)	Dépenses importantes sur la marque (médias)	– Agir sur la fidélité à la marque – Actions promotionnelles	– Accroître le taux d'utilisation (médias) – Actions promotionnelles	– Réduction des dépenses – Promotion pour relancer le produit

D

Plan d'étude méthodologique d'un produit

a. Présentation

- nom du produit,
- utilité du produit (besoins satisfaits, services attendus),
- situation du produit dans une nomenclature,
- situation du produit dans un secteur, une branche, une filière,
- marché du produit, segmentation.

b. Caractéristiques techniques

- composition, formule de fabrication,
- processus de fabrication,
- qualité, normalisation,
- encombrement,
- entreprises productrices (type, implantation géographique, concentration).

c. Caractéristiques commerciales

- marque,
- emballage,
- manutention, stockage,
- étiquetage,
- stylique,
- gamme,
- canaux de distribution,
- transport,
- marchandisage,
- prix (mode de calcul, structure),
- publicité, PLV, promotion,
- méthodes de vente,
- services associés (garantie, SAV...).

d. Vie du produit

- cycle de vie,
- évolution,
- avenir.

Quelques sites internet

SIGLE, nom de l'organisme, *activité*	**Adresse du site**
• INPI Institut National de la Propriété Industrielle	inpi.fr icimarques.com

CHAPITRE 2

La normalisation

A Définition d'un système normatif

La normalisation est une :
- démarche collective entre partenaires économiques et sociaux ayant des activités liées,
- en vue de trouver des solutions techniques et commerciales à des problèmes répétitifs,
- pour établir et améliorer leurs relations.

EXEMPLES DE SECTEURS NON NORMALISÉS :

– Les supports de mémoire de stockage pour les appareils photographiques numériques (plusieurs standards différents et non compatibles : CompactFlash, MémoryStick, SD, XD...),
– les prises électriques (différentes entre la France, l'Angleterre et les États-Unis),
– l'écartement des rails des réseaux ferroviaires (différent entre la France et l'Espagne).

« Une norme est un outil de régulation du marché à la disposition de l'ensemble des partenaires économiques ». (Source : AFNOR)
C'est le résultat d'un accord librement consenti représentant un équilibre entre :
- les exigences des utilisateurs,
- les possibilités techniques de la production,
- les demandes de la distribution,
- l'intérêt général représenté par l'administration,
- les contraintes économiques des uns et des autres.

EXEMPLES DE NORMES :
- normes de sécurité pour les jouets,
- formats de papier : A3, A4…,
- norme NF X 30-200 (NF environnement),
- normes européennes ISO 9 000, ISO 14 000, ISO 26 000…

B Les différents types de normes (source : AFNOR)

On distingue quatre grands types de normes :
- fondamentales (qui concernent la terminologie, la métrologie…),
- de méthodes d'essai,
- de spécification (qui fixent les caractéristiques d'un produit),
- d'organisation et de service (qui décrivent les fonctions de l'entreprise et les activités de service).

C Les avantages de la normalisation

1 Pour les entreprises

- Amélioration de la compétitivité (rationalisation, qualité) ;
- réduction des coûts de production (normalisation des procédures) ;
- soutien à l'innovation ;
- augmentation de la fiabilité des produits ;
- amélioration de la sécurité ;
- soutien à la vente (marque de qualité NF).

2
Pour les pouvoirs publics

- Instrument d'une politique industrielle globale ;
- meilleure gestion des ressources du pays (économies d'énergie, préservation de l'environnement).

3
Pour les consommateurs

- Marque de qualité NF : un « plus » pour le consommateur ;
- étiquetage informatif pour les produits NF : il facilite le choix ;
- amélioration de la vie collective et individuelle (garantie de sécurité, interchangeabilité, meilleur SAV).

D
L'organisation de la normalisation

1
Organisation nationale

La normalisation en France est structurée autour de quatre instances :

■ **le Conseil supérieur de la normalisation**, composé de 52 membres, qui propose les orientations générales de la normalisation ;

■ **le Commissaire à la normalisation**, sous la tutelle du Ministère de l'Industrie, qui est l'interface entre le ministère et l'AFNOR ;

■ **l'AFNOR {@}** (Association française de normalisation), association de type loi de 1901 créée en 1926, qui coordonne les travaux des Bureaux de normalisation (BN), homologue et diffuse les normes, gère la marque NF, enfin représente les intérêts français auprès des organismes internationaux ;

■ **les Bureaux de Normalisation** (BN), qui préparent les avant-projets de normes.

2
Organisation internationale

■ **L'ISO {@}** (International standardization organisation), qui regroupe les organismes nationaux (l'AFNOR pour la France) ;

■ **Le CEN {@}** (Comité européen de normalisation), qui regroupe les organismes nationaux des pays de l'Union Européenne.

E
La certification de qualification

La marque nationale de certification NF (Norme Française) atteste la conformité des produits qu'elle couvre aux normes qui leur sont applicables dans les conditions définies par l'AFNOR (l'AFNOR propose 20 500 normes françaises aux entreprises).
La loi sur la certification de qualification (loi « Scrivener » du 10 janvier 1978) prévoit plusieurs formes de certification :

- auto-certification par le fabricant, fantaisiste...,
- contrôle de prototype, effectué par un organisme extérieur à l'entreprise, non agréé,
- certification de qualification, attribuée par un organisme différent du fabricant et du distributeur, agréée par le Ministère de l'Industrie, qui contrôle tout au long de sa fabrication un certain nombre de caractéristiques du produit ou service – organismes certificateurs agréés : AFNOR, LNE {@}, Qualisol...

F
Un exemple de normalisation : le Gencod

(source Gencod EAN France, désormais GS1 France)*{@}

1 Définition

Le Gencod est un langage, c'est-à-dire une manière de s'exprimer :
- Au moyen d'une méthode de codification qui identifie les sociétés et leurs différents établissements, les produits et leurs emballages, le type de transaction et son contenu,
- Respectant des règles de présentation des documents et autres supports.

2 Le code-barre Gencod EAN France (désormais GS1 France) et ses avantages (voir tableaux pages suivantes)

- Carte d'identité internationale du produit ;
- allégement des opérations de marquage en magasin ou entrepôt ;
- connaissance permanente des ventes et des stocks article par article (saisie automatique aux caisses reliées à l'ordinateur central) ;
- fluidité des opérations aux caisses, gain de temps ;
- disparition des erreurs de prix dues aux caissières ;
- ticket de caisse très lisible.

Quelques sites internet

SIGLE, nom de l'organisme, *activité*	**Adresse des sites**
• AFNOR Association Française de Normalisation	afnor.fr
• CEN Comité Européen de la normalisation	cen.eu
• GS1 France	gs1.fr
• ISO International Standardization Organisation	iso.ch
• LNE Laboratoire National de métrologie et d'Essais	lne.fr

* Groupement d'Études, de Normalisation et de CODification. Organisme chargé de l'attribution du Code National Unifié des Fabricxants (CNUF) entrant dans la composition d'un code barre en France.

Sans Gencod

Chez le distributeur — **Chez le fournisseur**

- Chaque article est référencé par les distributeurs : autant de codes articles qu'il y a de distributeurs.
- Chaque société identifie ses partenaires et traduit son organisation commerciale au moyen de codes. Les systèmes de codification ainsi employés sont hétérogènes.
- Chaque partenaire référence ses documents à sa manière et les rédige selon des présentations différentes.

COMMANDE →

BORDEREAU RÈGLEMENT →

← **CATALOGUE**

← **BON DE LIVRAISON**

← **FACTURE**

La prolifération de ces pratiques entraîne :

SPÉCIALISATION DES TÂCHES administratives par client, par fournisseur

MULTIPLICITÉ DES OPÉRATIONS d'interprétation, de transcodification

ERREURS LITIGES

Augmentation des coûts administratifs.
Lourdeur des relations fournisseur-distributeur.

Avec Gencod

Normalisation des procédures administratives

Simplification des procédures

Langage commun

Allégement administratif

Clarté des relations industrie-commerce

Le code-barre EAN

C'est un **standard international de codification** des biens de consommation courante.

Chaque article a un code qui lui est propre. Il est représenté par un ensemble de barres foncées sur fond clair : le code-barre, c'est son « empreinte digitale ».

Il est lisible automatiquement par des appareils de lecture (scanners), lors des opérations d'encaissement dans les magasins, ou encore dans les opérations d'approvisionnement des linéaires.

Dans les magasins, on trouve des articles ayant reçu des codes EAN d'aspects différents. Mais on a l'assurance :

- que chaque article a reçu un code spécifique et universel,
- qu'un seul et même lecteur suffit pour les lire tous.

Les exemples de codes les plus répandus

EAN : EUROPEAN ARTICLE NUMBER
ou CODE ARTICLE EUROPÉEN

Symbole EAN du code de l'article (ou code à barres)

Code (ou numéro) EAN de l'article

3 453120 236458

France **EAN 13**

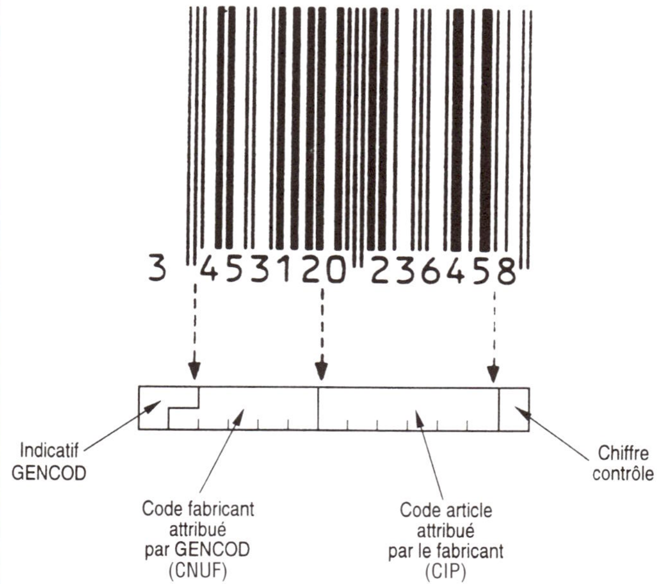

Cet article a été codifié selon les règles diffusées par Gencod EAN France

La norme internationale EAN

- **C'est un format de codification à 13 ou 8 chiffres**

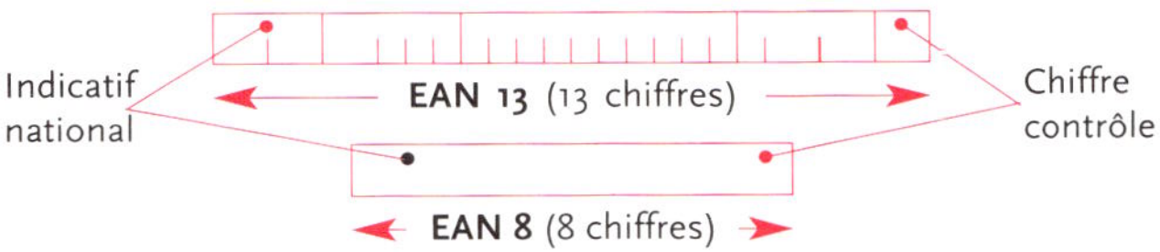

- **Ce sont des indicatifs internationaux**

Cas général :
– identification des sociétés nationales de codification

Cas particulier :
– articles vendus au poids : « produits à poids variable »
– articles marqués en magasin
– livres : insertion de la numérotation internationale ISBN dans le code EAN

Indicatif	Utilisation
02	Article vendu au poids
20 À 29	Codification magasin
978	Livre avec numérotation ISBN

L'association internationale EAN est une société de droit belge dont le siège est à Bruxelles. Elle rassemble actuellement 18 sociétés nationales de codification dont GENCOD.
L'indicatif de l'autorité de codification signifie que l'article est codifié dans le pays correspondant, pas nécessairement qu'il y est fabriqué.

Les principales sociétés nationales de codification

Indicatifs des autorités de codification	Autorités de codification	Pays
00 à 09	UPC	États-Unis + Canada
30 à 37	GENCOD	France
40 à 43	CCG	Allemagne
49	Distr. Code Center	Japon
50	ANA	Angleterre
54	ICODIF	Belgique + Luxembourg
57	Dansk Varek. Adm.	Danemark
600	South African Numb. Ass.	Afrique du Sud
64	Centr. Ch. of Cœ	Finlande
70	Norsk Varekodefor.	Norvège
73	Swedish EAN Comm.	Suède
76	SACV	Suisse
80 à 83	ITALCOD	Italie
84	AECOC	Espagne
860 - 861	YAAN	Yougoslavie
87	UAC	Pays-Bas
90 - 91	EAN austria	Autriche
93	APNA	Australie
94	N.Z. Prod. Numb. Ass.	Nouvelle-Zélande

CHAPITRE 3

La marque

A Définition

La marque est un signe distinctif qui permet à une personne physique ou morale de distinguer ses produits ou services de ceux des tiers.[1]

B Les caractéristiques de la marque

La marque peut être[1] :

a. Un signe verbal, qui peut s'écrire et se prononcer :

– nom patronymique : Chanel (Gabrielle Chanel, dite Coco), Louis Vuitton, Michelin (André et Édouard Michelin), Lacoste (René Lacoste),

(1) Source INPI, Institut national de la propriété industrielle.

- pseudonyme, ou patronyme modifié : Norev (Mr. Véron), Bic (Baron de Bich), LU (Lefèvre Utile),
- nom géographique : Creusot-Loire, Évian, Tahiti, Montblanc, en prenant garde toutefois qu'il n'y ait pas confusion avec une indication de provenance ou une appellation d'origine,
- dénomination arbitraire ou de fantaisie : nom créé de toute pièce (Omo, Tefal, Obao...) ou résultant d'une combinaison de mots (Lion Noir, Tartine et chocolat, Europ Assistance...),
- mot détourné de son sens : Trésor (parfum),
- slogan : « Perrier, c'est fou »,
- chiffre : 1664,
- lettres : CBS,
- lettre(s) + chiffre(s) : N° 5, 3M, Europe 2,
- lettre + signe : Canal+, Eco+.

b. Un signe figuratif, qui s'adresse seulement à l'œil : dessin, emblème, combinaison de couleurs.

EXEMPLES :

le logo de Coca-Cola, du Crédit Agricole, le crocodile de Lacoste, les chevrons de Citroën...

- Un signe complexe, associant plusieurs éléments verbaux et figuratifs.
- Un signe sonore, composé de sons, phrases musicales ou séquences rythmiques à condition de pouvoir être représentés sur une portée musicale.
- La forme d'un produit ou de son emballage (bouteille de Perrier, de Coca-Cola, de Suze), à condition qu'elle ne soit pas imposée par la nature ou la fonction du produit.

C Les fonctions de la marque

On peut distinguer les fonctions de la marque pour l'entreprise et pour le consommateur.

Pour l'entreprise	Pour le consommateur
– À l'origine, signe de propriété (bétail) ou moyen pour authentifier un fabricant (artisan), – distinguer les différents produits ou services, – segmenter un marché, proposer aux clients un signe de distinction pour favoriser la fidélité, – communiquer : Taillefine, Locamion..., – positionner le produit : Nana (positionnement par rapport à la cible, les jeunes filles), – éliminer les contrefaçons en déposant la marque.	– Identifier et repérer les produits (surtout en libre-service), – communiquer (« Un Ricard... »). À l'extrême, la marque devient un nom commun (rustine, klaxon, frigidaire...), – garantir la qualité (Sony), – être un support d'image (image du consommateur portant les vêtements Lacoste), – représenter un style de vie (Nike, Oxbow, Quiksilver...).

D Les différents types de marques

On distingue deux grands types de marques (produits et services confondus).

1 Les marques de producteurs (ou marques nationales)

Elles désignaient à l'origine le créateur du produit. Désormais, le plus souvent, un nom est spécialement imaginé et déposé pour désigner un ou plusieurs produits.

EXEMPLES :

Buitoni, Perrier, Cola-Cola...

2 Les marques de distributeurs (MDD)

Les marques de distributeurs sont des marques créées et détenues par des distributeurs. Elles existent depuis de nombreuses années. L'évolution et la modernisation de la distribution (et surtout du libre-service) ont fait évoluer le concept, avec, à chaque fois, un changement d'appellation.

Appellation	Caractéristiques	Exemples
Marques de distribution	Chronologiquement, ce sont les premières, créées par les groupes de grands magasins et de magasins populaires. Leur nom est différent de l'enseigne.	– St-Michael (Marks and Spencer). – Brummel (Printemps)...
Produits drapeaux	Carrefour innove en créant des produits annoncés comme « aussi bons et moins chers que les marques de producteurs ». Ce sont les premières marques de distributeurs des enseignes en libre-service.	– Produits libres (Carrefour, 1976). – Produits blancs (Continent, 1976). – Produits oranges (Euromarché, 1977). – Produits familiaux (Mammouth, 1977)...
Marques enseignes	Élévation du niveau de qualité. La lutte entre les enseignes en libre-service entraîne l'apparition de produits sous la marque de l'enseigne.	– Marques Carrefour, Casino, Stoc, U...
Marques propres ou réservées	Le désir d'élargir l'offre pousse les enseignes à distribuer leurs produits sous d'autres marques.	– Les marques **Repère** (3 000 références), **« Nos régions ont du talent », Tissaïa, Eco+**, de Leclerc. – Les marques « **Escapades gourmandes** », « **Destination Saveur** », **J'aime, Tex, Firstline**, de Carrefour. – La marque « **Savoir des saveurs** » et « **Bien vu** », de Système U. – Les marques **Gourmet, Bio, Bien Vivre, Alter Eco,** de Monoprix.

Les marques de distribution correspondaient aux marques détenues par les groupes de distribution spécialisés plus particulièrement dans les grands magasins et magasins populaires (voir le chapitre « Les différentes formes de commercialisation »). Elles sont désormais assimilées aux marques propres. Les produits drapeaux n'existent plus. Ils ont été remplacés par les marques enseignes. Le travail réalisé par les entreprises de distribution se rapproche de plus en plus de celui effectué par les grands producteurs (études, positionnement, emballage, prix, communication...). Des structures spéciales apparaissent. Ainsi, une nouvelle entité est née au sein de la centrale Leclerc : Scamark, qui gère la marque Repère. Ainsi organisées, les enseignes de la grande distribution peuvent maintenant proposer des produits parfois même innovants, à l'opposé des premiers produits à marque de distributeurs (les mee-too products, qui ressemblaient à s'y méprendre aux produits des fabriquants).

Les marques de distributeurs tiennent désormais une place très importante dans la stratégie des groupes de distribution. Elles constituent d'excellents outils de fidélisation des clients et de lutte contre la concurrence. De plus, la

marge nette qu'elles rapportent est nettement supérieure à celle des marques de producteurs (8 à 10 % contre 3 à 4 % pour les marques de producteurs).
En ce qui concerne les produits de grande consommation, la part des MDD présentes sur les linéaires des GMS augmente régulièrement. La loi « Galland » (voir page 196) est une des explications de ce phénomène : les consommateurs, au vu de la hausse des prix des marques de producteurs, se sont reportés sur les MDD, dont le prix moyen était, en 2005, inférieur d'environ 36 % à celui des marques nationales (sources FCD).

Évolution des MDD en France par familles de produits

Familles de produits	1994	2005
Surgelés	24,5	41,1
Épicerie	16,3	20,8
Hygiène-Beauté	4,8	6,6

Source : FCD

En France, la part de marché (exprimée en volume) des MDD était de 32,3 % en 2005. À titre de comparaison, elle représentait 15,5 % en Italie, 40,6 % en Allemagne, et 49 % en Suisse (source FCD).
Une des nouvelles tendances actuelles est même de créer des marques propres ne faisant absolument aucune référence au groupe de distribution qui les ont créées. Cela a pour principal avantage de permettre une communication (notamment télévisuelle) au même titre que les marques de producteurs, et de les positionner à un niveau de prix équivalent ou supérieur.
Parallèlement, se sont développées des marques de distributeurs apposées uni-

Appellation	Caractéristiques	Exemples
Produits génériques	Apparus chronologiquement après les produits drapeaux, ils étaient positionnés « encore moins chers, mais ouvertement de qualité moyenne ». Ces produits vont dévaloriser l'image des marques de distributeurs, et vont rapidement être abandonnés.	– Produits économiques (Euromarché). – Produits élémentaires (Intermarché). – Produits génériques (Champion). – Produits Cercle rouge (Rallye).
Premiers prix*	L'apparition des hard-discounters en France (enseignes Lidl, Adli, Norma...) pousse les enseignes à créer à nouveau des produits à bas prix, et ainsi élargir leur offre.	– Marques Eco+ (Leclerc), « Bien vu » (Système U).

* Les marques « premiers prix » sont souvent des MDD. Quelquefois, il s'agit même d'achat de produits groupés entre plusieurs enseignes concurrentes, françaises ou européennes. Mais elles peuvent également être des marques de producteurs.

quement sur des produits dont la principale caractéristique est le faible prix. Là encore, une évolution s'est fait sentir, avec une appellation qui en a remplacé une autre.

3
Les marques collectives (labels)

Les labels sont des marques collectives attestant d'un avantage apporté par un produit au consommateur (présence de certaines caractéristiques, provenance...). Il est caractérisé par un signe distinctif (nom, logo...) utilisé par les différentes entreprises se conformant au cahier des charges défini par l'organisme créateur de ce label. Cet organisme est indépendant ou non des producteurs. Il ne constitue pas forcément une marque de qualité.

EXEMPLES :

Label rouge, AB, Qualité France, Promotelec, Max Havelaar...

E
Les différentes politiques en matière de marque

Avec l'apparition des marques de distributeurs, producteurs et distributeurs peuvent être confrontés à des choix délicats.

1
Pour un producteur

a. Produire sous une ou plusieurs marques lui appartenant

Politique	Exemples	Avantages-Inconvénients
La même marque pour tous les produits	Moulinex	**A :** l'ensemble de la gamme bénéficie du prestige d'un produit (économie d'échelle), **I :** un seul produit peut détruire l'image de cette marque.
Une marque par ligne de produit	Bref fraîcheur citron, Bref javel'net, Bref gel w.-c...	**A :** permet de « limiter les dégâts » si un problème intervient sur un produit, **I :** limite les retombées positives d'un produit seulement sur les produits de la ligne.

Politique	Exemples	Avantages-Inconvénients
Une marque générique avec un complément par produit (marque ombrelle)	Lesieur arachide, Lesieur tournesol...	**A :** la marque générique couvre de sa renommée tous les produits, **I :** un seul produit peut détruire l'image de marque.
Une marque utilisée comme caution précédée d'un prénom (variante de la marque ombrelle)	Pim's de Lu, Hello de Lu, Crackers de Belin...	**A :** la marque générique couvre de sa renommée tous les produits, **I :** un seul produit peut détruire l'image de marque.
Une marque par produit	Groupe Danone : Actimel, Fjord, Blédina, Évian, Badoit, Prince, Minute Maid Premium...	**A :** hyper-segmentation, chaque produit est autonome, **I :** multiplication des investissements publicitaires.

b. Produire pour une marque de distributeur

Cette politique est de plus en plus répandue. Ainsi, les MDD sont fabriquées à plus de 85 % par les petites et moyennes entreprises (sources FCD, rapport d'avril 2007). Par contre, les producteurs ne vendant leurs produits que sous MDD se font de plus en plus rares, car les risques de dépendance sont trop importants.

2
Pour un distributeur

Le problème se pose différemment pour les distributeurs.

- Leur fonction première est d'abord et toujours de distribuer les produits des producteurs (grandes marques considérées comme des produits d'appel, marques challengers et locales).
- La concurrence entre enseignes ayant laminé leurs marges sur les grandes marques, les distributeurs possèdent désormais tous des MDD, sur lesquelles ils travaillent avec des marges importantes. Elles constituent même une de leur principale source de marge.

F

La création et le dépôt d'une marque

Fin 2005, l'INPI (Institut National de la Propriété Industrielle) estimait à 827 000 le nombre de marques nationales en vigueur en France, et 68 484 marques ont été déposées en France en 2005 (dépôts par la voie nationale).
Créer une marque au XXIe siècle est une opération très délicate. Trouver un mot libre (c'est-à-dire pas encore déposé) et coïncidant avec le produit, son positionnement, sa cible, devient désormais une gageure.

Plusieurs solutions existent pour trouver un nom de marque :

- Le trouver seul, après un brainstorming dans l'entreprise est la solution la moins onéreuse... Il suffit ensuite d'interroger l'INPI pour savoir si ce nom est libre.
- Utiliser les services d'une entreprise d'aide à la recherche d'un nom (serveur télématique relié à un logiciel de recherche de nom). En donnant quelques consignes de départ (préfixe, terminaison ou racine spécifique), le logiciel invente toute une série de noms possibles.
- Acheter un nom à une société spécialisée dans le dépôt de noms (société NOMEN {@} par exemple). Des noms disponibles sont déjà déposés. L'entreprise vend un nom déposé à choisir dans un catalogue...
- Se faire aider par une agence de création de noms commerciaux.

Avant de déposer le nom, il est primordial d'effectuer des tests auprès de la clientèle potentielle, pour voir si le nom pressenti fédère bien toutes les notions que l'entreprise désire faire passer avec la marque (positionnement, image...).
Il faut aussi s'assurer que ce nom soit bien compris, facile à prononcer (en français, mais aussi dans d'autres langues si le produit doit être exporté) et mémorisable (voir ci-dessous les qualités d'une bonne marque).
Il faut s'assurer également que ce nom ne soit pas interdit par la loi :

- interdiction de déposer une marque déceptive, qui trompe sur le contenu ;
- interdiction de déposer une marque descriptive (exemple : « Tamisée » pour de la farine). Le nom doit être « de fantaisie » dit la loi ;
- interdiction de déposer un nom contraire à la morale publique.

Il est possible, depuis le 28 décembre 1992, de déposer des signes sonores.

EXEMPLES :

l'indicatif musical de Dim ou de Nescafé.

Le dépôt de signes olfactifs est également possible depuis peu : les marques olfactives sont désormais reconnues par l'INPI, qui en accepte le dépôt, et les publie, mais ne procède pas encore à leur enregistrement.

EXEMPLE :

odeur spécifique d'un parfum, déposée avec sa représentation graphique.

Avant de déposer une marque, il faut effectuer une demande de recherche d'antériorité auprès de l'INPI pour s'assurer que la marque pressentie n'existe pas déjà dans la classe de produits ou dans une classe similaire (voir chapitre « Généralités sur le produit »). Un dossier doit ensuite être déposé soit directement à l'INPI soit au greffe du Tribunal de Commerce dans le ressort duquel le déposant est domicilié. Ce dossier comprend une demande d'enregistrement établie en cinq exemplaires. L'enregistrement d'une marque donne à son propriétaire différents droits.

Coût de la protection d'une marque (tarifs 2007) :

- taxe de premier dépôt (jusqu'à trois classes) : 225 € ;
- taxe de renouvellement jusqu'à trois classes (tous les dix ans) : 240 € ;
- taxe par classe de produits (ou de services) au-delà de trois (dans le cas d'un premier dépôt comme d'un renouvellement) : 40 €.

EXEMPLES :

- dépôt d'une marque pour une classe : 225 F,
- dépôt d'une marque pour 6 classes : 225 F + (3 × 40 F) = 345 F.

Il existe trois voies de dépôt d'une marque en France (source INPI) :

- *La voie nationale* : dépôt d'une marque française à l'INPI : protection de 10 ans en France, indéfiniment renouvelable.
- *La voie communautaire* : droit à la marque sur tout le territoire de l'Union Européenne. La demande de dépôt peut se faire auprès de l'INPI, puis elle est traitée à l'Office de l'harmonisation du marché intérieur (OHMI, à Alicante en Espagne). Elle confère une protection de 10 ans indéfiniment renouvelable.
- *La voie internationale* : la protection d'une marque nationale peut être étendue dans l'un des 75 pays membres de l'Union de Madrid depuis le 1er janvier 1998. Durée de protection de 10 ans, indéfiniment renouvelable. La demande s'effectue par l'intermédiaire de l'INPI ou de l'OMPI.

La Convention de Paris donne, depuis le 1er janvier 1998, un droit de priorité de six mois, à compter du dépôt en France, pour procéder au dépôt d'une marque dans 168 pays.

Voir p. 130, un document sur les avantages du dépôt d'une marque.

G

Le dépôt d'un nom de domaine Internet

Trouver un nom de site est déjà très difficile dans la plus part des pays développés ! Lors d'une étude menée en 1999, il ressortait que sur les 25 000 mots du dictionnaire britannique, seulement 1 761 étaient encore disponibles en « .com » (source Action Commerciale, n° 202).

L'organisme international qui gère les noms de domaines internet est l'ICANN {@} (Internet Corporation for Assigned Names and Numbers). C'est lui qui crée et gère les différentes extensions internationales : « .com », « .net », « .org »... L'encombrement de ces extensions a poussé l'ICANN a en créer de nouvelles : « .coop » (entreprises coopératives), « .pro » (professions libérales), « .museum » (musées), « .aero » (domaine aérien), « .biz » (domaine commercial) qui seront gérées par des entreprises privées principalement américaines. Les extensions nationales (« .fr » pour la France, « .be » pour la Belgique, « .it » pour l'Italie...) sont gérées par des organismes nationaux. Pour la France, c'est l'AFNIC {@} (Association Française pour le Nommage Internet en Coopération) qui est chargé de l'attribution de l'extension « .fr ».

En France, pour déposer un nom de domaine internet, il faut passer obligatoirement par un organisme agréé par l'AFNIC. Par exemple, la société Gandi {@} permet de déposer des noms de domaines dans « .org », « .net » et « .com ». Le prix est de 12 euros par an (hors TVA à 19,6 %) par nom de domaine (tarif en vigueur au 1er janvier 2007). Ce prix permet d'être propriétaire d'un nom de domaine pendant une année, renouvelable indéfiniment à condition de payer la cotisation annuelle dans les 30 jours précédant la date anniversaire du contrat. Les prix diffèrent d'une société à une autre.

Pour protéger complètement le nom d'un domaine, il est quand même fortement conseillé de le déposer dans toutes les extensions, internationales et nationales, et de le déposer auprès de l'INPI (pour la France) et de l'OMPI.

H

Les qualités d'une bonne marque

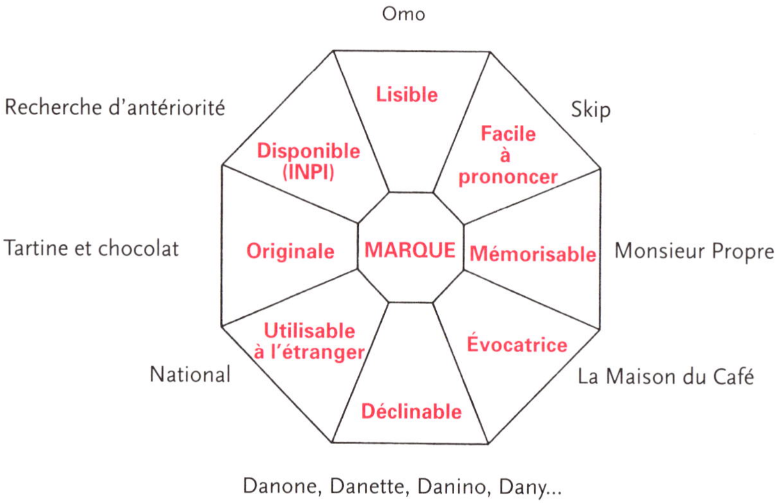

I

L'image de marque et les études d'image

L'image correspond à la représentation mentale que se font les personnes de cette marque. Elle comprend le produit, sa stylique, son producteur, sa publicité, son prix, sa distribution... Certaines entreprises ont, grâce à une politique commerciale performante, bâti une image de leur marque très positive (Opinel, Sony...). L'image de marque, élément important pour le consommateur et les distributeurs est le premier critère de référencement avant la campagne publicitaire et les actions promotionnelles. (Source : Action commerciale).
Les études de notoriété et d'image permettent de mesurer la valeur d'une marque et d'en contrôler les variations (au travers des tests de notoriété spontanée et de notoriété assistée).

EXEMPLE :

les questions :
- « Quelles sont les marques de lessive que vous connaissez ? » pour tester la notoriété spontanée,
- « Parmi les marques suivantes, quelles sont celles que vous connaissez ? » pour tester la notoriété assistée,

permettent de mesurer l'image de marque.

Quelques sites internet

SIGLE, nom de l'organisme, *activité*	**Adresse des sites**
• AFA Association des Fournisseurs d'Accès et de services internet	afa-france.com
• AFNIC Association Française pour le Nommage Internet en Coopération	afnic.fr
• All domains *Enregistrement de noms de domaines internet*	alldomains.com
• GANDI Gestion et Attribution des Noms de Domaines sur Internet	gandi.net
• Great domains *Vente aux enchères de noms de sites internet*	greatdomains.com
• ICANN Internet Corporation for Assigned Names and Numbers	icann.com
• INPI Institut National de la Propriété Industrielle	inpi.fr icimarques.com
• Internic *Liste de sociétés accréditées dans le dépôt de noms de sites internet*	internic.net
• Nomen *Création de noms*	nomen.com
• OHMI Office de l'Harmonisation dans le Marché Intérieur (marque communautaire) (accessible par le site de l'OAMI)	oami.europa.eu/fr
• OMPI Organisation Mondiale de la Propriété Industrielle	wipo.int/portal/ index.html.fr
• Prodimarques *Association ayant pour but de faire connaître, d'illustrer et de promouvoir la marque de fabricant*	prodimarques.com
• PROGEXPI *Site de promotion de la propriété industrielle*	progexpi.com
• Register *Enregistrement de noms de domaines internet*	register.com
• Sos – Domaines *Conseil en noms de sites internet*	sos-domaines.com
• WIPO World Intellectuel Property Organization	wipo.int

La protection apportée par le dépôt d'une marque à l'INPI

Une protection contre toute atteinte, soit contrefaçon, soit imitation illicite de la marque sur l'ensemble du territoire.

L'enregistrement permet d'interdire aux tiers de disposer ou d'utiliser sans autorisation, sous quelque forme que ce soit, la marque ou l'un de ses éléments caractéristiques pour les mêmes produits ou services. Il y a contrefaçon lorsque la marque ou l'une de ses parties caractéristiques est reproduite à l'identique. Peu importe que le contrefacteur soit ou non de bonne foi ou qu'il y ait ou non un risque de confusion entre les produits ou services.

Ont été reconnues contrefaites les marques « BACCARA », par BACARA, « CARREFOUR » par CARREFOUR DU BÂTIMENT, « CARDIAQUINE » par CARDIOQUINE, « PÉRISCOPE » par PARISCOPE, « FLOTEX » par FILOTEX. Il y a imitation illicite lorsqu'est réalisé un rapprochement plus ou moins caractérisé avec une marque antérieure et qu'il peut en résulter un risque de confusion pour « le consommateur d'attention moyenne qui n'a pas les deux marques simultanément sous les yeux ».

Le risque de confusion peut provenir d'une similitude verbale ou nominative (ressemblance graphique ou phonétique), d'une similitude figurative, d'une similitude intellectuelle (association d'idée).

L'imitation s'apprécie en tenant compte des ressemblances d'ensemble et non des différences de détail.

Ont été jugées imitées les marques « SORTILÈGE » par SPORTILÈGE, « JAZ » par MAZ, « MINÉFIL » par MIRIFIL, « TAILLE FINE » par MINI-TAILLE, « PRONTO » par SUBITO, « LA VACHE QUI RIT » par LA VACHE SÉRIEUSE.

Une protection énergique sanctionnée par les tribunaux.

Le contrefacteur ou l'imitateur se verra interdire l'usage de la marque contrefaite ou imitée. Cette interdiction sera éventuellement assortie d'une astreinte – obligation de verser une certaine somme d'argent par jour de retard – de dommages-intérêts, de la confiscation ou destruction des objets contrefaisant, et de la publication du jugement dans les journaux.

Lorsque le Tribunal Correctionnel est saisi, il peut en outre prononcer une peine d'amende et d'emprisonnement de 15 jours à trois ans. Ces peines peuvent être doublées en cas de récidive.

Le titulaire de la marque dispose de tous les moyens de preuves usuels pour prouver la contrefaçon. Il dispose également d'un moyen de preuve spécifique : la saisie-contrefaçon.

Sur requête du propriétaire de la marque enregistrée, le Président du Tribunal de Grande Instance du lieu où la saisie doit être effectuée, fera procéder par huissier soit à une saisie descriptive, soit à une saisie réelle des produits contrefaisant.

Dans un délai de 15 jours après la saisie, le demandeur doit assigner le saisi devant le tribunal correctionnel ou le tribunal de grande instance. À défaut la saisie serait nulle et le saisi pourrait demander des dommages-intérêts.

Une protection qui peut être perpétuelle sous réserve d'un renouvellement tous les dix ans et d'une certaine exploitation.

La protection de la marque enregistrée court à compter de la date de dépôt de la demande d'enregistrement et expire dix années après cette date. Les dépôts successifs en renouvellement permettent de prolonger indéfiniment cette protection, sous réserve qu'ils soient effectués avant l'expiration du dépôt précédent ou, sous certaines conditions, dans un délai de grâce de six mois.

La durée de protection peut toutefois être écourtée si la marque n'est pas exploitée de façon publique et non équivoque.

En effet, sur demande de toute personne y ayant intérêt les tribunaux peuvent déclarer déchu de ses droits le titulaire de la marque s'il n'est pas en mesure de prouver soit qu'il l'a exploitée ou fait exploiter pendant les cinq années précédant la demande en déchéance, soit qu'une excuse légitime justifie ce défaut d'exploitation.

(document INPI)

CHAPITRE 4

Ligne, gamme et marque

A Distinction entre ligne et gamme

Ces deux notions sont différentes quoique bien souvent utilisées l'une pour l'autre, que ce soit dans le milieu professionnel ou dans les ouvrages spécialisés qui donnent chacun leur propre définition de ces deux termes.
L'utilisation d'exemples va rendre plus aisée la distinction entre ces deux concepts.
Le groupe Benckiser-St-Marc possède un ensemble de trois produits pour lave-vaisselle (poudre de lavage, rinçage, sel régénérant) ; ces trois produits portent la même marque : Calgonit ; la communication (publicité) pour ces produits est homogène ; c'est ce que l'on appelle une ligne de produits.

Une ligne est donc un ensemble cohérent de produits situés dans le même univers de consommation,
- bénéficiant d'une communication homogène
- et portant la même marque, avec ou sans prénom.

Une entreprise peut ainsi posséder plusieurs lignes de produits indépendantes et positionnées dans des univers de consommation différents : le groupe Benckiser-St-Marc possède aussi les lignes de produits St-Marc (lessive) et Baranne (cirage).

La notion de gamme a deux acceptions :

- elle peut désigner un ensemble de lignes de produits similaires. On peut parler par exemple de la gamme de véhicules de tourisme Renault, qui comprend les lignes Twingo, Clio, Modus, Kangoo, Mégane II, Scénic, Laguna, Espace ou Vel Satis,
- elle peut également désigner l'étendue d'une ligne. On peut dire par exemple que dans la ligne Mégane II de Renault, la gamme de produits est très étendue, du modèle 1.4 Ambiance (bas de gamme) à la Mégane II Privilège 2.0 16v (haut de gamme), en passant par la version Expression 1.9 dCi 120 ch et bien d'autres... Cette dernière acception du mot gamme est plus proche du consommateur et c'est celle qui est utilisée dans cet ouvrage.

B Ligne, gamme et politique de marque

Un fabricant peut utiliser une ou plusieurs politique(s) de marque pour l'ensemble de ses lignes de produits :

■ **La même politique de marque :**

- la marque Bref, de Henkel se retrouve sur une poudre à récurer (Bref fraîcheur citron), sur de la javel (Bref javel'net), sur des produits pour les vitres (Bref Radical avec javel) et pour l'hygiène des WC (Bref gel WC), à chaque fois, la marque générique Bref étant suivie d'un complément par produit,
- le groupe Benckiser-St-Marc utilise une marque différente pour chacune de ses lignes de produits : Baranne (cirage), St-Marc (lessive), Calgonit (produit pour lave-vaisselle).

■ **Des politiques de marque différentes au sein de la même ligne de produits** : le groupe Ricard utilise dans sa ligne whisky les marques « Clan Campbell » et « Clan Campbell pure malt » (10 ans d'âge).

C
Rôle des différents produits dans une gamme

On trouve dans une gamme des produits investis d'une fonction bien particulière :

■ **Les produits leaders**, ceux qui permettent à l'entreprise de vivre, en volume d'activité et/ou en marge,

■ **Les produits d'attraction**, dont le rôle est de faire connaître la gamme (par le bas) ; ce sera au vendeur d'essayer de tirer le client plus haut dans la gamme (exemple : Renault Clio 1.2),

■ **Les produits régulateurs**, qui permettent de contre-balancer l'activité saisonnière d'un produit (skis pour la neige et skis nautiques),

■ **Les produits tactiques**, qui sont la réponse rapide à une innovation de la concurrence (Canard Johnson, copié par tous ses concurrents, y compris les MDD).

D
Politique de gamme

Le choix d'une politique de gamme (courte, étendue, située plutôt en haut, milieu ou bas de gamme) est fonction de la politique générale de l'entreprise (produits situés en haut de gamme, en bas de gamme, couverture totale des gammes), de sa politique sur le marché considéré (volonté de prendre une part importante du marché ou non), et de la structure de ce marché (segmentation importante ou non).
Une entreprise désirant prendre rapidement une part significative d'un marché aura tendance à développer une gamme importante de produits.
Un marché peu segmenté va être occupé par des gammes de produits assez courtes et inversement.

Chapitre 5

L'emballage

A Définitions et rôles théoriques du conditionnement et de l'emballage

1 Définitions théoriques

	Emballage	Conditionnement
D'un point de vue étymologique	Serrer avec idée de pelotonner, mettre en balle.	Du latin *condere* : établir, stabiliser, présentation stable.
D'un point de vue commercial (pur et théorique)	**Contenant** permettant d'assurer dans les meilleures **conditions de sécurité la manutention, la conservation, le stockage et le transport des produits.** EXEMPLE : Un carton contenant 12 bouteilles de vin.	**Enveloppe matérielle ou premier contenant** d'un produit qui constitue une **unité pour la vente au détail.** EXEMPLE : Une bouteille en verre contenant 75 cl de vin.

	Emballage	Conditionnement
Dans le *Petit Robert* (1996)	Enveloppes de matière et de formes diverses dans lesquelles on emballe (emballer = mettre dans un emballage pour le transport ou la vente).	Présentation de certains articles pour la vente.

2
Rôles distinctifs théoriques

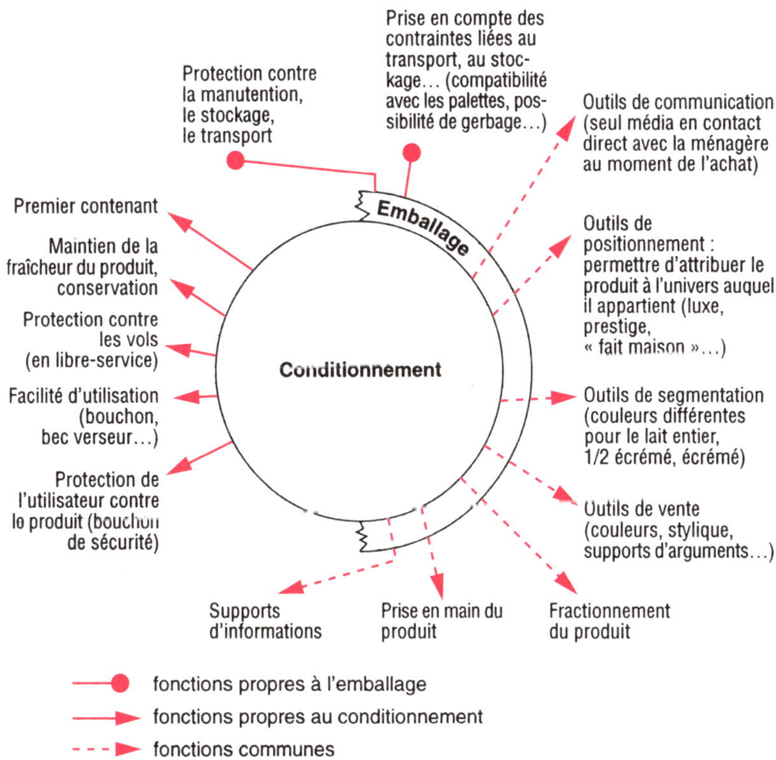

B

Terminologie utilisée actuellement dans les milieux professionnels

Les notions d'emballage et de conditionnement, bien que théoriquement et traditionnellement très distinctes, sont de moins en moins différenciées :
- le *Petit Robert* inclut le mot vente dans la définition de l'emballage,
- le secteur économique de l'emballage comprend celui du conditionnement,
- la notion d'emballage a évolué avec le libre-service : l'apparition il y a quelques années de produits vendus par *pack* a entraîné la création d'enveloppes en carton (ou en matière plastique) mi-conditionnement (elles sont support d'étiquette), mi-emballage (elles facilitent le transport) : un pack de 6 bouteilles de bière par exemple.

Le terme emballage utilisé par les professionnels désigne la ou les différentes enveloppes matérielles d'un produit.

On parle maintenant de trois sortes d'emballages :
- emballage *primaire*, véritable contenant du produit,
- emballage *secondaire*, qui regroupe plusieurs unités de vente au consommateur,
- emballage *tertiaire*, qui permet de faciliter le transport.

EXEMPLE :

Type d'emballage	Exemple de produit : le yaourt
Primaire	Pot de yaourt, en matière plastique, en carton ou en verre, support ou non d'étiquette, contenant du produit.
Secondaire	Carton support d'étiquette (ou plastique transparent) qui regroupe 4, 8 ou 16 pots de yaourts pour former un « pack ». Permet de créer la véritable unité de vente au consommateur[1].
Tertiaire	Carton d'emballage qui permet de regrouper, pour le transport, 10 « packs » de yaourts.

(1) Dans certains cas, il est autorisé de prendre un seul produit (bouteille d'eau, canette de bière) en le sortant du « pack ». Ceci est possible quand l'étiquette de l'emballage primaire comporte un code-barre, qui permet le passage du produit ainsi isolé à la caisse.

Le terme conditionnement est toujours utilisé, mais seulement pour désigner l'action de conditionner, et ne pas utiliser le verbe emballer, dénaturé dans le langage courant.

EXEMPLE :

pour le conditionnement de l'eau minérale en France, l'emballage plastique (PVC) représente plus de 80 % du marché.

La notion anglaise de *packaging* est beaucoup moins ambiguë. Elle regroupe les fonctions suivantes : protection, contenant, facilité d'utilisation, communication (par la stylique, l'étiquette), aide à la vente. Elle donne plus d'importance au rôle commercial de l'emballage.

C

Les matériaux d'emballage

Différents matériaux sont utilisés pour l'emballage des produits.

Matériaux	Utilisations	Avantages
Bois	Palettes, caisses, coffrets, cagettes, tonnellerie.	Solide, utile pour les charges lourdes.
Papier, carton	Carton ondulé, sachets, boîtes, tubes, kraft, briques.	Rigidité, flexibilité, mémoire du pli, recyclable, économique, léger.
Matières plastiques (PVC, PET...)	Sachets, pots, gobelets, flacons, bouchons, matériaux alvéolaires, bacs, bouteilles.	Transparence, légèreté, rigidité ou souplesse, facilité de transformation, recyclage (PET).
Verre	Bouteilles, flacons, pots, gobelets, bocaux.	Recyclable, étanche, chimiquement inerte, sain, élégant.
Métal	– Acier : fûts, – fer blanc : conserves, – aluminium : aérosol, barquettes, feuilles.	– Solidité, étanchéité, – solidité, étanchéité, – légèreté, étanchéité.
Jute	Sacs.	Souplesse.

D

Les tendances actuelles et futures de l'emballage

Les progrès technologiques effectués sur les matériaux permettent désormais la mise sur le marché d'emballages plus performants à la fois pour le producteur (réduction des coûts, augmentation des ventes...), le distributeur (meilleure gestion des linéaires, augmentation de la rotation des stocks...) et surtout le consommateur :

- **Individualisation de la consommation** : les emballages se font individuels pour satisfaire cette nouvelle tendance de la consommation (camemberts prédécoupés en parts individuelles, biscuits emballés individuellement...),
- **Généralisation des ouvertures faciles** : paquets de café, « bricks » de lait, boîtes de conserves...,
- **Allégement des matériaux utilisés** : les progrès de la technique permettent de réaliser des emballages en verre ou en métal plus fins, mais très résistants. Pour les bouteilles, les plastiques ont supplanté le verre dans un grand nombre de domaines (jus de fruit, eau minérale, huile...).
Ces allégements de quelques grammes permettent aux industriels (et aux distributeurs pour les MDD) des économies de plusieurs tonnes par an, et réduisent ainsi les coûts d'emballage mais aussi de transport,
- **Possibilité de compacter les emballages plastiques** : bouteilles d'eau, flacons de liquide de vaisselle...,
- **Suppression des emballages inutiles** : pour les produits cosmétiques, les tubes dentifrices (le produit est vendu en tube, sans boîte en carton),
- **Généralisation des bouchons de sécurité** : produits détergents, produits pour déboucher les éviers...,
- **Multiplication des emballages recyclables et des « éco-recharges »** : intensification de l'utilisation du verre et de plastiques recyclables, création d'« éco-recharges » pour certains produits d'entretien.

Depuis le 1er avril 1992, un organisme, Eco-Emballages {@}, est chargé de valoriser les déchets d'emballage ménager. Il perçoit une contribution financière (en moyenne, 0,6 centime d'euro par emballage en 2006) de la part des entreprises qui vendent des produits emballés à destination des ménages. Les distributeurs versent également une taxe sur les sacs plastiques et les emballages des produits qu'ils fabriquent.
Cet argent est ensuite reversé aux collectivités qui pratiquent le tri sélectif des emballages usés (plus de 35 000 communes françaises en 2006, soit un peu plus de 59 millions de personnes concernées).

Les entreprises adhérentes au programme Eco-Emballages peuvent apposer un « Point vert » sur leur emballage (en 2006, il était présent sur 95 % des emballages en France).

- **Amélioration de la conservation** des produits une fois l'emballage ouvert (« bricks » de lait avec bouchon, paquets de café avec languette autocollante pour refermer le paquet et conserver l'arôme...),

- **Apparition de quelques emballages « auto-chauffants »** : le fait de tirer sur une languette libère de l'eau qui, au contact d'une substance spécifique, dégage de la chaleur et réchauffe le produit...

E

Les tests d'emballage

De nombreux tests peuvent être effectués pour s'assurer de la qualité d'un emballage :

- tests d'utilisation à domicile, sur un échantillon d'individus,
- tests de lisibilité (projection de diapositives pendant un temps très court, suivie d'un entretien),
- tests d'adéquation, pour vérifier l'adéquation du contenant et du contenu (questionnaire),
- tests d'expérimentation en linéaire, en libre-service expérimental ou réel (marché-test) : observation d'individus face au produit, suivie d'un entretien.

Quelques sites internet

SIGLE, nom de l'organisme, *activité*	**Adresse des sites**
• CEPIEC Centre d'Expertise, de Promotion des Industries de l'Emballage et du Conditionnement	emballer.com
• Eco-Emballages *Valorisation des déchets d'emballage ménager*	ecoemballages.fr
• Emballages Magazine *Revue*	emballages magazine.com oscarsde lemballage.com
• France Emballage *Réseau des réseaux de l'emballage français*	france-emballage.org
• SEILA Syndicat de l'emballage industriel et de la logistique associée	syndicat-emballage.com

CHAPITRE 5

Le design (la stylique)

A Définition

> Design : mode de création des produits permettant au consommateur d'identifier la personnalité esthétique et fonctionnelle d'un produit et de différencier une marque sur un linéaire par la vue.

Différence entre design et marketing : elle se situe dans la manière de penser :

- le design « voit » l'identification et la différenciation (cerveau droit),
- le marketing « parle » de différenciation concurrentielle (cerveau gauche).

B

Le terrain du design

Les travaux de design portent essentiellement sur quatre éléments :

- Le logo de l'entreprise.

EXEMPLES :

Crédit Agricole, TF1...

- Les produits, leur forme, leurs couleurs...

EXEMPLES :

– la Renault Vel Satis,
– les téléviseurs Bang et Olufsen.

- L'emballage des produits, leur étiquette, le logo des marques.

EXEMPLES :

– Canard WC de Johnson,
– flacon de parfum Samsara de Guerlain,
– étiquette des produits Banania,
– logo de New Man.

- Le design du produit par rapport au linéaire, et le design du linéaire lui-même, lors de la mise en rayon d'un produit.

Le *designer* (stylicien) est le « point de passage » obligé de la création d'un logo, d'un produit, de son emballage.
Il doit travailler en relation étroite avec l'entreprise (le service commercial, le service marketing, les services de fabrication...), son agence conseil en communication, ses fournisseurs de matières premières (carton, verre, plastique...), afin de pouvoir réaliser l'outil de vente le plus adapté à la cible.
Le design concrétise ainsi sur les logos, les produits et leurs emballages toute la démarche marketing de l'entreprise.

C

Les rôles du design

- Outil de mise en forme d'un produit, de son emballage.
- Outil de positionnement du produit.
- Outil de communication visuelle.
- Outil de lutte contre la concurrence.

- Outil de vente.
- Outil d'amélioration de la cohérence du mix et de la reconnaissance de l'entreprise.

D
Les composantes du design

Le design doit jouer avec plusieurs « ingrédients » pour être efficace :

- La forme (nouvelles pâtes de Lustucru).
- La couleur (flacon de parfum entièrement noir).
- L'ergonomie (forme d'un savon adaptée à la main).
- La culture (de l'entreprise, de l'utilisateur...).
- L'environnement (il faut tenir compte de l'environnement du produit pour déterminer une forme, des couleurs...).

E
Design et emballage

La vente en libre-service a entraîné un développement considérable des travaux de design concernant l'emballage (le terme anglo-saxon *packaging* très globalisant prend ici tout son sens).
La création d'un emballage est un investissement relativement important, mais durable, par rapport au montant très élevé des investissements effectués en publicité, plus éphémères.
Le packaging est ainsi devenu un outil de communication à part entière, ainsi qu'un redoutable outil de vente, remplaçant le vendeur pour mettre le produit en avant par rapport à la concurrence.

Quelques sites internet

SIGLE, nom de l'organisme, *activité*	**Adresse des sites**
• Admirable design *Site sur le design*	admirabledesign.com
• APCI Agence pour la Promotion de la Création Industrielle	apci.asso.fr
• Carré Noir *Agence de design*	carrenoir.com
• Centre du design Rhône-Alpes *Centre de ressources en design pour les entreprises*	centredudesign.fr
• Place au design *Informations sur le design*	placeaudesign.com

Chapitre 7

La qualité

A Notions de qualité

- La qualité est une notion subjective.

Qualité :
- par rapport à qui ?
- par rapport à quoi (autre produit) ?
- pour qui (fabricant ou utilisateur) ?
- qualité technique ou économique (rapport qualité/prix) ?
- par rapport à quel usage du produit (personnel ou industriel, occasionnel ou intensif) ?

- Définition de la qualité selon l'AFNOR {@} : c'est l'aptitude d'un produit ou d'un service à satisfaire les besoins (exprimés ou potentiels) des utilisateurs. Cette définition de la qualité, très mercatique par son ouverture sur le marché, prouve l'omniprésence de la pensée marketing dans l'entreprise d'aujourd'hui.

• Notion de qualité totale *(Total Quality Control)* : la qualité totale est une notion qu'une entreprise peut atteindre en réunissant trois éléments :

- maîtriser toute la vie du produit (qualité de la conception, de la réalisation, de la distribution),
- associer tous les acteurs de l'entreprise (de l'accueil de la standardiste jusqu'à la compétence du SAV),
- impliquer l'environnement (les fournisseurs comme les clients).

• Notion de non-qualité : il est important de rechercher la non-qualité pour aboutir à la qualité totale. Elle peut se situer à tous les niveaux d'une entreprise :

- mauvaise tenue des stocks,
- produits jetés à la sortie des chaînes de montage,
- temps perdu à tous les niveaux de la hiérarchie,
- gaspillage tant dans les bureaux que dans les ateliers,
- ...

B La recherche de la qualité

Les États-Unis, le Japon (et la France, mais avec un temps de retard) ont mis au point des théories et des méthodes permettant d'améliorer la qualité et de tendre vers la notion de qualité totale :

• La méthode des cinq zéros : tout le personnel de l'entreprise doit entreprendre la chasse aux cinq zéros :

- zéro panne (industrielle ou administrative),
- zéro délai (délai de mise en œuvre des décisions),
- zéro défaut (perfection des produits),
- zéro stock : réduire au minimum les temps d'attente pour les matières premières, produits semi-finis, produits finis,
- zéro papier (diminuer la « paperasserie » au maximum).

• « Lutter contre l'entreprise fantôme » : un produit reste trois jours dans l'entreprise pour un temps de fabrication de quinze minutes ; la différence, soit deux jours, vingt-trois heures et quarante-cinq minutes correspond à l'entreprise fantôme.

• Le cercle de qualité : c'est un petit groupe permanent et homogène composé de cinq à dix volontaires appartenant à une même unité organique (atelier, bureau, service, laboratoire, réseau de vente) ou ayant des préoccupations professionnelles communes (source AFCERQ).

Animé par le plus proche responsable hiérarchique direct, le cercle se réunit régulièrement afin d'identifier, analyser et résoudre le problème de son choix (créer une caisse rapide dans un supermarché, améliorer les conditions de travail sur une machine...).

C

Le contrôle de la qualité

La qualité des produits est un des meilleurs outils pour lutter contre la concurrence. Il est donc très important de la contrôler dans l'entreprise. Ces contrôles peuvent être effectués :

- par l'entreprise, de l'approvisionnement à tous les stades de la fabrication,

- par des organismes extérieurs à l'entreprise qui décernent différents moyens de certification de qualité :

– labels de qualité : Woolmark, Label Rouge, Qualité-France...,
– normes (AFNOR),
– certificats d'assurance qualité (décernés entre autres par l'AFAQ {@}, Association française pour l'assurance de la qualité).

EXEMPLE :

les normes internationales ISo 9000, ISO 14 000, ISO 20 000.

– appellations d'origine (AOC, appellation d'origine contrôlée décernée à des vins, des cidres, des camemberts...).

Les services vétérinaires (dans l'agro-alimentaire par exemple), les services des poids et mesures (pour les instruments de mesure), des Mines (pour les véhicules automobiles à moteur) assurent également un contrôle de la qualité et décernent de la sorte une certification de qualité.

Quelques sites internet

SIGLE, nom de l'organisme, *activité*	**Adresse des sites**
• AFAQ Association Française pour l'Assurance de la Qualité	afaq.org
• AFNOR Association Française de Normalisation	afnor.org
• EFQM Fondation Européenne pour le Management par la Qualité	efqm.org
• IRDQ Institut de Recherche et de Développement de la Qualité	irqd.com
• L@belsite *Label de qualité pour les sites internet*	labelsite.org
• MFQ Mouvement Français pour la Qualité	mfq.asso.fr
• Qualité Online *Information et documentation pour le management de la qualité*	qualiteonline.com
• Qualazur *Site sur la qualité*	http://perso.orange.fr/qualazur/$omepage.htm

Chapitre 8

Les différentes stratégies de produit

A

L'innovation

1

Notions de produit nouveau

Le degré de nouveauté d'un produit varie en fonction de sa différenciation technologique. Il est déterminé par la perception du produit qu'ont les individus confrontés à cette innovation. On distingue ainsi *trois types d'innovation* :

- Les variantes de produits existants : premier degré de l'innovation qui ne change pas beaucoup les habitudes des consommateurs.

EXEMPLES :

Audi A5, microprocesseur Intel Core 2 Duo...

- Les innovations dynamiques : second degré, qui modifie un peu les habitudes sans changement radical.

EXEMPLES :
| appareil photographique numérique, téléviseur à écran plasma...

- Les innovations révolutionnaires : nouveaux produits au sens fort, qui sont de plus en plus rares.

EXEMPLES :
| automobile, télévision, ordinateur...

La nature de l'innovation repose sur deux éléments :

- L'innovation technologique, qui peut porter sur :
  - un procédé de fabrication,
  - l'utilisation d'une nouvelle matière première dans un produit,
  - un nouveau conditionnement.
- L'innovation marketing, qui peut porter sur :
  - un nouveau mode de distribution (supermarché à domicile),
  - un nouveau support de communication (minitel, Internet).

2 Les facteurs de succès d'une innovation

Trois facteurs apparaissent comme déterminants pour le succès d'un produit nouveau :

- le « plus-produit » par rapport à la concurrence (prix, performances) ;
- la compétence marketing de l'entreprise (adéquation du produit avec le marché, choix de la distribution, communication...) ;
- la compétence technologique de l'entreprise.

Malgré tout, le taux de mortalité des idées de produits nouveaux, quoique en forte régression, est important (un produit sur sept est commercialisé).

3 Le processus de développement d'un produit nouveau

Le développement d'un produit nouveau nécessite une organisation spécifique. Trois organisations sont envisageables :

- le service « produits nouveaux » avec un responsable des nouveaux produits ;
- le comité « produits nouveaux », réunion périodique réunissant les responsables de la recherche et du développement (R & D), de la production, du marketing, de la direction financière... ;

– le « venture team », groupe de travail constitué pour développer un projet spécifique. Sa durée correspond au temps nécessaire pour faire aboutir un projet de produit nouveau (les personnes le constituant sont déchargées de leur travail habituel).

Le processus de développement d'un produit nouveau peut être scindé en six phases distinctes :

La découverte d'idées de produits nouveaux

Différentes méthodes ont été mises au point pour découvrir de nouveaux concepts de produits. Elles peuvent être regroupées en deux catégories : les méthodes intuitives et les méthodes rationnelles :

– Les méthodes intuitives : elles sont basées essentiellement sur l'imagination. Il en existe deux sortes :
  – le *brainstorming* (remue-méninges) : 6 à 10 personnes réunies pour générer le plus grand nombre d'idées,
  – la *synectique* : idem, mais la recherche d'idées se fait indirectement, par analogie d'idées, ce qui permet souvent d'énoncer des idées qui ont plus de chance d'être réellement nouvelles (question : « à quoi vous fait penser le produit X ? »).

– Les méthodes rationnelles : elles sont basées sur l'analyse d'un produit (composantes, caractéristiques, consommateurs) pour en générer des idées de modification.

L'*analyse fonctionnelle* permet ainsi d'étudier l'utilisation d'un produit existant, de déceler d'éventuelles difficultés, afin d'effectuer des modifications. D'autres méthodes, comme la méthode de Pattern ou l'analyse morphologique, sont également utilisées.

Évaluation et tri des idées

Le but de cette phase est *d'éliminer les idées de produits inintéressantes ou incompatibles avec les objectifs de l'entreprise.*
Une étude de « faisabilité » sera réalisée pour les produits les plus intéressants. Cette étude a pour but de recueillir sur le terrain des informations en interrogeant les distributeurs, les utilisateurs potentiels, les fournisseurs.

Développement et tests du nouveau produit

Cette phase va permettre de concrétiser les idées de produit qui ont passé avec succès les sélections précédentes. *Cette phase transforme l'idée de produit nouveau en concept de produit.*
Le but de cette phase est de préciser le plus possible le nouveau concept de produit et de le tester.

– Tests de concept : obtenir une première évaluation de l'intérêt de l'idée par des clients potentiels (questionnaires, réunions de groupes...).
– Tests de prototype : soumettre une maquette du produit à des utilisateurs potentiels ou bien un produit « grandeur réelle » (solution plus coûteuse mais donnant de meilleurs résultats).

Analyse économique

C'est l'estimation du volume des ventes (et du prix). Elle peut être réalisée de trois manières différentes : par les clients, par les vendeurs et par des méthodes de simulation.

– Par les clients : en réalisant une étude de marché, quantitative ou qualitative. Cette méthode est peu fiable car il est très difficile de réunir un échantillon représentatif d'une clientèle potentielle. De plus, les personnes interrogées peuvent changer d'avis.
– Par les vendeurs : ce sont les plus à même d'anticiper dans l'entreprise les réactions des clients potentiels par rapport au produit.

Par contre, des biais sont possibles (minoration des résultats s'ils sont payés au pourcentage).

– Par des méthodes de simulation :
  – *le marché-test* : commercialiser le produit sur une zone géographique réduite pendant une période de six mois à un an.

  Cette méthode est lourde à mettre en œuvre et est basée sur la représentativité de la zone géographique choisie. De plus, elle dévoile le futur produit à la concurrence ;
  – *les minis marchés-tests* (méthode ERIM) assouplissent le système en testant le produit auprès d'un panel de futurs consommateurs, dans un seul point de vente ;
  – *les méthodes de mesure conjointe* (par exemple la méthode Assessor pour les produits de grande consommation) permettent de tester le futur produit auprès d'un échantillon de consommateurs potentiels en laboratoire (camions ou locaux spécialement aménagés).

Vérification des performances (tests de produit)

Ces tests sont applicables aux produits nouveaux comme aux modifications de produits existants. Ils sont réalisés sur un échantillon représentatif des consommateurs potentiels du produit :

– test aveugle, pour évaluer les performances réelles du produit, en cachant sa marque ;
– test simple (monadique), ou comparatif.

Ces tests peuvent porter sur le goût, l'odeur, le conditionnement, le nom...

Lancement du produit

C'est la dernière phase et le moment de prendre la décision de distribuer ce nouveau produit.

B L'adaptation

Tout produit présent sur un marché doit être modifié pour correspondre aux attentes de la clientèle et pour lutter contre la concurrence.
La stratégie d'adaptation est donc utilisée pour un nombre très important de produits (automobiles, logiciels, lessives...).
Elle se concrétise par des modifications apportées au produit : caractéristiques, méthodes de fabrication, distribution, services... Un produit non modifié pendant quelques années peut ne plus être adapté au marché et entrer en phase de déclin, aidé en cela par les innovations de la concurrence.

C L'imitation

C'est la stratégie la plus utilisée. De nombreuses entreprises préfèrent attendre le succès des produits lancés par la concurrence pour entrer sur le marché avec un produit similaire *(mee-too product)*.

Avantages

- Le coût de l'innovation est supporté principalement par l'entreprise pionnière, les produits suivants n'apportant, dans un premier temps, que peu de nouveautés.
- Le risque est presque nul si le succès du produit imité est important.

Inconvénients

- Si la sortie du nouveau produit est bien organisée, l'entreprise pionnière possède au minimum six mois d'avance sur ses concurrents.
- À terme, l'utilisation répétée de cette stratégie rend l'entreprise dépendante de la durée de vie des produits imités.

Quelques sites internet

SIGLE, nom de l'organisme, *activité*	**Adresse du site**
• OSEO *Financement et accompagnement des PME (ex. : ANVAR)*	oseo.fr

PARTIE 6

Le prix

Le prix est la traduction économique de la valeur d'un produit sur un marché. C'est aussi la seule composante du marketing-mix qui va permettre à l'entreprise de gagner de l'argent. D'où son importance stratégique pour les entreprises et pour le consommateur qui doit, lui, débourser cette somme d'argent pour acquérir le produit.

Nous analyserons dans cette partie les relations entre l'entreprise et ses prix, les différentes méthodes de fixation des prix, ainsi que les différentes stratégies de prix.

CHAPITRE 1

L'entreprise et les prix

A Notions de prix

Prix : quantité d'argent nécessaire pour acquérir une quantité définie de biens ou de services.

Prix : expression monétaire de la valeur de transaction de toutes les caractéristiques d'un produit, c'est-à-dire :
– des caractéristiques techniques, objectives,
– des caractéristiques commerciales : packaging, lieu de vente, garantie…,
– des services : conseils d'utilisation, facilités de livraison, de réapprovisionnement, d'emploi, d'échange, de maintenance…,
– des caractéristiques subjectives : image du produit, de la marque, de l'entreprise…

EXEMPLE :

deux produits de qualité identique

- produit 1 : grande marque, design, vendu exclusivement chez les détaillants spécialisés, garantie trois ans, communication de prestige…
- produit 2 : marque inconnue, produit simple, vendu en grandes surfaces, garantie un an, peu de publicité…

Ces deux produits ont les mêmes caractéristiques techniques, mais la valeur perçue par les acheteurs potentiels sera très différente.

On parle à présent de *couple produit-prix,* c'est-à-dire le prix optimum correspondant à toutes les caractéristiques d'un produit.

B Importance des décisions en matière de prix

Les décisions relatives au prix d'un produit vont influencer de nombreux éléments déterminants pour son succès et pour la pérennité de l'entreprise. Le schéma ci-dessous montre les influences du prix sur les consommateurs potentiels (demande) et sur l'entreprise elle-même.

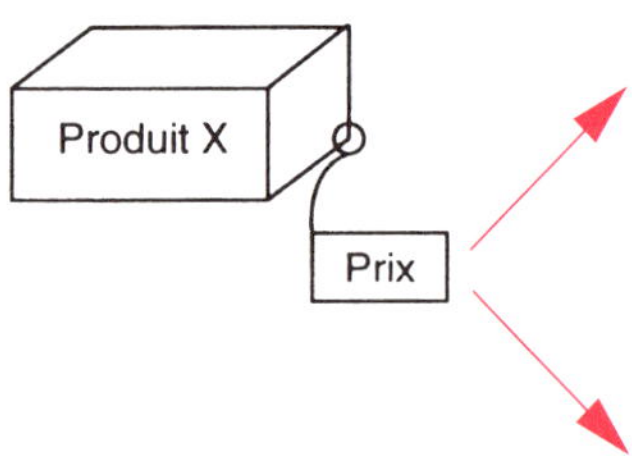

Pour la demande

- élément important dans la perception du produit par le consommateur potentiel,
- influence directement le niveau de la demande, et la perception globale du produit,
- facilite la comparaison du produit avec les produits concurrents.

Pour l'entreprise

- principal facteur constitutif de la marge,
- seule composante du mix du produit procurant des revenus,
- outil de positionnement de la marque.

C Les contraintes de l'entreprise en matière de prix

- Le pouvoir des autres firmes : s'aligner sur les prix de la société leader pour éviter ou stopper une guerre des prix (après une période de concurrence âpre).

EXEMPLES :

automobiles, téléviseurs, pneumatiques…

- Les pouvoirs publics (les techniques de contrôle de l'évolution des prix)

- Interventions autoritaires
  - *Blocage des prix* (utilisé pour la dernière fois en France en juin 1982).
  - *Taxation* : déterminer un prix « maxi » au-dessus duquel les commerçants ne peuvent vendre.
  - *Fixation des marges commerciales* : fixation d'un coefficient multiplicateur.
- Procédures contractuelles (à partir de 1966 en France)
  - *Liberté contrôlée* : les producteurs déposent des barèmes de prix auprès des pouvoirs publics. Ceux-ci peuvent faire opposition pendant un certain délai.
  - *Liberté contractuelle* : négociations avec les pouvoirs publics puis engagement du maintien des prix pendant un certain temps.
  - *Liberté surveillée* : communication des prix aux pouvoirs publics sans que ceux-ci puissent modifier les décisions.
- Liberté totale (ordonnance du 1er décembre 1986, régime actuel).

CHAPITRE 2

Méthodes de fixation des prix

A

Structure type d'un prix de vente

Il est utile, avant d'analyser les différentes méthodes de fixation d'un prix de vente, d'en connaître la structure et de bien la comprendre.

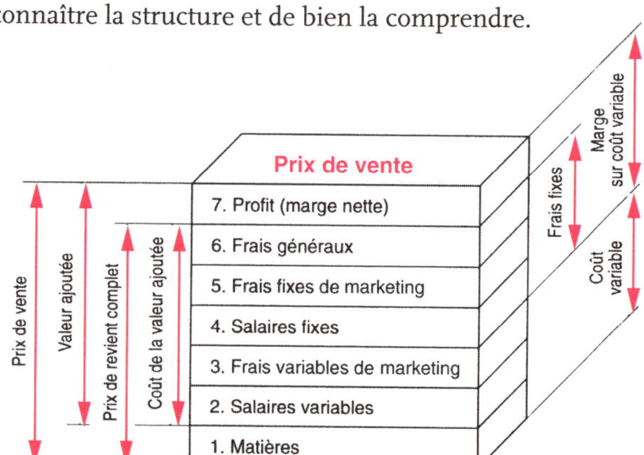

(schéma d'après J.-J. Lambin, *Le marketing stratégique*, Mc Graw Hill, 1986)

B Les différentes méthodes de fixation des prix

1 Approche par les coûts (coût de revient)

Il existe deux méthodes de fixation des prix par les coûts.

- Le *full costing* : calculer un prix de revient unitaire complet (coût variable + frais fixes) et y ajouter un montant donné de marge nette.

- Le *direct costing* : ajouter au coût variable une marge couvrant les frais de structure et permettant de dégager un bénéfice (marge sur coût variable). La subdivision des coûts en coûts variables et fixes permet d'expliquer le concept du point mort.

Point mort : montant des ventes qu'il convient de réaliser à un prix fixé pour couvrir les coûts (profit = 0).

Graphique du point mort

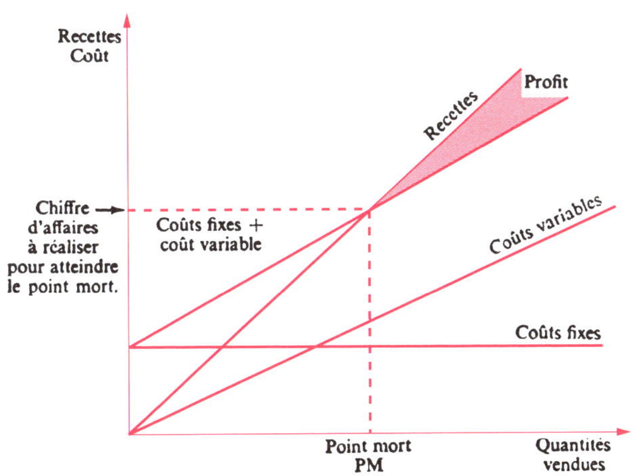

La fixation du prix par les coûts comporte plusieurs faiblesses :

- la répartition des coûts directs (fixes) s'effectue à partir d'une quantité donnée de produits vendus, et cette quantité est difficile à estimer puisqu'elle dépend du prix !
- la répartition des coûts variables s'effectue à partir de coefficients difficiles à calculer.

2 Approche par l'offre (concurrence)

Il existe trois méthodes de fixation des prix par l'offre.

■ Fixation du prix en dessous du prix du marché

EXEMPLE :

stratégie de pénétration de marché pour lutter contre la concurrence : marques automobiles sud-coréennes (Daewoo et Hyundai).

■ Fixation du prix au niveau du prix moyen du marché : cette méthode ne peut s'appliquer que s'il s'établit un prix moyen du marché, en univers concurrentiel (marché des fruits et légumes) ou oligopolistique (marché de l'automobile). La situation n'existe pas pour une entreprise en situation de monopole.

■ Fixation du prix au-dessus du prix du marché

EXEMPLES :

produits de luxe, stratégie d'écrémage : Dupont, Vuitton.

3 Approche par la demande

L'élaboration d'un prix par rapport à la demande est la démarche la plus marketing. Il suffit de demander l'avis des consommateurs potentiels. Deux simples questions (posées à un échantillon d'acheteurs potentiels), vont permettre d'apprécier l'élasticité de la demande par rapport au prix, pour un produit précis :

- « en dessous de quel prix jugeriez-vous ce produit de mauvaise qualité ? »,
- « au-dessus de quel prix jugeriez-vous ce produit trop cher ? ».

La courbe suivante est la traduction des résultats de cette mini-enquête.

Courbes de prix minimum et maximum

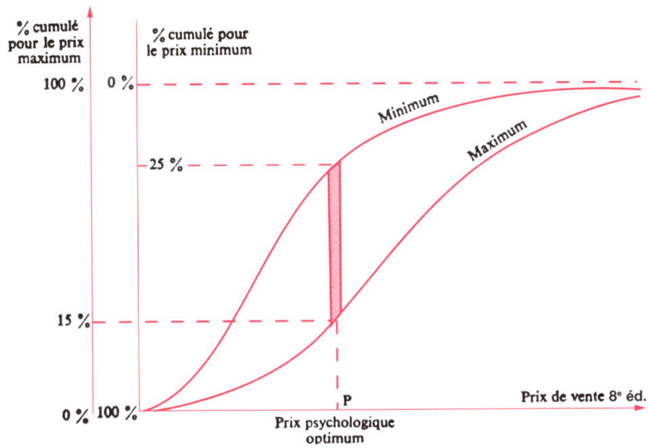

(*Source* : Lendrevie, D. Lindon, Levy J. *Mercator, théorie et pratique du marketing*, Dunod 2006.)

Cette méthode possède quand même plusieurs inconvénients :

- les personnes interrogées ne connaissent qu'un élément du mix du produit pour en donner une fourchette de prix (le canal de distribution, la communication sont exclus) ;
- le produit est présenté seul, en faisant abstraction des produits concurrents.

Il est ainsi possible de déterminer une courbe de prix psychologique. Elle est différente de la traditionnelle courbe de la demande par rapport au prix :

- la demande diminue quand le prix est trop bas (« effet qualité »),
- la demande diminue quand le prix est trop élevé (« effet prix »).

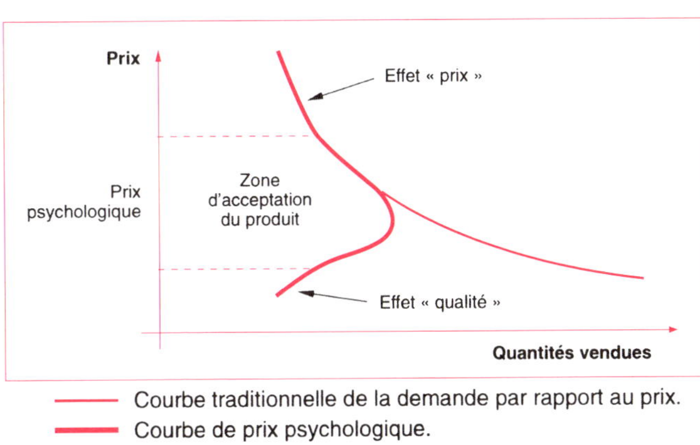

Mais ceci est modifié en période de crise : la consommation des produits « milieu de gamme » va diminuer au profit du bas de gamme (premiers prix) et du haut de gamme (grandes marques).

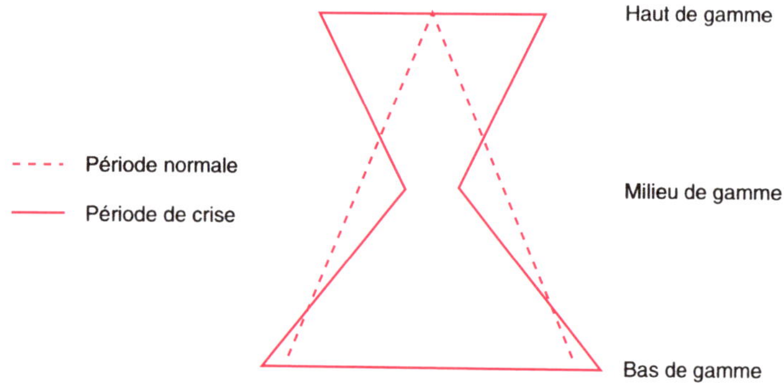

C

L'élasticité de la demande par rapport au prix

La notion d'élasticité de la demande par rapport au prix indique la variation relative de la demande par rapport à une variation de prix. Elle se calcule par la formule suivante :

d = demande
p = prix
e = élasticité

$$e = \frac{\text{variation relative de la demande}}{\text{variation relative du prix}} = \frac{\frac{\Delta d}{d}}{\frac{\Delta p}{p}}$$

Quantités demandées et prix varient en sens inverse (plus le prix est élevé, moins la demande est forte), ce qui fait que l'élasticité est négative. Cependant, on raisonne en valeur absolue :

si e = 0, la demande est inélastique (l'augmentation des prix n'a aucune incidence sur la demande) ;

si e < 1, la demande est peu élastique (une hausse des prix de 1 % entraînera une diminution de la demande de moins de 1 %) ;

si e = 1, la demande est élastique (une hausse des prix de 1 % entraînera une diminution de la demande de 1 %) ;

si e > 1, la demande est très élastique (une hausse des prix de 1 % entraînera une diminution de la demande supérieure à 1 %).

CHAPITRE 3

Les stratégies de prix

A Les objectifs des stratégies de prix

On peut diviser les objectifs possibles en quatre catégories.

- Objectifs de rentabilité : fixer un prix qui permette une bonne rentabilité sans avoir d'effet pervers sur la demande,
- objectifs de volume : les quantités vendues dépendent du taux d'élasticité du produit par rapport au prix. L'objectif d'augmentation du volume des ventes sera atteint par la fixation d'un prix peu élevé. L'objectif d'augmentation du volume du chiffre d'affaires sera atteint par la fixation d'un prix élevé,
- objectifs par rapport à la concurrence : pour arriver à une certaine stabilisation des prix des produits en concurrence ou pour s'aligner sur les concurrents,
- objectifs liés à la ligne de produits : le prix d'un produit peut entraîner des conséquences sur les ventes d'un autre produit de la ligne (prix d'appel de la Renault Clio 1.2).

B

Les stratégies de prix utilisées pour le lancement d'un produit nouveau

On distingue deux stratégies différentes.

• La stratégie de prix d'écrémage : fixer un prix élevé pour ne toucher qu'une demande limitée peu sensible au prix.

Cette stratégie sera utilisée principalement dans deux cas :

– *situation de monopole ou quasi-monopole* due à une avance technologique ou une image très forte,

– *marchés haut de gamme*, oligopolistiques, où la concurrence ne joue pas sur les prix mais sur la qualité, l'image, la haute technologie, le snobisme (haute couture, parfums de luxe).

Conditions générales à réunir pour adopter cette stratégie :
- demande inélastique,
- cycle de vie court,
- manque de liquidités suffisantes pour orchestrer des dépenses promotionnelles très importantes.

• La stratégie de prix de pénétration : fixer un prix suffisamment bas pour toucher dès le départ une partie importante du marché sensible au prix.

Cette stratégie sera utilisée principalement dans deux cas :
- *produit nouveau menacé très rapidement par une forte concurrence*, pour décourager la concurrence et s'assurer le leadership,
- *marché très concurrentiel basé sur la guerre des prix.*

Conditions générales à réunir pour adopter cette stratégie :
- demande élastique par rapport au prix,
- marché haut de gamme déjà satisfait,
- forte concurrence.

C Les stratégies de prix par rapport à la concurrence

On rencontre deux types différents de stratégie.

- La stratégie de baisse des prix

Plusieurs raisons peuvent motiver cette stratégie :
- augmentation de la part de marché,
- répercussion d'une diminution des coûts,
- réponse à la baisse des prix d'un concurrent,
- élimination d'un concurrent (mais la guerre des prix est dangereuse).

- La stratégie de hausse des prix

Cette stratégie n'est applicable que dans le cas où cette décision est commune à l'ensemble des entreprises en concurrence sur le marché.
Dans ce cas, cette stratégie peut être utilisée pour plusieurs raisons :
- répercussion d'une augmentation des coûts (matière première par exemple),
- accroissement de la rentabilité,
- augmentation de la demande (liée à une saturation des capacités de production qui restent cependant insuffisantes).

D Le yield management

Le *yield management*, ou « management de rendement », a été mis au point aux États-Unis et appliqué pour la première fois dans ce pays lors de la libéralisation du transport aérien en 1978. Cette méthode consiste à moduler le prix en fonction de la demande d'un produit en temps réel.

EXEMPLES :
- le transport aérien essaie d'adapter l'offre à la demande en gérant conjointement ses tarifs et ses places disponibles : les vols intérieurs sur Air France, à la mi-journée, sont régulièrement vendus à des prix cassés moins d'une semaine avant le départ, car ils sont loins d'être complets ; à l'opposé, les vols de début et de fin de journée, beaucoup mieux remplis, sont proposés à des tarifs forts.
- la SNCF utilise ce système avec ses tarifs bleu, blanc et rouge, correspondant à des trains offrant de nombreuses places libres, peu de places libres, ou régulièrement complets.

Son élargissement dans des domaines aussi variés que la tarification de l'espace publicitaire (radio, télévision), de l'électricité (EDF), du téléphone (France Telecom, Télé 2, SFR...) en fait une stratégie de fixation des prix de plus en plus utilisée.

Elle donne à la composante « prix » du marketing-mix une importance de premier ordre. La communication que l'entreprise doit mettre en place pour informer ses clients potentiels est un des inconvénients majeurs de cette technique de gestion, ainsi que la formation des commerciaux de l'entreprise. Son principal avantage réside dans l'amélioration de la rentabilité globale de l'entreprise.

Partie 7

La distribution

C'est la distribution qui permet d'acheminer les produits du lieu de fabrication jusqu'à celui de la vente. Elle constitue l'étape indispensable pour mettre les produits à disposition des consommateurs.
Son organisation est complexe. Elle englobe tout un ensemble de fonctions, d'acteurs, de circuits et de canaux que nous allons étudier dans cette partie. Elle évolue sans cesse au rythme des innovations technologiques et commerciales. C'est un élément sur lequel les entreprises peuvent se différencier en choisissant une stratégie de distribution adaptée à leurs produits et à leurs clientèles. Le merchandising constitue son dernier maillon, plus spécifiquement dans les points de vente en libre-service. Il permet de disposer les produits en rayon de manière optimale.

CHAPITRE 1

L'organisation de la distribution

Quel que soit notre lieu de résidence, nous sommes le plus souvent très éloignés du lieu de production des biens que l'on désire acquérir (un livre, des balles de tennis, un ordinateur, du café...).
Ces produits sont acheminés du lieu de production au lieu de vente par ce que l'on appelle « la distribution ».

A Définitions (distribution, circuit, canal)

La distribution comprend l'ensemble des opérations qui permettent d'acheminer un produit du lieu de production jusqu'à la mise à disposition du consommateur ou de l'utilisateur.

Un circuit de distribution représente le chemin qui conduit un produit du producteur au consommateur. Ce chemin est plus ou moins long selon le nombre d'intermédiaires intervenant dans la distribution du produit.

EXEMPLE DE CIRCUIT :

Producteur ⇒ Grossiste ⇒ Détaillant ⇒ Consommateur

Un canal de distribution est une composante d'un circuit de distribution. Il représente une catégorie d'intermédiaires de même nature qui participent à la distribution du produit.

EXEMPLES DE CANAUX :

les grossistes, les hypermarchés, les débits de tabac...

B Fonctions et acteurs de la distribution

On peut classer les acteurs de la distribution selon la fonction qu'ils assurent dans le processus d'acheminement des produits du producteur au consommateur.

1 La fonction de gros

Elle consiste à acheter des marchandises en quantités importantes aux producteurs pour les revendre, en plus petites quantités, à des négociants, des détaillants, des collectivités ou divers utilisateurs, à l'exclusion des consommateurs finaux.

Elle regroupe les opérations suivantes.

Opérations réalisées dans le cadre de la fonction de gros

- Sélection de fournisseurs.
- Achat aux producteurs des produits demandés par la clientèle.
- Élaboration d'un assortiment de produits.
- Transport des marchandises des lieux de production aux lieux de stockage.
- Stockage des produits sur tout le territoire et à tous les niveaux intermédiaires de la distribution jusqu'aux points de vente.
- Fractionnement des quantités importantes livrées par le producteur en lots plus réduits conformes aux attentes des consommateurs.
- Conditionnement de certains produits (fromages, vin).
- Régulation de l'offre et de la demande par le stockage : il existe des productions (sucre, en novembre) et des consommations (jouets à Noël) irrégulières.
- Financement, lorsque les intermédiaires de la distribution achètent aux producteurs, car ils prennent à leur charge les risques de la commercialisation (les producteurs sont parfois payés avant que les consommateurs finaux aient acheté et payé les produits).
- Répartition des produits vers les points de vente.

La fonction de gros nécessite d'importants investissements pour financer d'une part les entrepôts de stockage et d'autre part les produits stockés. Le rôle de financement (voir tableau ci-dessus) est l'un des plus importants de la fonction de gros.
On recensait environ 125 000 établissements de gros en France en 2003.
La fonction de gros peut être assurée par des grossistes indépendants, par des centrales d'achat ou par des *cash and carry*.

a. Fonction de gros assurée par des grossistes indépendants

Ils sont le plus souvent spécialisés dans un domaine bien précis, comme l'entreprise Pomona (fruits et légumes), ou France Boissons (boissons alcoolisées ou non). Il en existe dans tous les secteurs : jouets, matériel pour salons de coiffure et parfumeries, médicaments...

b. Fonction de gros assurée par des centrales d'achat

Une centrale d'achat est un établissement qui assure l'approvisionnement (total ou partiel) en produits d'un certain nombre de points de vente. Plus le nombre d'adhérents à la centrale est important et plus les prix négociés sont bas grâce à l'obtention d'importantes remises quantitatives.

D'une manière générale, une centrale d'achat assure les fonctions suivantes :
- sélection de fournisseurs et de produits,
- négociation avec ces fournisseurs pour déterminer les conditions de leur offre,
- référencement des articles à la centrale, c'est-à-dire constitution d'un assortiment de produits destiné aux adhérents,
- achat de ces produits, et vente aux adhérents,
- prestation de services aux adhérents (crédit, aides diverses).

On distingue trois types de centrale d'achat :

• la centrale d'achat du commerce intégré (voir page 193), qui appartient à une grande entreprise de grande distribution (G.E.G.S.). C'est un établissement qui appartient en propre au groupe de distribution et qui s'occupe des achats de produits pour la totalité de ses points de vente.

EXEMPLE :
| centrale d'achat Carrefour {@}

• la centrale d'achat du commerce associé (voir page 193), née de l'association de commerçants indépendants, qui s'occupe de l'approvisionnement des points de vente de l'ensemble des points de vente des associés.

EXEMPLES :

- GALEC pour les magasins portant l'enseigne Leclerc {@},
- centrale d'achat Intermarché {@},
- centrale d'achat Système U{@}.

• la centrale d'achat commune entre 2 ou plusieurs groupes de distribution, née de la décision de ces sociétés de regrouper leurs achats pour obtenir une taille plus importante et avoir plus de poids dans les négociations avec les fournisseurs. Une telle structure permet également de partager le coût de passation des commandes.

EXEMPLES :

- L'eurocentrale EMD (créée en 1989) réunit en 2007 des groupes de distribution de 17 pays européens, dont Système U.
- Leclerc {@} et Intermarché, {@} ont créé en 1999 une centrale commune nommée Lucie (L'Union des Coopérateurs Indépendants Européens).
- Twinner/Technicien du sport et Sport 2000 France ont créé en 2004 une centrale d'achat commune dénommée Synergies Sport.
- Intermarché et Eroski (Espagne) créent en 2004 Alidis, une eurocentrale commune. Ils sont rejoints en 2005 par Edeka (Allemagne).
- Leclerc crée le 1er janvier 2006 Coopernic, une centrale commune avec Conad (Italie). Depuis, l'allemand Rewe, le suisse Coop et le Belge Colruyt ont rejoint l'alliance...

Ces centrales communes ont un taux de mortalité à court ou moyen terme assez élevé : Lucie et Synergies Sport n'existent plus. Les eurocentrales (comme EMD, Alidis ou Coopernic) paraissent mieux armées pour résister dans le temps.

c. Fonction de gros assurée par des *cash and carry*

Un *cash and carry* est un entrepôt en libre-service destiné uniquement aux professionnels. Ils peuvent choisir des produits, les payer comptant (*cash*) et les emporter (*carry*).

Cette forme de grossiste possède les caractéristiques suivantes.

Éléments d'analyse	Caractéristiques
Surface de vente et enseignes	De 1 000 à 17 000 m² selon les enseignes : • **Metro** {@} (groupe allemand) : surfaces de 3 300 m² (alimentaire seul) à 16 000 m² (alimentaire + non alimentaire). • **Promocash** {@} (groupe Carrefour) : surfaces de 1 500 m² à 4 000 m². • **Codi cash** (Francap Distribution {@}) : surfaces de 1 000 m² à 1 500 m2...
Méthode de vente	Libre-service.
Assortiment	De 5 000 à 10 000 références en fonction de la taille, en alimentaire et/ou non alimentaire.

Éléments d'analyse	Caractéristiques
Clientèle	Ces points de vente sont exclusivement réservés aux professionnels : commerçants indépendants alimentaires et non alimentaires, boulangers-pâtissiers, charcutiers-traiteurs, restaurateurs, hôteliers, cafetiers…
Heures d'ouverture	Très larges, assez souvent de 6 heures du matin jusqu'à parfois 21 heures 30.

Le développement des *cash and carry* est relativement important en France depuis quelques années.

2 La fonction de détail

Elle consiste à acheter des produits pour les revendre au consommateur ou à l'utilisateur final en général par petites quantités et en l'état.

Elle est assurée dans une large mesure par les détaillants, indépendants ou non, quelle que soit leur surface de vente et le canal de distribution utilisé (voir page 193). Rarement, dans la cas de la vente directe, c'est le producteur qui assume cette fonction de détail.

Opérations réalisées dans le cadre de la fonction de détail

- Mise à disposition des produits aux points de vente.
- Vente aux consommateurs ou aux utilisateurs.
- Information et promotion, publicité : affichage des prix, opérations de relations publiques, création de marques pour les distributeurs, PLV…
- Service : livraison à domicile, installation, SAV, information du consommateur.

C Circuits de distribution

Les circuits sont le plus souvent classés selon leur longueur, qui se mesure en fonction du nombre de transactions et de canaux intermédiaires. On distingue trois types de circuits.

1 Le circuit direct (ultra court)

Il ne compte *aucun intermédiaire* entre le producteur et le consommateur.

Une seule transaction
Producteur → Consommateur

C'est le circuit utilisé :
- par un fabricant quand il pratique la vente directe à l'usine,
- par un producteur de volailles, de légumes...,
- dans la vente à domicile,
- dans la vente par correspondance quand elle est effectuée directement par le fabricant,
- dans la vente de gros matériels industriels (avions, usines...).

Ce circuit est très utilisé dans le domaine des biens industriels. Il permet un contrôle direct du marché, mais nécessite de la part du producteur une organisation commerciale.

2 Le circuit court

Il existe *un seul intermédiaire* entre producteur et consommateur : le détaillant.

Deux transactions
Producteur → Détaillant → Consommateur

C'est le circuit utilisé :
- pour les fruits et légumes achetés par un détaillant indépendant à un maraîcher,
- pour les produits vendus par le commerce intégré et associé (si l'on considère que la centrale et le point de vente ne font qu'un),
- pour la vente de services bancaires par les succursales d'une banque.

Ce circuit permet d'économiser la marge du grossiste. Par contre, la présence des produits en rayon est fonction des achats et des stocks du commerçant (qui ne peut pas compter sur le rôle d'un grossiste).

Le producteur contrôle un peu moins bien la distribution de ses produits. Il doit conserver une force de vente pour vendre aux détaillants. Il conserve un contact avec le consommateur par l'intermédiaire du détaillant.

3 Le circuit long

Plusieurs intermédiaires peuvent intervenir entre le producteur et le consommateur.

Trois transactions
Producteur → Grossiste → Détaillant → Consommateur

C'est le circuit utilisé :
- pour de nombreux articles présents chez les commerçants indépendants,
- pour les fruits et légumes s'ils sont stockés chez un grossiste comme Pomona,
- pour la viande de boucherie...

Le circuit long peut posséder de nombreux maillons : négociant, expéditeur, grossiste, demi-grossiste...

D La logistique

La logistique regroupe l'ensemble des processus et des moyens permettant d'acheminer de façon optimale des produits de leur lieu de production aux points de vente.

Ces processus et ces moyens nécessitent une collaboration de plus en plus grande entre producteurs et distributeurs pour à la fois réduire les coûts (transport, stockage), respecter les délais de livraison et améliorer la qualité du service. Une bonne logistique a des répercussions positives à la fois pour le producteur et pour le distributeur. Cela explique les améliorations récentes dans ce domaine tant au niveau des processus que des moyens.

1 Les processus de la logistique

Après la négociation qui a permis de déterminer un prix, des quantités et des conditions de livraison, la commande passée auprès du fournisseur est le point de départ de la logistique.
Les processus utilisés dans ce domaine sont en constante évolution : CPFR, GPA, *supply chain*.

a. Le CPFR (*Collaborative Planning, Forecasting and Replenishment*, qui peut être traduit par « processus collaboratif d'élaboration des prévisions et de gestion des approvisionnements »)

Le principe du CPFR est le suivant : élaborer entre producteur et distributeur les prévisions de vente concernant un produit pour améliorer le processus de son approvisionnement. Concrètement, un planning prévisionnel d'écoulement d'un produit est mis en place conjointement entre les deux parties, et une communication en temps réel permet tout réajustement si un évènement imprévu vient perturber les prévisions.
Ceci sous-entend que les deux parties s'informent mutuellement des opérations promotionnelles ou publicitaires concernant un produit pour être capables d'en évaluer au plus juste les ventes.
L'avantage principal du CPFR se retrouve encore une fois dans une meilleure gestion des approvisionnements et des stocks.
« En bref, le CPFR est la première approche qui unisse la gestion de l'offre et celle de la demande dans le même processus. Dans le CPFR, ce qui est important, c'est le processus collaboratif qui se traduit par le partage et la transparence des informations échangées. Le CPFR n'est pas un outil mais un processus qui pilote toute la *supply chain* » (source Gencod EAN France).

b. La gestion programmée des approvisionnements (GPA)

La GPA inverse le processus traditionnel de la passation des commandes : ce n'est plus le distributeur mais le producteur lui-même qui calcule les commandes nécessaires aux points de vente d'une enseigne à partir des sorties entrepôts du distributeur. Cette commande est alors passée directement par le producteur, à partir de données distributeurs.
Pour cela, le distributeur doit fournir au producteur (par EDI) tout un ensemble d'informations auparavant jugées très confidentielles. En contre partie, il confie au producteur le calcul et le déclenchement des commandes.
Le principal avantage est la réduction assez considérable des stocks : n'ayant que ses produits à gérer, le producteur peut affiner ses calculs et réduire au minimum les stocks de produits dans les entrepôts et les points de vente.
La plupart des distributeurs et des grands fournisseurs de la grande distribution se convertissent peu à peu à la GPA.

c. La gestion de la chaîne logistique (ou *supply chain management*)

C'est un peu la GPA poussée à l'extrême : l'ensemble de la chaîne logistique est gérée par des logiciels pilotant les flux de produits et d'informations allant des fournisseurs de fournisseurs jusqu'aux clients des clients. L'ensemble de la chaîne d'approvisionnement est concerné. Seuls les produits que les consommateurs attendent sont fabriqués. Les retombées en terme d'amélioration de la rotation des stocks et des délais de réapprovisionnement sont très importantes et concernent tous les acteurs de la chaîne. Cela nécessite que tous les intervenants soient interconnectés sous EDI (d'après LSA).

2 LES MOYENS DE LA LOGISTIQUE

Les investissements liés à la logistique sont très importants. On peut les regrouper en quatre parties principales : les moyens d'échange de données, de transport, de fractionnement et de stockage.

a. Les moyens d'échange de données : L'EDI

Depuis quelques années, le développement de l'EDI (*Electronic Data Interchange*, ou Échange de données informatisé) et l'utilisation de nouveaux modes de gestion des commandes ont permis de révolutionner les méthodes de la logistique.

L'EDI est l'échange par télétransmission de données structurées, d'ordinateur à ordinateur, selon des formats standards, entre partenaires indépendants. C'est un outil de communication (et non une technologie) multifonctions qui s'inscrit dans une démarche de partenariat (*d'après GS1 France {@}, ex. Gencod EAN France*).

Le langage international de l'EDI est l'EANCOM, basé sur le standard EDIFACT {@} (Electronic Data Interchange For Administration, Commerce and Transport), défini par les Nations Unies. Il est utilisé dans plus de 80 pays.
Grâce à la lecture optique, aux codes-barres et à l'informatique, l'EDI permet de dématérialiser complètement les échanges entre producteurs et distributeurs : catalogues, fiches produits, commandes, accusés de réception de commande, situation de commande, avis d'expédition, factures, relevés de facture et avis de règlement transitent sans aucun support papier.

Les avantages du système sont très nombreux :
- gain de temps entre la demande du distributeur et la réception des marchandises,
- gestion administrative simplifiée,
- fiabilité des informations échangées,
- meilleur ajustement aux fluctuations du marché,
- gestion des stocks fournisseurs en flux tendus,
- gain de temps pour l'émission des factures,
- amélioration du service apporté au distributeur...

- diminution des litiges (conformité absolue entre la commande, le bon de livraison et les documents de transport),
- réduction des coûts administratifs,
- augmentation du chiffre d'affaires,
- amélioration des relations commerciales...

Tous les grands distributeurs français sont passés à l'EDI et vont de plus en plus exiger son utilisation de la part de leurs fournisseurs pour les référencer. Ainsi, le groupe Casino utilise l'EDI pour la totalité de ses commandes de produits frais, et plus de 90 % des commandes du département PGC (produits de grande consommation). Du côté producteur, une majorité des grandes entreprises l'utilise et les entreprises moyennes qui travaillent avec la grande distribution s'équipent peu à peu.
Pour utiliser l'EDI, les entreprises utilisent le plus souvent les services d'un opérateur de « Réseaux à Valeur Ajoutée » (RVA), qui permet le bon acheminement des messages entre émetteur et récepteur. En France, le principal RVA est ALLEGRO (créé au départ par Gencod EAN France, et géré désormais par la société SERES {@}), qui rassemble la première communauté EDI de France (80 % des entreprises du commerce et de l'industrie pratiquant l'EDI) et la seconde d'Europe. Les différents RVA (Allegro, Atlas, GEIS...) transportent aujourd'hui 95 % du trafic EDI en France, soit plus de 600 millions de messages par an (source LSA).
Des systèmes moins lourds, le Web-EDI ou l'EFI (Échange de Formulaires Informatisé), existent pour les PME : ce sont des solutions bâties sur les standards Internet et EDI qui permettent, à partir d'un micro-ordinateur, d'un navigateur Internet et d'un modem, de traduire les messages EDIFACT en clair et de les traiter. Une PME peut ainsi, à moindre coût, communiquer sous EDI avec la grande distribution.
L'utilisation de l'EDI s'est généralisée à de nombreux domaines : les acteurs de la publicité (annonceurs, régies, supports), des produits pharmaceutiques, du transport, des produits pétroliers l'utilisent peu à peu. Même les relations « sensibles » entre la Direction Générale de l'Armement (DGA) et la SNECMA (fournisseur des moteurs de l'avion Rafale et de nombreux Airbus) vont peu à peu se faire sous EDI !
Depuis le 1er janvier 2007, un nouveau standard « GS1 », créé par GS1 France (ex. Gencod EAN France), regroupe la codification, l'identification automatique (codes à barres, radiofréquence), les langages EDI... Il permet le développement harmonieux des messages EDIFACT utilisés dans le secteur de la distribution, afin d'améliorer la logistique et la traçabilité des produits.

b. Les moyens de transport

Le transport par route est de loin le plus utilisé dans la grande distribution. Il nécessite des flottes de véhicules appartenant aux producteurs et aux distri-

buteurs. Ces camions transportent les produits du lieu de production aux différents lieux de fractionnement et de stockage répartis sur tout le territoire (et à l'étranger), et parfois même directement aux points de vente importants (si la quantité commandée justifie l'utilisation d'un véhicule entier pour un point de vente).
Les coûts liés au transport sont très importants, ce qui explique le souci, de la part des différents partenaires de la distribution, de rentabiliser les déplacements des véhicules en optimisant au maximum leur taux de remplissage.

c. Les moyens de fractionnement et de regroupement

Le fractionnement et le regroupement sont deux opérations réalisées dans un immense bâtiment appelé *plate-forme*. C'est une vaste surface qui reçoit des marchandises par camions entiers de la part de différents fournisseurs. Une fois déchargées, ces livraisons (de produits identiques) sont *fractionnées* dans différents camions qui *regroupent* des produits différents pour livrer un ou plusieurs points de vente.

Schéma simplifié de fonctionnement d'une plate-forme

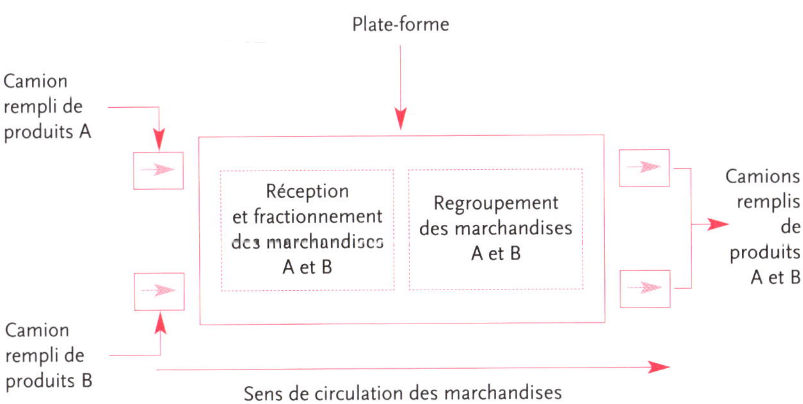

Les plates-formes appartiennent soit à des producteurs, soit à des grands groupes de distribution, soit à des sociétés spécialisées (Calberson, Danzas...). Les marchandises n'y sont théoriquement pas stockées : les opérations de livraison, d'éclatement et de regroupement peuvent être réalisées dans la même journée.
Les produits qui transitent sur des plates-formes ont tous fait l'objet de commandes de la part des points de vente.

d. Les moyens de stockage

Ce sont des *entrepôts* qui permettent de stocker sur différents endroits du territoire français (et étranger) des marchandises pendant une période pouvant varier d'un jour (produits frais) à plusieurs semaines. Les points de vente adhérents passent leurs commandes directement à l'entrepôt qui assure la livraison. Ce système permet d'éviter à chaque point de vente d'assurer un stock important de produits : le lieu de stockage est commun à tout un ensemble de points de vente géographiquement proches.

Quelques sites internet

SIGLE, nom de l'organisme, *activité*	**Adresse des sites**
• ACSEL Association pour le Commerce et les Services En Ligne	acsel.asso.fr
• ASLOG Association Française pour la logistique	aslog.org
• Carrefour *Site institutionnel*	carrefour.com
Site commercial	carrefour.fr
Achat en ligne de produits multimédia	boostore.com
• Casino *Site institutionnel*	groupe-casino.fr
Site commercial supermarchés	supercasino.fr
• Cora *Groupe de distribution*	cora.fr
• Edifrance *Association pour le développement des échanges électroniques professionnels*	edifrance.org
• EDI Publicité *EDI dans le domaine de l'achat publicitaire*	edipublicite.com
• EEMA European Electronic Messaging Association	eema.org
• Francap Distribution *Distribution*	francap.com
• Géant *Enseigne de distribution*	geant.fr
• GS1 France *Promotion, mise en œuvre et accompagnement des standards GS1 en France*	gs1.fr
• Intermarché *Groupe de distribution*	intermarche.com
• Kmart *Groupe de distribution*	kmart.com
• Leclerc *Groupe de distribution*	e-leclerc.com
• Metro *Grossiste « Cash and carry »*	metro.fr
• Place des réseaux *Portail des entrepreneurs, en réseau*	placedesreseaux.com
• Pomona *Grossiste*	pomona.fr
• Promocash *Grossiste « Cash and carry »*	promocash.com
• SERES S.A. *Filiale de La Poste spécialisée dans les solutions d'échanges électroniques professionnels*	seres.fr
• Système U *Site commercial et institutionnel*	magasins-u.com
Institut de formation	forceu.asso.fr
• Traçabilité *Site de GS1 France permettant de faire un diagnostic sur la traçabilité*	tracabilite.org
• VICS Voluntary Interindustry Commerce Standards	vics.org
• XML	xmlo.fr

CHAPITRE 2

Les différentes formes de commercialisation

Nous avons vu dans le chapitre précédent l'organisation générale de la distribution : ses différentes fonctions, ses principaux acteurs, ses circuits de distribution ainsi que la logistique nécessaire à l'acheminement des produits dans les points de vente. Nous allons maintenant entrer dans le détail de la commercialisation des produits, en étudiant les différentes méthodes de vente, les canaux de distribution ainsi que les différentes formes de commerce.

A Les différentes méthodes de vente

Méthode de vente : ensemble de techniques utilisées pour vendre un produit. La méthode de vente est fonction du lieu de la vente (magasin, domicile, rue...), du type de magasin, du produit.

On distingue différentes méthodes de vente, que l'on peut regrouper au sein de trois grandes parties.

a. Les méthodes de vente en magasin

La vente traditionnelle

C'est la vente qui repose sur le contact humain direct entre le vendeur et l'acheteur. Elle est pratiquée dans les petits commerces mais aussi dans les « boutiques » à l'intérieur des grands magasins.

La vente en libre-choix

Elle permet au consommateur de choisir librement ses produits, de demander éventuellement conseil à un vendeur et d'aller payer à la caisse du rayon correspondant. Elle est encore utilisée dans les magasins populaires.

La vente en libre-service

Le consommateur se sert seul, dispose ses achats dans un chariot ou un panier, et paye l'ensemble de ses achats à une des caisses situées à la sortie du magasin. Le produit doit se vendre seul, sans l'intervention d'un vendeur. Les techniques du merchandising (voir chapitre du même nom p. 212) permettent de mettre en valeur le produit dans les linéaires. Cette méthode de vente est utilisée dans les grandes et moyennes surfaces (GMS) à dominante alimentaire.

La vente assistée

C'est une forme de vente en libre-service donnant la possibilité au consommateur de s'informer auprès de conseillers. Elle est utilisée dans les grandes surfaces spécialisées (GSS).

b. Les méthodes de vente directe

Caractérisée par la présence du vendeur au domicile de l'acheteur, la vente directe (ou vente à domicile) représentait en 2005 un chiffre d'affaires de

1287 millions d'euros (entreprises adhérentes à la Fédération de la Vente Directe). Elle regroupe deux méthodes de vente.

La vente individuelle

Le vendeur (le plus souvent exclusif et à temps complet) se rend en prospection au domicile du consommateur pour lui présenter et lui vendre ses produits : livres (Hachette, Larousse), aspirateurs (Electrolux)...

La vente par réunion

La vendeuse est reçue au domicile d'une personne (l'hôtesse) qui a invité un groupe d'amies intéressées par la présentation des produits. L'hôtesse reçoit un cadeau en contrepartie de l'organisation de la petite réunion et de la distribution des commandes (livrées chez elle).
Cette vente est pratiquée par Tupperware, Stanhome, Swipe...

c. Les méthodes de vente à distance (VAD)

La vente à distance se caractérise par l'absence de contact direct entre acheteur et vendeur. Elle est utilisée en B to B comme en B to C. Elle représentait en 2005 un chiffre d'affaires de 14 milliards d'euros (+18 % par rapport à 2004 – source FEVAD).

La vente à distance B to C (*business to consumer*, d'entreprise à particulier)

Elle regroupe différentes méthodes de vente.

- *La Vente par correspondance* (VPC) traditionnelle, qui consiste à choisir chez soi, à partir d'un catalogue, un ou plusieurs produits et à passer commande par courrier, par téléphone ou par Minitel. Les produits sont alors envoyés directement au domicile de l'acheteur ou bien dans des points-relais. Elle recouvre tous les domaines, du textile (Les 3 Suisses {@}, La Redoute {@} ...) aux bijoux (Difor) en passant par les voyages ou le foie gras... Le catalogue, traditionnellement en papier, existe également sous forme de CD-ROM, de pages Minitel ou de pages écran sur internet (voir ci-dessous). L'informatique tient une grande place dans la gestion d'une société de VPC (fichiers clients, mailings personnalisés, gestion des commandes, facturation, gestion des stocks, logistique...).
- Le *Supermarché à domicile*, qui peut être assimilé à une forme de VPC assurée par des entreprises de grande distribution pour leurs produits (alimentaires ou non) : les clients peuvent commander les produits de leur choix par courrier, téléphone ou Minitel, parmi un assortiment assez important (600 à 2 000 références). Livraison 6 jours sur 7 dans un délai de 2 à 48 heures. Les prix correspondent à ceux d'un supermarché.

– Le *Télé-achat*, qui permet à des téléspectateurs de commander les produits vus au cours d'une émission télévisée (Télé Shopping, M6 Boutique, Télé-achat…), en utilisant le téléphone, le minitel ou Internet.

Les principaux modes de commande de la VAD en B to C sont Internet (51 %), le courrier (25 %), le téléphone (21 %), le Minitel, l'Audiotel et le fax (4,5 %) (source : FEVAD {@}, FEdération des entreprises de Vente A Distance, données 2005). De tous ces modes de commande, *l'e-commerce* (e-business) a pris un essor considérable depuis la fin des années 1990. Il représentait en 2005 un chiffre d'affaires (hors services financiers et ventes entre particuliers) de 8,7 millards d'euros, en progression de 53 % par rapport à 2004, ce qui correspondait à 62 % du chiffre d'affaires total de la vente à distance en 2005 (source FEVAD). Il consiste à se connecter sur un site web au moyen d'un ordinateur, d'un modem et d'une ligne téléphonique. À partir de ce site, il est possible de commander des produits et de les payer (de manière électronique ou non). Tous les produits sont représentés sur le web. Les grandes entreprises de grandes surfaces ont ouverts des sites (« cybermarchés ») permettant de faire ses courses (alimentaires ou non) depuis son domicile, en surfant sur le web :
– Carrefour, avec ooshop.com {@},
– Auchan, avec auchandirect.fr {@},
– Cora, avec houra.fr {@}…
Le chiffre d'affaires du e-commerce est encore très faible par rapport à la distribution « traditionnelle », mais son taux d'accroissement est très élevé (plusieurs centaines de % par an). Les produits les plus achetés sur le web sont les voyages, le transport, l'informatique, les produits culturels (livres, musique, vidéo).
La vente par téléphone est utilisée assez souvent dans le cadre d'opérations de marketing direct pour vendre des produits ou des services (produits bancaires par exemple) principalement à des personnes déjà clientes de l'entreprise.
Les produits les plus vendus en VAD B to C sont les articles textiles, suivis par les produits édition-disques-vidéo.

La vente à distance B to B (*business to business*, d'entreprise à entreprise)

En B to B, les modes de commande les plus utilisés sont le fax (38,1 %), le téléphone (34,1 %), le courrier (17,4 %) et internet (10,2 %).
Les produits les plus vendus en VAD B to B sont les équipements industriels, les consommables de bureau, suivis des équipements de bureau et des produits informatiques (source FEVAD, données 2005).

d. Les autres méthodes de vente

La vente par tournées

Elle est assurée le plus souvent par des commerçants possédant une camionnette aménagée réalisant des tournées (à la campagne, ou parfois en périphérie des villes). Les produits sont le plus souvent alimentaires (pain, viande...).

La vente par distributeur automatique

L'offre du produit et l'acte de vente sont automatisés, soit au moyen d'un distributeur automatique traditionnel (cassettes vidéo, sandwiches frais, frites, plats préparés, photographies...), soit dans le cadre d'un magasin automatisé : mini-supérette automatisée qui distribue automatiquement 200 références sans aucune intervention humaine (voir page 190). Dans les deux cas, le consommateur dispose du produit (ou service) immédiatement en contrepartie du paiement (liquide ou carte bancaire).
Le secteur de la vente par distributeur automatique s'accroît de 8 à 10 % chaque année. De grands groupes comme Danone, Nestlé ou Fleury Michon proposent leurs produits dans des appareils à leurs couleurs.

B

Les différents canaux de distribution

Nous avons vu dans le chapitre précédent qu'un canal de distribution est une composante d'un circuit de distribution et qu'il représente une *catégorie d'intermédiaires de même nature participant à la distribution d'un produit.*
De manière plus concrète, on peut associer canal de distribution et « type de magasin ». Par exemple, l'hypermarché et le grand magasin constituent deux canaux de distribution différents.

1
Grand magasin

Historique	**1852 :** Création du premier grand magasin à l'enseigne « **Au Bon Marché** » {@}, par Boucicaut, **1856 :** Création du premier magasin « **Bazar de l'Hôtel de Ville** » (BHV) {@}, **1861 :** Création du premier magasin « **Les Nouvelles Galeries** » {@}, **1865 :** Création du premier magasin « **Le Printemps** » {@}, **1869 :** Création du premier magasin « **La Samaritaine** » {@}, **1899 :** Création du premier magasin « **Les Galeries Lafayette** » {@}
Principales enseignes, nombre, surface	Les principales enseignes sont : Les Galeries Lafayette (38), Les Nouvelles Galeries (33), Le Printemps (24), le BHV (7). Certaines unités parisiennes présentent des surfaces de vente très importantes (Galeries Lafayette, 50 000 m²; Samaritaine, 48 000 m²). La surface moyenne, toutes enseignes confondues, est d'environ 6 000 m².

Méthodes de vente	• Libre-choix, depuis leur création. • Vente traditionnelle de plus en plus, car les différents rayons sont désormais présentés comme de véritables espaces indépendants.
Implantation	• Historiquement, en centre ville (capitale et grandes villes seulement). • En centre commercial (années 1970). • Retour marqué vers le centre ville.
Assortiment	• Large et profond en milieu et haut de gamme. • Différents rayons : habillement, textile, hygiène-beauté, équipement de la maison, loisirs, culture (l'alimentation prend une part de moins en moins importante). • Services : restauration, coiffure, voyages...
Marge	Importante : la marge brute en % par rapport au CA HT (tous produits confondus) tourne en moyenne autour de 42 %.
Aménagement	Luxueux, voire très luxueux, très valorisant pour les produits.
Évolution	Crise grave autour des années 1980, due à la concurrence des grandes surfaces et à l'incapacité à se renouveler. Retour progressif à la rentabilité dans les années 1990, accompagné par la fermeture de nombreux magasins en 20 ans. Spécialisation des enseignes : mode et luxe (Galeries Lafayette et Le Printemps), bricolage (BHV). Développement d'un grand nombre de services : par exemple, les Galeries Lafayette à Paris proposent à leurs clients une livraison gratuite dans un rayon de 60 km autour de la capitale, des massages (assis) gratuits, un cireur de chaussures, un salon de coiffure, des conseillères-mode... Les Galeries Lafayette ont également mis en place un site web avec mannequin virtuel adaptable à ses propres mensurations pour essayer à distance des vêtements...

2 Magasin populaire

Historique	**1879 :** F.W. **Woolworth** (USA), employé dans un magasin, prend l'initiative de vendre, pêle-mêle, un stock d'articles « tout à 5 cents », **1882 : Woolworth** ouvre son premier magasin, en gardant l'idée de vendre tous les produits au même prix, **1912 :** 596 unités **Woolworth** aux USA, **1929 :** Création du premier magasin **« Uniprix »**, **1931 :** Création du premier magasin **« Prisunic »**, **1932 :** Création du premier magasin **« Monoprix »** {@}.

Principales enseignes, nombre, surface	En 1997, le groupe Galeries Lafayette (enseignes Galeries Lafayette, BHV, Nouvelles Galeries, Monoprix, Laser) a repris les magasins Prisunic au groupe Pinault - Printemps - Redoute. Fin 2001, tous les magasins Prisunic ont changé d'enseigne au profit de Monoprix. Au 1er janvier 2003, on dénombrait 251 magasins à l'enseigne Monoprix. En mai 2000, la prise de participation (48,70 %) de Casino dans Monoprix a permis à certains Monoprix de prendre l'enseigne Leader Price (*hard discount*).
Méthodes de vente	• Libre-choix, depuis leur création. • Libre-service dans le rayon alimentation. • Le libre-service tend à s'étendre progressivement à tous les rayons des magasins populaires.
Implantation	• En centre-ville depuis leur création. • Dans les grandes villes, des unités ont été créées dans les quartiers très commerçants.
Assortiment	• Moins important que celui des grands magasins, il est situé en milieu et bas de gamme (sauf en alimentaire, pour lequel l'assortiment est large). • Différents rayons : alimentaire, bazar, fantaisie, habillement.
Marge	Faible : la marge brute en % par rapport au CA HT (tous produits confondus) est légèrement inférieure à 30 %.
Aménagement	Simple, fonctionnel (réduction des frais généraux).
Évolution	Plus de 500 fermetures ou transformations depuis 1973. Le mouvement des fermetures s'est intensifié à partir de la fin des années 1980. Pour rééquilibrer les résultats, les enseignes ont développé leur rayon alimentaire (en libre-service). Une politique de marques propres a été mise en place pour fidéliser la clientèle (Monoprix Gourmet, Monoprix Bio, Derby, Bout'Chou, Autre Ton...). Les changements d'enseigne en cours vont modifier profondément le paysage des magasins populaires. Une seule enseigne importante (Monoprix) va perpétuer cette tradition de magasins à prix relativement bas issue en France de la crise de 1929.

3
Surfaces de vente en libre-service

a. Hypermarché

Magasin de vente au détail d'une superficie supérieure à 2 500 m², distribuant des produits alimentaires et non alimentaires, en libre-service. L'IFLS (Institut Français du Libre-Service) propose depuis quelques années une nouvelle classification faisant apparaître une nouvelle formule de distribution appelée TGS (Très Grand Supermarché), pour les surfaces de vente comprises entre 2 500 m² et 5 000 m². Avec cette classification, les hypermarchés débutent à plus de 5 000 m².

b. Supermarché

Magasin de vente au détail d'une superficie comprise entre 400 m² et 2 500 m², distribuant des produits alimentaires et non alimentaires, en libre-service.

c. *Hard discount* (maxi-discompte)

Formule de distribution en libre-service pratiquant des prix très bas et présentant les principales caractéristiques suivantes :
- un assortiment réduit (environ 1 200 références, contre 6 000 à 7 000 pour un supermarché classique),
- un aménagement de la surface de vente très rudimentaire,
- une présentation des produits dans leur emballage tertiaire (voir page 136),
- un nombre d'employés très réduit,
- des marques de distributeur omniprésentes (mais les grandes marques de producteur sont désormais bien présentes, de manière transparente, comme Coca-Cola, Nestlé, Findus, ou bien cachée, comme William-Saurin, Lactalis ou Aoste),
- les prix les plus bas du marché (environ 40 % moins élevés qu'en supermarché classique).

Apparu en France en 1988, ce concept de « supermarché à très bas prix » existait en Allemagne depuis de nombreuses années (enseigne Lidl et Aldi). Sa part de marché en valeur (produits de grande consommation et frais libre-service) représente désormais en France près de 10 % (source LSA).

d. Supérette

Point de vente de proximité, en libre-service, d'une surface de vente comprise entre 120 et 400 m², présentant un assortiment restreint essentiellement ali-

Tableau comparatif des principales caractéristiques
des hypermarchés, supermarchés et hard discount (en France)

	Hypermarché	Supermarché	Hard discount
Surface (S)	S > 2 500 m²	400 m² < S < 2 500 m²	Pas de classification, mais généralement < 1 000 m²
Méthode de vente	Libre-service	Libre-service	Libre-service
Nombre en France	1 370 magasins	5 575 magasins	3 740 magasins
Surface moyenne	5 771 m²	1 231 m²	653 m²
Nombre moyen d'employés	201	29	9
Nombre moyen de caisses	27	7	5
Nombre moyen de places de parking	951	144	104
Trois premières enseignes en France (entre paranthèses le nombre de magasins)	• Leclerc {@} (447) • Carrefour {@} (221) • Auchan {@} (122)	• Intermarché {@} (1 269) • Champion {@} (907) • Super U {@} (519)	• Lidl {@} (1263) • Ed {@} (820) • Aldi {@} (688)

(Source Panorama – Trade Dimensions LSA Chiffres à jour au 1er janvier 2006)

mentaire, implanté en centre ville (ou dans les villages, quand l'épicerie traditionnelle a fait place à un point de vente en libre-service arborant une enseigne du commerce associé – voir plus loin dans ce chapitre les différentes formes de commerce). On en comptait 3 620 en France au 1er septembre 2004 (source Panorama - Trade Dimensions).

EXEMPLES D'ENSEIGNES DE SUPÉRETTES :

Shopi, 8 à huit (groupe Carrefour), Petit Casino, Spar (Groupe Casino {@}), CocciMarket (groupe Francap Distribution {@})…

e. Bazarette *(convenience store)*

C'est un point de vente en libre-service d'une surface de vente inférieure à 120 m² présentant un assortiment varié mais très peu profond.

EXEMPLE :

boutique d'une station-service.

f. Magasin automatisé

D'une surface de 20 à 40 m², le magasin robot offre aux consommateurs un assortiment de quelques centaines de références, majoritairement en alimentaire. Ouvert 24 heures sur 24, ce type point de vente réalise la majeure partie de son chiffre d'affaires quand les magasins plus traditionnels sont fermés. Avantage intéressant : sa petite surface est bien en dessous du seuil fatidique des 300 m², au-delà desquels toute ouverture est soumise à l'approbation des CDEC (Commission départementale d'équipement commercial) (loi Raffarin, voir page 199).
En France, le concept de magasin automatisé a été expérimenté par Casino à la fin des années quatre-vingt dix, sous l'enseigne « Petit Casino 24 ». Implanté en ville, il présente aux consommateurs une façade de quelques mètres de longueur, comme un petit magasin de proximité. Mais c'est en fait un gros distributeur automatique de 20 m² environ, équipé d'un bras articulé permettant de saisir automatiquement les articles sélectionnés par le consommateur (200 références environ, produits alimentaires et petits articles de bazar).
D'autres groupes de distribution ont en projet l'ouverture de tels points de vente.

4
Grande surface spécialisée (GSS)

Une grande surface spécialisée est un point de vente en libre-service ou en libre-choix, d'une surface relativement importante (jusqu'à 20 000 m² pour certains magasins de meubles ou de bricolage), spécialisé dans un domaine particulier (habillement, bricolage, jardinerie, jouets, articles de sport...).
Apparus dans les années soixante-dix, les GSS se sont développées massivement dans les années quatre-vingt autour des hypermarchés, l'ensemble constituant de vastes zones commerciales en périphérie des villes.

Type de GSS	Nombre total de points de vente	Surface de vente moyenne	Nombre moyen d'employés	Nombre moyen de caisses	Exemples d'enseignes
Bricolage (Surface > ou = à 300 m²)	3 054	2 196	21	3	Bricomarché, Monsieur Bricolage, Weldom
Electrodomestique (Surface > ou = à 300 m²)	1 450	1 555	22	2	But, Darty, Conforama

Type de GSS	Nombre total de points de vente	Surface de vente moyenne	Nombre moyen d'employés	Nombre moyen de caisses	Exemples d'enseignes
Jardineries	1 218	3 092	12	3	Gamm Vert, Jardiland, L'espace enchanté Vilmorin
LISA (Libre-service agricole)	1 882	551	4	1	Magasin vert, Truffaut, Delbard
Textile (Surface > ou = à 300 m²)	2 213	1 021	13	3	La Halles aux vêtements Gemo Vêtimarché
Sport (Surface > ou = à 100 m²)	2 392	708	12	2	Décathlon, Intersport, Go Sport
Culture – Loisirs (Surface > ou = à 100 m²)	326	1 297	38	6	Fnac, L'espace culturel, Virgin Megastore
Jouet (Surface > ou = à 100 m²)	874	617	6	2	JouéClub, La Grande Récré, Toys'R'Us

5 Magasin d'usine

C'est une surface de vente placée à l'origine près d'une usine (comme à Troyes, capitale de la bonneterie), présentant aux consommateurs des articles de marque (surstocks de l'année précédente, fins de série) à des prix inférieurs de 30 % et plus par rapport à la distribution traditionnelle.

Le concept a évolué ces dernières années avec l'arrivée sur le marché de trois groupes importants :

- Concepts & Distribution, qui gère deux enseignes : « Marques Avenue » et « Quai des marques »,
- *McArthurGlen* {@} (groupe américain), qui possède l'enseigne « Boutiques de fabricants »,
- *Value Retail* {@} (groupe américain).

À l'inverse des premiers magasins d'usine, ces nouveaux points de vente commercialisent des produits de différents fabricants. Ils se rapprochent de l'idée de tourisme commercial : l'aménagement peut prendre la forme d'une rue regroupant différentes boutiques commercialisant chacune une marque différente, comme le centre « La Vallée » (géré par *Value Retail*), près de Disneyland Paris. Une dizaine de centres de ce type ont été ouverts entre 2000 et 2002.

6
Club-entrepôt

Formule de distribution typiquement américaine présentant, sur une surface de vente d'environ 10 000 m², des produits en libre-service à une clientèle de professionnels et de particuliers. L'assortiment est large, mais peu profond. Les produits sont pour la majorité présentés dans des emballages importants. Les prix sont très bas. Le marché français reste pour l'instant insensible à ce type de magasin.

EXEMPLE :

enseigne Price-Costco (USA).

Il ne faut pas confondre le club-entrepôt avec le *cash and carry* qui est une surface de vente relativement similaire mais *exclusivement réservée aux professionnels* (voir la partie « La fonction de gros » page 170).

7
Entreprises de vente à distance

Elles constituent une part faible mais croissante de la distribution des biens de consommation courante. Ce canal de distribution « dématérialisé » par rapport aux précédents regroupe les entreprises de vente par correspondance, les organismes de télé-achat ou l'e-marketing (ou e-commerce).

Les entreprises qui utilisent internet comme canal de distribution à part entière peuvent être scindées en deux grandes parties :

- les structures créées spécialement pour utiliser ce nouveau mode de distribution,
- les structures commerciales traditionnelles (grande distribution, grands magasins...) qui se sont diversifiées en créant une organisation spécifique dédiée à la vente par internet.

L'e-commerce permet à ces structures de profiter des avantages liés à l'utilisation de l'outil internet : plus grande réactivité face à l'offre et la demande, organisation logistique plus efficace, possibilité de pratiquer un véritable marketing relationnel avec ses clients.

C

Les différentes formes de commerce

Les circuits de distribution peuvent être organisés de différentes manières en fonction des liens existant entre les intervenants.

1 Le commerce indépendant

Un commerce indépendant est géré par un commerçant libre de tout contrat envers ses fournisseurs ou envers d'autres commerçants exerçant une activité identique.

Autrefois, sa boutique s'intitulait « Épicerie » ou « Quincaillerie », parfois suivi de son nom de famille ou du prénom de son épouse... Les pharmacies, les cafés... sont encore le plus souvent des commerces indépendants.

Les problèmes de survie du commerce indépendant sont de plus en plus ardus face au commerce associé ou intégré.

Ses atouts réels demeurent et reprennent de l'importance aux yeux de certains consommateurs : services, conseils, spécialisation, compétence...

2 Le commerce associé

C'est le regroupement d'intermédiaires du commerce. Dans tous les cas de commerce associé, les entreprises associées conservent leur autonomie juridique. C'est une forme de commerce en pleine expansion. Elle regroupait au 1er janvier 2006 environ 36 200 points de vente en France, pour un chiffre d'affaires de plus de 100 milliards d'euros, représentant plus de 25 % du commerce de détail (source : Fédération du commerce associé. On en distingue plusieurs formes :

a. Les associations horizontales

Les groupements d'achat de grossistes	• Face aux centrales d'achat du commerce intégré, certains grossistes indépendants se regroupent et créent leur propre centrale : – pour mettre en commun leurs systèmes de gestion, – pour être plus forts face aux producteurs et obtenir de meilleures conditions d'achat. • Leur structure juridique est souvent le GIE (Groupement d'Intérêt Économique). *EXEMPLE :* DIFRAJO (jouets)

Les groupements d'achat de détaillants	• Ce sont des détaillants (seuls) qui, pour lutter contre le commerce intégré et les autres formes de commerce associé, se regroupent pour : – former leur propre centrale d'achat et assurer ainsi leur propre approvisionnement à un coût plus intéressant, – créer une enseigne commune, – coordonner leurs actions de communication. • Leur structure juridique est le plus souvent la coopérative, ce qui implique une participation active des coopérateurs (détaillants) tant aux votes pendant les assemblées générales qu'à la vie de la coopérative. *EXEMPLES :* Intersport La Hutte, Gitem, La Guilde des lunetiers (Krys), Mamanbébé. • Cette structure existe également dans la grande distribution avec Système U, et surtout Leclerc et Intermarché.

b. Les associations verticales

Les chaînes volontaires	C'est le regroupement de grossistes et de détaillants (à l'initiative d'un grossiste) : – pour gérer une enseigne commune, – pour être plus forts face aux producteurs (achats coordonnés), – pour mettre en place une politique commune de communication.
La franchise	• Une entreprise, le franchiseur, concède à une autre, le franchisé, l'exploitation d'une marque et lui apporte une assistance (gestion, communication...) en contrepartie d'un droit d'entrée (non récupérable) et d'une redevance (royalties) proportionnelle au chiffre d'affaires réalisé. • Les avantages pour le franchisé sont certains : bénéficier d'une enseigne connue, d'une publicité souvent nationale, d'une formation, être propriétaire du fonds de commerce... *EXEMPLES :* – franchise industrielle : Coca-Cola, – franchise de distribution : Phildar, Pro et Cie, Gamm vert..., – franchise de services : Mc Donald's, Cinq à sec, Dekra... • Mais toutes les franchises ne sont pas sûres (certains franchiseurs ne suivent pas la règle des 3/2 : gérer trois magasins pilotes pendant 2 ans) et entraînent les franchisés dans leur chute. *EXEMPLES :* – « Plein pot » en 1987, – « La sweaterie » en 1988, – « Un bruit qui court » en 1990. • Au 1er janvier 2007, on recensait 1037 franchiseurs et plus de 43 680 franchisés ; le C.A. de la franchise était évalué à 34 milliards d'€ (source Fédération française de la franchise).

3
LE COMMERCE INTÉGRÉ (OU CONCENTRÉ)

Il s'agit d'entreprises uniques (souvent très importantes) assurant (intégrant) à la fois la fonction de gros (centrale d'achat) et la fonction de détail (points de vente).
On retrouve sous cette forme des formules de distribution très diverses :

Les grandes entreprises de grandes surfaces (GEGS)	Sociétés d'envergure nationale et souvent internationale qui exploitent des hypermarchés, des supermarchés et/ou des supérettes. EXEMPLE : – le groupe Carrefour : il regroupe des hypermarchés aux enseignes Carrefour, Champion, et « Hyper Champion », des supermarchés aux enseignes Champion, Shopi et Comod, et de nombreuses supérettes aux enseignes 8 à huit, Codec...
Les groupes de grands magasins et de magasins populaires	Sociétés exploitant des grands magasins et des magasins populaires. EXEMPLE : – Galeries Lafayette (enseignes Galeries Lafayette, BHV, Monoprix).
Les groupes de Maisons à succursales (MAS)	Ce sont des entreprises qui possèdent des surfaces de vente confiées à des gérants succursalistes. EXEMPLES : – dans l'alimentaire : Casino (enseigne « Petit Casino »), – dans le non-alimentaire : Fnac, Conforama.
Les groupes de grandes surfaces spécialisées (GSS)	Plusieurs groupes (qui pour certains ont déjà été classés ci-dessus soit dans les groupements d'achat de détaillants, soit dans les GEGS) exploitent différentes enseignes de grandes surfaces spécialisées. EXEMPLES : – groupe Auchan (Boulanger, Leroy-Merlin, Décathlon), – groupe Intermarché (Bricomarché, Vêtimarché), – groupe André (Halle aux chaussures, Halle aux vêtements, Halle à la maison, Entrepôt du sport), – groupe Leclerc (L'auto, Bâti-Leclerc).
Les coopératives de consommateurs	Proches des MAS, elles regroupent des coopérateurs réunis autour de l'idée de défense des consommateurs. Le mouvement coopératif est actuellement en restructuration. EXEMPLES : – coopératives ouvertes à tout le monde (adhérents et non adhérents) : les COOP (Coopérateurs d'Alsace, Coopérateurs de Champagne...), – coopératives ouvertes aux seuls adhérents : CAMIF (réservée principalement aux personnels de l'Éducation nationale).

Quelques sites internet

SIGLE, nom de l'organisme, *activité*	**Adresse des sites**
• AC Franchise	ac-franchise.com
• Aldi *Hard discount*	aldi.com
• Auchan *Site institutionnel*	auchan.com
Site commercial	auchan.fr
Cybermarché	auchandirect.fr
• BHV Bazar de l'hôtel de ville	bhv.fr
• Carrefour *Site institutionnel*	carrefour.com
Site commercial	carrefour.fr
Achat en ligne de produits multimédia	boostore.com
• Casino *Site institutionnel*	groupe-casino.fr
Site commercial supermarchés	supercasino.fr
Cybermarché	c-mescourses.fr
• Champion *Enseigne du Groupe Carrefour*	champion.fr
• CIDEF Centre d'Information des Franchisés	lecidef.com
• CNCC Conseil National des Centres Commerciaux	cncc.com
• Cora *Groupe de distribution*	cora.fr
Cybermarché	houra.fr
• Distrib *Portail de la grande distribution*	distrib.tm.fr
• D.U.C. Distribution et Urbanisme Commercial	distriduc.com
• E-commerce *Le site du e-commerce*	ecommercemag.fr
• e-marketing *Portail marketing* – Revues « Marketing Magazine » et « Marketing Direct »	emarketing.fr
• Faire Savoir Faire *Le mensuel de la filière des produits de grande consommation*	fairesavoirfaire.com
• FCA Fédération du Commerce Associé	fca-commerce-associe.fr
• FCD Fédération des entreprises du commerce et de la distribution	fcd.asso.fr
• FEVAD Fédération des Entreprises de Vente à Distance	fevad.com
• FFF Fédération Française de la Franchise	franchise-fff.com
• Francap Distribution *Distribution*	francap.com
• Franchise Magazine *Revue*	franchise-magazine.com
• FVD Fédération de la Vente Directe	fvd.fr
• IFLS Institut Français du Libre Service	ifls.net
• Intermarché *Groupe de distribution*	intermarche.fr
Cybermarché	expressmarche.com
• Kmart *Groupe de distribution*	kmart.com
• La Redoute *Enseigne de VPC*	laredoute.fr
• La Samaritaine *Grand magasin*	lasamaritaine.com
• Le Bon marché *Grand magasin*	lebonmarche.fr
• Le Printemps *Grand magasin*	printemps.com
• Leader Price *Hard discount*	leader-price-int.com
• Leclerc *Groupe de distribution*	e-leclerc.com
• Les 3 Suisses *Enseigne de VPC*	3suisses.fr
• Les enseignes du commerce associé *Fédération des coopératives de commerçants*	les-enseignes-du-commerce-associe.org

SIGLE, nom de l'organisme, *activité*	**Adresse des sites**
• Les Galeries Lafayette *Grand magasin*	galerieslafayette.com
• Lidl *Hard discount*	lidl.fr
• Linéaires *Revue*	lineaires.com
• L'officiel de la franchise *Revue*	officieldelafranchise.fr
• LSA *Revue Libre-Service Actualités*	lsa.fr
• McArthurGlen *Magasins d'usine*	mcarthurglen.com
• Monoprix *Magasins populaires*	monoprix.fr
• Observatoire de la franchise *Informations sur la franchise*	observatoiredelafranchise.fr
• Pme-commerce-artisanat *Secrétariat d'État chargé des petites et moyennes entreprises, du commerce, de l'artisanat et de la consommation*	pme-commerce-artisanat.gouv.fr
• Points de vente *Revue*	pointsdevente.fr
• Quai des marques *Magasins d'usine*	quaidesmarques.com
• SBS Organisation *Informations sur la franchise*	sbs-organisation.com
• Système U	magasins-u.com
• Value Retail *Magasins d'usine*	valueretail.com
• Villes en France *Portail sur le phénomène urbain, son évolution, son économie – Dossier sur la franchise*	villes-en-France.org
• Wal-Mart *Groupe de distribution américain*	walmartstores.com

CHAPITRE 3

Les mutations de la grande distribution

La fin du XXe siècle a été marquée par de nombreux changements dans la grande distribution, et ceci dans différents domaines. Ces modifications portent soit sur des nouveautés (à propos de législation, de formule de distribution ou bien de technologie), soit sur des changements de stratégie (concentrations, développement des marques de distributeurs).

A Modifications de la législation

La loi Royer, qui définissait le cadre économique et social de l'exercice de toute activité artisanale et commerciale depuis 1973, a été rénovée en 1996. Le leitmotiv du gouvernement Juppé a été la lutte contre l'hégémonie des grandes surfaces. Ainsi, Jean-Pierre Raffarin (ministre du Commerce) et Yves Galland (ministre délégué aux Finances, en charge de la concurrence et des relations commerciales) ont chacun déposé une loi pour réglementer les relations entre producteurs et distributeurs, d'une part, et l'urbanisme commercial, d'autre part.

1
La loi Raffarin

Elle concerne l'urbanisme commercial. Les demandes d'autorisation concernent désormais principalement :

- toute ouverture de grande surface de plus de 300 m² (contre 1 000 m² auparavant). Cette mesure élargit ainsi aux petits supermarchés (et donc aux *hard-discounters*) les demandes d'autorisation,
- toute extension de magasin d'une surface initiale de plus de 300 m²,
- tout changement d'activité pour les magasins d'une surface de 300 m² pour l'alimentaire et de 2 000 m² pour le non-alimentaire.

La composition des CDEC (Commissions départementales d'équipement commercial) est modifiée : elle passe de 7 à 6 membres nommés pour 6 ans (le Maire de la commune d'implantation, le Maire de la commune la plus peuplée de l'arrondissement, le Président de la Communauté urbaine ou bien le Conseiller général du canton, le Président de la CCI, le Président de la Chambre des Métiers et un responsable d'association de consommateurs).

Toute demande d'autorisation doit faire l'objet :

- d'une étude d'impact,
- d'une enquête publique (pour les magasins de plus de 6 000 m² seulement),
- d'un dossier.

2
La loi Galland

Elle a pris effet le 1er janvier 1997 et précise les nouvelles règles de facturation, de revente à perte et de délais de paiement concernant les relations industriels-distributeurs.

Ainsi, la facture ne doit plus comporter que les rabais chiffrés et acquis au moment de la vente. Autrement dit, il n'est plus possible d'intégrer les remises « inconditionnelles » (acquises *a posteriori* au titre de la coopération commerciale...) dans le calcul du seuil de revente à perte (SRP). Les prix d'achat des produits sont plus clairs, et le calcul du seuil de revente à perte plus aisé. Cette mesure a obligé les distributeurs à relever de quelques % le prix des produits les plus concurrencés.

Avec cette loi, le vœu du gouvernement a été de protéger le petit commerce des grandes surfaces qui pratiquaient parfois des prix illicites en contournant l'ancienne loi sur la revente à perte.

La vente à perte reste licite lorsqu'un commerçant s'aligne sur les prix d'un concurrent situé dans la même zone de chalandise. Mais ceci n'est désormais possible que pour les commerçants possédant des points de vente de moins de 300 m².

Les sanctions concernant les cas de revente à perte sont portées à 76 224 € (au lieu de 15 245 € auparavant). De plus, les chantages au déréférencement et les ruptures abusives de contrats pratiqués par les grandes surfaces sont désormais punis.

Décomposition du prix de vente consommateur en grande distribution

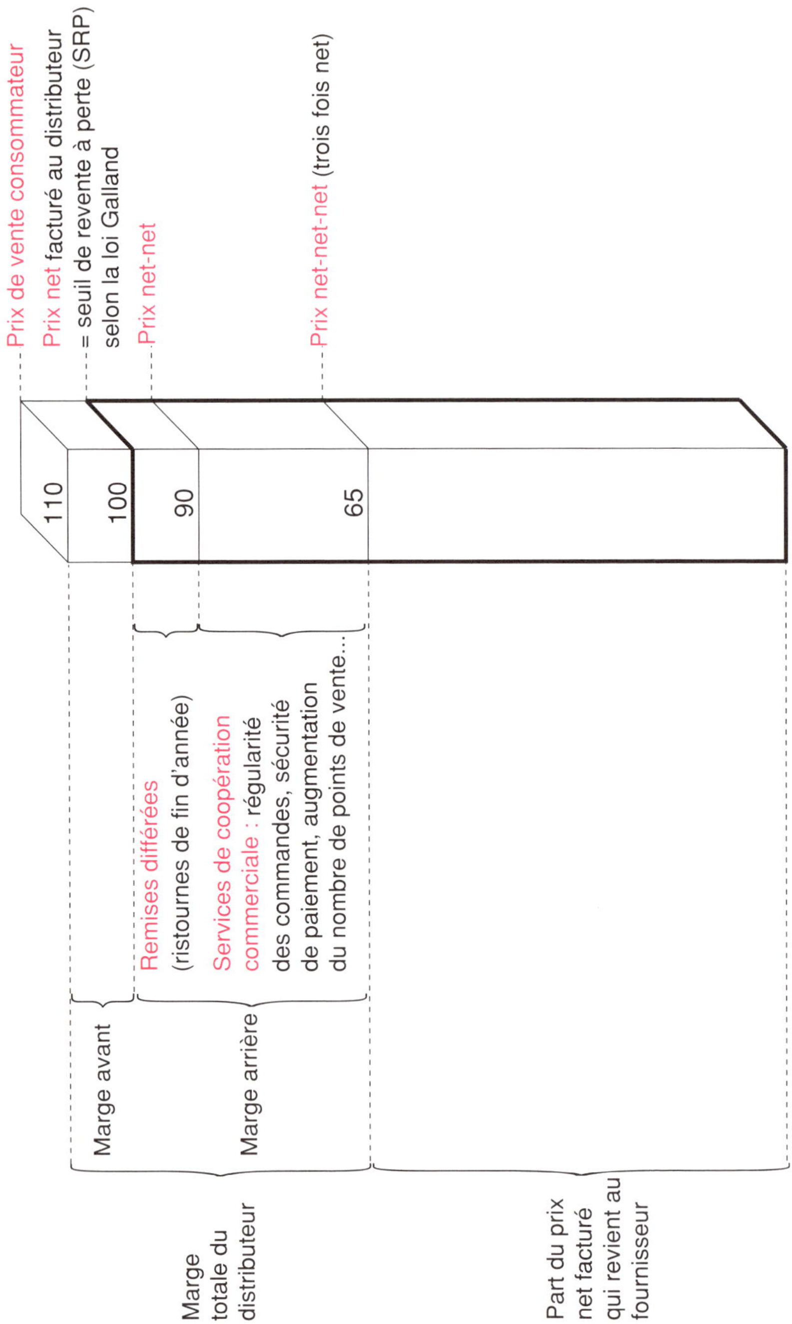

3 La loi NRE (relative aux Nouvelles Régulations Économiques)

Cette loi du 15 mai 2001 aborde les domaines des régulations financières, de la concurrence et de l'entreprise. S'agissant de la concurrence, et plus particulièrement de pratiques commerciales, plusieurs points sont abordés (d'après LSA) :

- interdiction d'obtenir des fournisseurs des prix, des délais de paiement, des conditions de vente ou d'achat discriminatoires et non justifiées par des contreparties réelles, des avantages disproportionnés par rapport au service rendu, *a fortiori* sous la menace d'un déréférencement,
- création de la CEPC (Commission d'examen des pratiques commerciales) qui doit étudier les documents commerciaux, factures et contrats, afin de formuler des avis,
- pour les coopératives de commerçants, autorisation de pratiquer des prix communs lors d'opérations commerciales, d'élaborer des méthodes d'achat communes, des assortiments...,
- réduction des délais de paiement à 30 jours, sauf dispositions contraires entre les parties (avec pénalités de retard s'ils sont dépassés).

4 La loi Dutreil

En redéfinissant le seuil de la vente à perte, la loi Galland a conduit à une lente dérive des pratiques : augmentation des marges arrières de la part des distributeurs, qui a entraîné une augmentation des prix des fournisseurs pour financer ces coûts supplémentaires, puis la répercussion de ces hausses de prix par les distributeurs pour éviter de revendre à perte...

La loi Dutreil du 2 août 2005, entrée en vigueur au 1er janvier 2006, est venue corriger les effets négatifs de la loi Galland, en conservant le principe des marges arrières et l'interdiction de revente à perte. L'objectif était d'intégrer progressivement les marges arrières dans le seuil de revente à perte (SRP), en plusieurs phases, jusqu'à l'abaissement probable du SRP au niveau du 3 fois net (net-net-net, voir schéma ci-dessus) :

- au 1er janvier 2006, le SRP a intégré la partie des marges arrières qui dépassait 20 % du net,
- depuis le 1er janvier 2007, le SRP intègre la partie des marges arrières qui dépasse 15 % du net,
- un rapport d'étape, prévu pour la fin 2007, évaluera l'opportunité de baisser à 10 % puis à 0 % ce seuil.

B Mouvements de concentration

Le paysage de la grande distribution est en train de se modifier très rapidement. Les mouvements de concentration et de rapprochement s'amplifient. Ils permettent aux nouveaux groupes ainsi formés d'augmenter leur parc de points de vente et donc leur puissance d'achat. C'est une des conséquences du durcissement de la législation concernant l'ouverture des grandes surfaces sur le territoire français.

Années	Événements
1991	• Reprise d'Euromarché par Carrefour
1992	• Reprise de Rallye par Casino
1996	• Reprise des Docks de France par Auchan • Carrefour entre à hauteur de 42 % dans le capital de Cora
1997	• Reprise de Franprix et de Leader Price par Casino
1998	• Reprise des Comptoirs Modernes par Carrefour
1999	• Casino et Cora (rejoints plus tard par Monoprix) créent Opéra, une centrale d'achat commune • Leclerc et Système U créent Lucie, une centrale d'achat commune
2000	• Fusion Carrefour – Promodès : le groupe ainsi constitué prend le nom de Carrefour • Casino entre à hauteur de 50 % dans le capital de Monoprix (Monoprix et Prisunic) et de 15 % dans celui de Telemarket (supermarché en ligne des Galeries Lafayette)
2001	• Casino rachète les 42 % de Carrefour dans Cora • Le groupe Galeries Lafayette reprend les magasins français de Marks and Spencer
2002	• Rupture de l'accord entre Cora et Casino qui avait permis de créer la centrale commune Opéra, qui est dissoute en septembre 2002

Face à ces regroupements, le commerce indépendant réagit : l'enseigne « L'épicerie service » a été créée par la Fédération nationale de l'épicerie pour essayer d'enrayer le déclin des petites épiceries indépendantes. Cette enseigne va leur permettre de mieux lutter contre la grande distribution, sans leur ôter leur indépendance.

C

Internationalisation

La stratégie de croissance des groupes français de grande distribution passe désormais par l'internationalisation. La loi Raffarin en est la raison principale, ainsi que la relative saturation de l'équipement commercial français. Depuis une dizaine d'années, différentes enseignes investissent ainsi à l'étranger. Après de nombreuses déconvenues aux États-Unis (Carrefour, Euromarché, Leclerc...), les cibles se sont élargies à l'Europe, l'Amérique latine et les pays d'Asie du sud-est.

Groupes	Localisation (nombre de points de vente)
Carrefour	Belgique (561), Portugal (437), Espagne (3042), Italie (1553), Grèce (790), Suisse (12), Pologne (125), Roumanie (7), Turquie (539), Taïwan (47), Chine (345), Thaïlande (24), Malaisie (10), Indonésie (29), Singapour (2), Brésil (401), Argentine (522), Colombie (31) (source Carrefour, données 2006)
Auchan	Espagne (172), Portugal (18), Italie (312), Pologne (31), Luxembourg (1), Hongrie (10), Chine (91), Russie (21), Maroc (36), Taïwan (19) (source Auchan, données 2006)
Leclerc	Italie (26), Pologne (18), Portugal (15), Espagne (7), Slovénie (1) (Source Leclerc, données 2006)

D

Diminution de la part de marché du *hard discount* en France

Apparu en France en 1988, ce nouveau concept de supermarché s'est surtout développé à partir de 1990 (voir le chapitre « Les différentes formes de commercialisation »). Avec 3740 points de vente au 1er janvier 2006, cette formule de distribution s'est multipliée très rapidement.

L'apparition du *hard discount* a eu pour effet le développement des marques « premier prix » dans les hypermarchés et supermarchés traditionnels, ces derniers étant concurrencés directement par le *hard discount* au niveau de leurs produits vendus à bas prix.

Après quelques années de croissance expansive, le paysage du *hard discount* est en train de se modifier. De nombreuses enseignes avaient été créées par les groupes français de grande distribution pour lutter contre les groupes leaders allemands. Mais il s'avère que pour certains le retard était trop important. Le changement de législation a entraîné des cessions de magasins. Parallèlement, une légère baisse des parts de marché globales du hard discount en France, en 2006, vient confirmer la réaction des enseignes classiques d'hypers et de supermarchés (gammes premier prix, MDD économiques).

E

Développement des marques de distributeurs (MDD)

Les enseignes de la distribution possèdent des marques propres depuis fort longtemps. Les grands magasins et magasins populaires en sont la preuve (voir le chapitre « La marque »).

On assiste depuis quelques années à un développement des MDD dans la grande distribution. Toutes les enseignes possèdent leurs propres marques (même Leclerc qui a longtemps privilégié les marques de producteurs leaders).

Ces marques de distributeurs se développent désormais selon trois axes :

- les marques premier prix, sur des produits négociés assez souvent au niveau européen pour tirer les prix au maximum,
- les marques concurrentes des marques de producteurs (*me too products*), copies des grandes marques à un prix moins élevé,
- les marques plus haut de gamme (Casino avec « Casino Palmarès », Carrefour avec « Reflets de France » et « J'aime », Cora avec « Patrimoine gourmand », Leclerc avec « Nos régions ont du talent »). Ces marques propres à thème sont positionnées dans des niches relativement haut de gamme (produits du terroir, bio, produits santé...). Les gammes qu'elles recouvrent rassemblent de nombreux produits destinés à améliorer l'image de l'enseigne et fidéliser le consommateur. Leur rentabilité pour le distributeur est très importante.

F

Coopération entre producteurs et distributeurs

Après des années de relations très conflictuelles entre distributeurs et producteurs, des techniques ont été élaborées pour assainir leurs relations et essayer de travailler dans un esprit de collaboration. Le travail est considérable, et les résultats, côté distributeurs, dépendent beaucoup des enseignes. Certaines essayent de jouer le jeu, d'autres conservent des attitudes et des comportements assez vite conflictuels.

1 Le *trade marketing*

Les producteurs travaillant dans le domaine de la grande distribution vendent souvent leurs produits à de nombreuses enseignes possédant chacune une politique, un positionnement et des règles de fonctionnement qui leur sont propres. Apparu en France au tout début des années 1990, le *trade marketing* correspond, pour le producteur, à une politique prenant en compte les spécificités de chaque enseigne afin de pouvoir lui fournir : des produits, des marques, un assortiment adapté à son positionnement et à sa clientèle, un marchandisage correspondant à ses attentes, des opérations de promotion, des conseils personnalisés.
Le *trade marketing* représente l'intégration de la distribution (et de sa diversité) dans la stratégie marketing de l'entreprise. Il tend vers une relation non pas de rapport de force, mais de partenariat entre producteur et distributeur.
Au sein du marketing opérationnel, le *trade marketing* va se décliner dans les différents éléments du *mix* (plan de marchéage) : développement de produits nouveaux, fabrication pour les MDD, aide à la fixation du prix de vente consommateur, aide au *merchandising*, organisation d'opérations de promotion et de communication communes...
Les grands producteurs ont créé dans leur organigramme une structure *trade marketing* : chaque enseigne est suivie par une personne. On passe ainsi d'une logique produit à une logique client.
Parallèlement, producteurs et distributeurs ont créé une nouvelle fonction, les « *category managers* », qui ont chacun la responsabilité d'un groupe de produits (appelé univers). Ainsi, on ne raisonne plus en terme d'offre de produits mais de satisfaction des besoins du consommateur. Casino, pionnier dans le domaine, en possède déjà plus d'une vingtaine. Les producteurs comme Coca-Cola, Danone ou Procter et Gamble ont fait de même.
Ces modifications, tant chez le producteur que chez le distributeur, permettent une meilleure adéquation à la réalité des échanges : travailler en partenariat pour améliorer son chiffre d'affaires, sa rentabilité, et proposer au consommateur final des produits & un service d'une plus grande qualité.

2 L'ECR (*Efficient Consumer Response*, ou « Réponse efficace au consommateur ») (d'après Gencod EAN France {@})

L'ECR est né aux États-Unis à la fin des années 1980 à l'initiative du distributeur Wal-Mart et du producteur Procter & Gamble. Leur but était de développer un ensemble de techniques mais aussi une philosophie visant à créer de véritables relations de partenariat entre producteurs et distributeurs, *pour améliorer le service apporté au consommateur.*

Deux axes de réflexion principaux se dégagent :

– assurer un flux de marchandises sans rupture,
– fiabiliser et fluidifier les flux d'informations correspondants *via* l'EDI et les nouvelles technologies de l'information et de la communication (internet).

On peut regrouper les différents concepts de l'ECR en quatre familles :

• La gestion de la demande, que l'on peut associer au concept de *category management*. L'objectif du *category management* est de définir des catégories constituées de groupes de produits et de services perçus par le consommateur comme liés ou substituables. L'optimisation de l'activité promotionnelle et de l'introduction des nouveaux produits est l'un des grands axes de réflexion de la gestion de la demande.

• La gestion des approvisionnements, qui regroupe toutes les techniques d'organisation logistique visant à diminuer les stocks tout en préservant le taux de service (nombre de colis livrés rapporté au nombre de colis commandés) : calcul de commande assisté par ordinateur, *cross-docking* (fractionnement et regroupement de produits venant de plusieurs fournisseurs, sur une plate-forme), GPA (gestion partagée des approvisionnements – voir page 176)...

• Les technologies de support, qui décrivent les outils au service de l'optimisation de la chaîne d'approvisionnement : codes EAN 13 et 128, EDI (échange de données informatisé – voir page 177)...

• Les intégrateurs, qui reprennent les concepts développés dans les trois familles précédentes pour les intégrer dans des processus globaux : le CPFR (*Collaborative Planning, Forecasting and Replenishment* – voir page 176).

G Progrès technologiques

De l'EDI (échange de données informatisé) au *scanning* (lecture optique des code-barres) en passant par l'étiquetage électronique des produits sur les rayons, les progrès technologiques induisent peu à peu des modifications de comportement de la part des producteurs, des distributeurs et des consommateurs.

1
L'EDI (Échange de données informatisé)

L'EDI a été étudié dans le chapitre intitulé « L'organisation de la distribution ».

2
La lecture optique aux caisses (*scanning*)

En quelques années, la lecture optique s'est étendue à l'ensemble de la grande distribution. La totalité des hypermarchés, des supermarchés, et une grande majorité de surfaces plus restreintes sont désormais équipées.
Les avantages pour le distributeur sont les suivants :
- pas d'étiquetage individuel des produits,
- exploitation possible des données issues de la lecture optique (analyse fine de la participation de chaque produit aux résultats du magasin, proposition de coupons de réduction adaptés aux achats de chaque client, gestion des approvisionnements...).

Pour le consommateur, le principal avantage réside dans le gain de temps aux caisses (autour de 15 % en moyenne). Par contre, le principal inconvénient concerne la possibilité d'une différence entre le prix affiché sur le rayon et celui enregistré dans l'ordinateur central (et donc imprimé sur le ticket de caisse). Ce type d'erreur est quand même relativement rare, mais il a poussé les responsables de grandes surfaces à installer, dans les magasins, des lecteurs permettant aux consommateurs de vérifier la correspondance prix/produit entre ce qui est affiché en rayon et l'information présente dans l'ordinateur.
Des expériences de « *self scanning* » sont désormais réalisées dans quelques magasins en France (notamment chez Auchan) : au moyen d'un lecteur qu'il prend sur un support à son entrée dans le magasin, le consommateur effectue lui-même la lecture du code-barres des articles qu'il achète, avant de mettre les produits dans son chariot. À la fin de ses achats, le client remet le lecteur sur son support et obtient un ticket (code-barres) en contrepartie. Il se rend alors vers une caisse spécifique où il donne à la caissière le ticket. Elle lit le code-barres et imprime un ticket détaillé qu'elle remet au client. Des contrôles aléatoires sont effectués pour vérifier que les produits figurant sur ce ticket correspondent bien aux produits présents dans le chariot.

3
L'ÉTIQUETAGE ÉLECTRONIQUE DE GONDOLE (EEG)

Pour éviter les erreurs de prix entre ceux qui sont affichés en rayon et ceux entrés dans l'ordinateur central, il existe la possibilité d'installer un étiquetage électronique sur les rayons de chaque gondole. Reliées par radiofréquences ou par infrarouge à l'ordinateur central, les étiquettes électroniques (LCD) affichent le même prix que celui qui sera payé par le consommateur à la caisse.
Ce système possède d'autres avantages :
- les chefs de rayon n'ont plus à disposer de petites étiquettes en papier sur les rayonnages (gain de temps),
- les prix sont toujours indiqués en rayon (alors que les étiquettes en papier sont parfois absentes...),
- le double affichage euros/francs est très simple à mettre en place,
- les prix sont changés en temps réel (la gestion des opérations promotionnelles est ainsi grandement facilitée),
- les informations de gestion réservées au personnel peuvent être très nombreuses (jusqu'à 20 pages d'affichage).

L'inconvénient majeur reste le prix : il faut compter environ 9 € par étiquette (les prix baissent régulièrement).

H
Élargissement de l'activité de la grande distribution

Les hypermarchés proposent une gamme de produits et services de plus en plus large. Tout a commencé avec la vente de carburant, au début des années 1960. Puis, au début des années 1980, les principaux groupes de distribution se sont lancés dans la banque-assurance.
Leclerc (suivi par ses concurrents) s'est alors mis à vendre des bijoux (1986), des voyages (1988) puis de la parapharmacie (1989).
Ensuite, sont arrivées dans les différentes enseignes la micro-informatique et les fleurs. Les dernières nouveautés concernent les cartes téléphoniques (communications à prix réduit) chez Auchan et Géant (Casino), la parfumerie chez Leclerc, la billetterie de spectacles chez Carrefour et Auchan, et les automobiles chez Géant.
Cet élargissement de l'offre répond à une demande des consommateurs de pouvoir effectuer tous leurs achats sous le même toit. Pour l'enseigne, ces nouveaux secteurs sont souvent synonymes de marges confortables, et ils permettent une augmentation substantielle du chiffre d'affaires. De plus, ils favorisent une plus grande fidélisation de la clientèle.

Quelques sites internet

SIGLE, nom de l'organisme, *activité*	**Adresse des sites**
• DGCCRF Direction Générale de la Concurrence, de la Consommation et de la Répression des Fraudes	minefi.gouv.fr/DGCCRF
• ECR Europe Efficient Consumer Response	ecrnet.org
• Edifrance *Association pour le développement des échanges électroniques professionnels*	edifrance.org
• EEMA European Electronic Messaging Association	eema.org
• GS1 France	gs1.fr
• UN/EDIFACT United Nations directories for Electronic Data Interchange For Administration, Commerce and Transport	unece.org/trade/untdid/welcome.htm
• VICS Voluntary Interindustry Commerce Standards	vics.org

CHAPITRE 4

Les stratégies de distribution

Une entreprise désirant distribuer ses produits sur un marché, en utilisant des intermédiaires de la distribution, a le choix entre plusieurs stratégies.

A La distribution intensive

Cette stratégie consiste à *distribuer un produit dans le plus grand nombre de points de vente possible*. Elle convient aux produits de grande consommation, souvent en parallèle avec une communication elle aussi intensive.
Le principal avantage de cette stratégie est qu'elle permet de générer un chiffre d'affaires important et de faire connaître le produit assez rapidement.
Par contre, elle entraîne des coûts de distribution également importants, ainsi que la difficulté de bâtir une image de marque cohérente (puisqu'on peut trouver le produit partout).

B

La distribution sélective

Elle est utilisée quand *un fournisseur approvisionne seulement quelques commerçants, qu'il doit choisir en fonction de critères qualitatifs* (taille, compétence, services offerts à la clientèle) sans discrimination ni limitation quantitative injustifiées.
La sélection d'un commerçant par un fabricant n'empêche pas ce commerçant de vendre des produits concurrents.
Parfois la distribution d'un produit peut être sélective par la force des choses, si quelques distributeurs seulement acceptent de vendre le produit.
L'avantage pour le fabricant est le moindre coût de distribution et l'assurance de vendre son produit par l'intermédiaire de distributeurs correspondant aux critères qualitatifs fixés.
Le principal inconvénient est la faible couverture du marché.
Cette stratégie est souvent attaquée par la grande distribution qui ne peut vendre certains produits. Les combats d'Edouard Leclerc n'ont pas été vains puisqu'il distribue aujourd'hui (ainsi que d'autres) des bijoux et des produits parapharmaceutiques.

C

La distribution exclusive

« C'est un contrat par lequel le concédant s'engage, sur un territoire donné, à ne vendre qu'à son concessionnaire qui doit, à titre de réciprocité, respecter certains critères et s'interdire de commercialiser des produits concurrençant les produits concédés » (Cour d'appel de Colmar, 9 juin 1982).
Cette stratégie permet à un fabricant de dominer la distribution de son produit et ainsi de conforter son image de marque.

D

La franchise

Voir le chapitre « Les différentes formes de commercialisation ». L'avantage de la franchise pour un producteur est de pouvoir, en quelques années seulement, contrôler un réseau de distribution important pour un investissement assez réduit (les franchisés étant propriétaires de leur fonds de commerce)

CHAPITRE 5

Le merchandising (marchandisage)

A Définitions (merchandising, linéaire, facing)

Le merchandising est un ensemble d'études et de techniques d'application, mises en œuvre, séparément ou conjointement, par les distributeurs ou les producteurs, en vue d'accroître la rentabilité du point de vente et l'écoulement des produits, par une adaptation permanente de l'assortiment aux besoins du marché, et par la présentation appropriée des marchandises (Source IFM, Institut français du merchandising).

Le merchandising est souvent défini par la règle des 4 R : the Right product, at the Right time, at the Right place, and at the Right price (placer le bon produit, au bon moment, au bon endroit en rayon, et au bon prix).

Le linéaire représente la longueur d'une étagère, exprimée en centimètre ou mètre linéaire, sur une gondole (meuble de présentation comportant plusieurs étagères).

Le *facing* (la frontale) est l'unité de mesure qui correspond à un produit présenté sur la première rangée, en façade.

Le merchandising est un outil du marketing-mix intégré à la distribution du produit. Il intervient comme outil marketing appliqué au point de vente.

B

Les acteurs du merchandising et leurs objectifs respectifs

Les acteurs sont : le consommateur, le producteur et le distributeur. Chacun ayant des objectifs très précis et très souvent contradictoires. Un bon merchandising est la résultante des intérêts de ces trois parties.

Consommateur	– Pouvoir se situer dans une surface de vente, et trouver aisément les produits qu'il désire, – pouvoir choisir un produit parmi un assortiment, – disposer de suffisamment d'informations sur les produits, – acheter le bon produit au meilleur prix.
Producteur	– Disposer ses produits en rayon au meilleur endroit, en quantité suffisante, pour qu'ils soient vus et facilement accessibles au consommateur, – augmenter la rotation de ses produits sur le point de vente.
Distributeur	– Attirer le consommateur par un assortiment de produits correspondant à ses attentes et le fidéliser, – augmenter la valeur du panier moyen du consommateur, – optimiser la gestion des produits pour rentabiliser au mieux sa surface de vente.

C

Étude du comportement d'achat du consommateur

Voir chapitre intitulé « Les consommateurs et leurs comportements d'achat ».
L'étude du comportement du consommateur est la base de toute action de merchandising, pour le producteur comme pour le distributeur.
Avec le libre-service, le consommateur est devenu acteur et la concurrence des produits et des enseignes l'a rendu de plus en plus exigeant : il déteste ne pas trouver son produit préféré en rayon, il aime pouvoir choisir entre plusieurs produits, il désire souvent le meilleur prix, raffole des promotions...

Producteur et distributeur se doivent de suivre l'évolution des comportements des consommateurs face à l'acte d'achat pour bâtir une politique de merchandising efficace permettant d'atteindre les objectifs fixés.

D

Le merchandising du producteur

Le merchandising est, pour le producteur, l'application du marketing-mix d'un produit sur le point de vente.
Les principaux buts du merchandising pour le producteur sont les suivants :
- implanter différentes références de produits tout en respectant les objectifs de la surface de vente,
- assurer un linéaire suffisant à chaque référence,
- assurer l'optimisation du linéaire et du rayon,
- assurer un bon écoulement des produits.

Le merchandising doit se décliner en fonction de deux grandes règles : qualité de l'implantation et quantité de produits.

• Qualité de l'implantation

Le produit doit se situer dans le bon rayon au bon emplacement, pour que le consommateur l'aperçoive aisément et puisse le prendre facilement.

• Quantité de produits

La quantité de produits recouvre trois aspects :
- le *facing* (en %) accordé à chaque produit doit au minimum correspondre à sa part de marché (en %),
- le stock en rayon doit être suffisamment important pour éviter les ruptures,
- la fréquence de remplissage des produits en rayon doit être suffisante.

On peut dissocier trois étapes dans le merchandising du producteur :
- l'avant merchandising,
- l'action de merchandising,
- l'après merchandising.

1
L'avant merchandising

Le merchandising se prépare en amont du point de vente. Cette préparation comprend :
- une étude du comportement d'achat du consommateur face aux produits,
- une étude de la stratégie merchandising des concurrents,
- une adéquation du produit, de son emballage, de son étiquette aux impératifs de la distribution (stockage en réserve, mise en rayon, attractivité et lisibilité de l'étiquette...),
- la prise en compte d'éventuelles opérations de promotion (capacité de l'outil de production pour la réalisation d'un emballage plus important permettant de proposer gratuitement x % de produit en plus)...

2
L'action de merchandising

Après un référencement à la centrale d'achat (passage quasi-obligatoire pour pouvoir se présenter dans une surface de vente en libre-service) et une négociation avec le chef de rayon, le vendeur-merchandiser va pouvoir définir un assortiment, faire une proposition d'implantation de ses produits, et en assurer le suivi.

a. L'assortiment

L'assortiment se caractérise par trois dimensions :

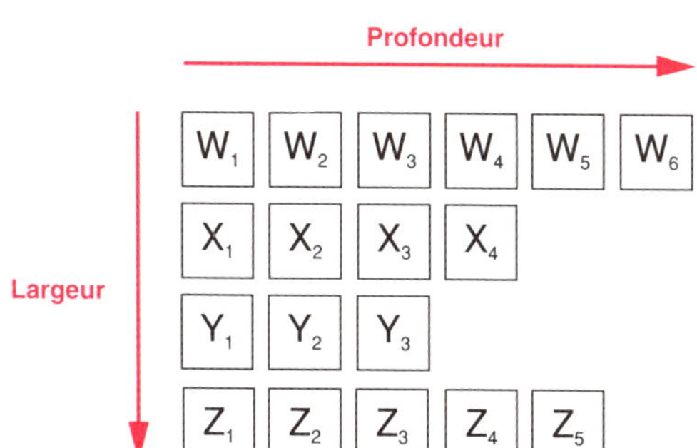

- la largeur, qui représente le nombre de types différents de produits,
- la profondeur, qui correspond au *nombre de variétés dans chaque type de produits,*

- la hauteur, qui correspond à la *différence entre le prix le plus haut et le prix le plus bas de l'assortiment.*

EXEMPLE :

l'assortiment du rayon disques est différent dans un supermarché et un hypermarché :
- le super peut posséder un assortiment étroit (par exemple, pas de disques de jazz ni de musique classique, mais de la chanson française et étrangère), peu profond (le dernier « tube » de quelques chanteurs français et étrangers, mais pas leur discographie complète) et pas très haut (petit différentiel de prix),
- l'hyper présentera un assortiment large, profond (quoique beaucoup moins qu'un magasin spécialisé) et d'une hauteur plus importante (quelques prix cassés, mais aussi des coffrets à prix relativement élevé).

La première étape du merchandising correspond à la constitution d'un assortiment adapté à chaque enseigne, et à chaque surface de vente. L'assortiment d'un producteur dans un point de vente dépend en grande partie des critères de sélection et de la politique du distributeur. Il doit :
- correspondre au positionnement de l'enseigne (qualité du produit, prix),
- correspondre aux attentes de la clientèle de la surface de vente (habitudes et niveau de vie moyen de la clientèle, spécificités régionales...),
- permettre une bonne rentabilité, tant au producteur qu'au distributeur.

b. La proposition d'implantation

La seconde tâche du vendeur-merchandiser va être de proposer au chef de rayon une implantation de ses produits au sein du rayon.
Les grandes sociétés utilisent des outils informatiques permettant au vendeur-merchandiser de proposer au chef de rayon un plan d'implantation. Il existe trois types d'études d'implantation :

- l'étude lourde, effectuée par des spécialistes du marchandisage après saisie par le vendeur-merchandiser des données quantitatives relatives au rayon. Elle aboutit à la présentation d'un diagnostic complet du rayon, de calculs d'optimisation et d'un plan du rayon (présentant chaque référence),

- l'étude semi-lourde, plus rapide et effectuée par le vendeur-merchandiser. Elle permet d'éditer un plan d'implantation (présentant chaque référence),

- l'étude légère, très rapide, qui permet d'éditer, sur place, un plan par grandes familles de produits.

Ces études sont possibles grâce à l'utilisation d'un micro-ordinateur portable, d'un logiciel spécifique (*Spaceman* par exemple), d'un scanner pour entrer les références de produits, et d'une table traçante (couleur) permettant d'éditer (sur place, dans le cas d'une étude légère) un plan d'implantation.
Il est clair que ces études intéressent les chefs de rayons, libres d'accepter ou non le plan d'implantation proposé (les produits de l'entreprise qui a fait l'étude y figurent évidemment en bonne place... !).
La proposition d'implantation respecte les grands principes d'organisation d'un rayon (voir la partie suivante intitulée « Le merchandising du distributeur »).

3

L'APRÈS MERCHANDISING : LA GESTION DES PRODUITS

Une fois les produits implantés, le travail du vendeur-merchandiser consiste à assurer le suivi et la gestion de ses produits. Il doit optimiser son linéaire, c'est-à-dire veiller au respect du plan d'implantation de ses produits, et assurer des animations pour augmenter les ventes (têtes de gondoles, opérations promotionnelles...).

E

Le merchandising du distributeur

Pour le distributeur, le merchandising peut se résumer en trois grandes activités :
- l'aménagement général de la surface de vente,
- la gestion de l'assortiment de produits, qui est étroitement liée aux achats effectués auprès des fournisseurs,
- la gestion des linéaires, qui est la principale composante de la vente des produits en libre-service.

1

L'AMÉNAGEMENT GÉNÉRAL DE LA SURFACE DE VENTE

Le principal but de l'aménagement de la surface de vente est de faire passer le consommateur devant un maximum de rayons pour, qu'en plus des achats prévus, il achète des produits d'impulsion.

Cet aménagement répond à plusieurs règles, généralement suivies par la majorité des enseignes.

a. Les principales règles d'aménagement

- Disposer l'entrée dans la surface de vente sur la droite du magasin,
- ne pas perdre un mètre carré de surface de vente,
- favoriser la circulation des consommateurs, de la droite vers la gauche, en utilisant les allées et la disposition du mobilier,
- placer les liquides près de leur aire de stockage en réserve,
- placer dans les zones dites « froides » (vers lesquelles le consommateur n'est *a priori* pas attiré, c'est-à-dire, par exemple, l'angle diamétralement opposé à l'entrée) les produits frais et l'épicerie (produits « pré-vendus ») de manière à obliger les consommateurs à y venir,

- placer les produits lourds et volumineux en début de circuit de manière à remplir convenablement les chariots,
- attirer les consommateurs avec des produits d'appel...

b. Les contraintes

- La forme du magasin,
- l'emplacement des réserves (notamment les chambres froides et les liquides),
- l'emplacement des rayons nécessitant des laboratoires de préparation (boucherie, boulangerie, pâtisserie...),
- la nécessité d'assurer une surveillance de certains rayons (disques, cosmétiques...).

c. L'aménagement par univers

Depuis quelques années, la notion d'univers de consommation est au centre des réflexions concernant l'aménagement des surfaces de vente de la grande distribution. Encore très peu utilisée, elle est certainement le facteur d'implantation important pour la prochaine décennie. Toutes les enseignes travaillent sur ce thème, et les premiers changements interviennent peu à peu.

Cet aménagement tient compte d'univers de consommation, contrairement à la structure actuelle qui est bâtie autour de rayons rassemblant des produits ayant des caractéristiques communes.

Ainsi, par exemple, on retrouve trois grands univers dans les parties non alimentaires des nouveaux hypermarchés Cora : univers de la personne, de la maison et culture-loisirs.

Des regroupements ont été effectués pour aider le consommateur dans sa démarche d'achat : des produits auparavant séparés se retrouvent désormais côte à côte (nappes et toiles cirées, micro-ondes et cuisinières). Le choix du consommateur est ainsi facilité.

Ce nouveau type d'implantation correspond aux nouvelles structures mises en place dans les centrales, avec l'apparition de « *Category managers* » (voir page 205).

d. Le facteur d'ambiance

Un facteur important ne doit pas être négligé dans le cadre de l'aménagement de la surface de vente : l'*ambiance du magasin*. Elle a son importance dans la mesure où elle *exerce une séduction qui fidélise* le consommateur, lui permet de se détendre et donc de « flâner » un peu plus dans la surface de vente. L'importance de l'ambiance est bien mise en valeur par l'évolution des hypermarchés :

- aménagement extérieur (vaste parking parfois gardé (vigiles), entrée du magasin avec portes coulissantes automatiques...),

- architecture (aux hangars améliorés en façade ont succédé des architectures soignées et moins répétitives à partir des années 1980 et surtout 1990),
- éclairage variable en fonction des différents rayons (sachant qu'une partie peu éclairée du magasin est moins fréquentée par les consommateurs),
- décoration (couleurs et matériaux utilisés sont devenus plus élaborés, plus nobles et plus accueillants),
- utilisation d'un mobilier spécifique à l'enseigne pour rompre avec la monotonie des traditionnelles gondoles (présentoirs fournisseurs, présentation originale du rayon alcools ou vêtements...),
- vitesse de traitement des caisses enregistreuses considérablement améliorée,
- signalétique (plan de la surface de vente, pictogrammes indiquant les différents rayons, affichage des prix sur les rayonnages et bornes de vérification toujours mieux visibles),
- ambiance sonore (fond musical favorisant la détente)...,
- fontaines d'eau minérale proposée à titre gracieux...

e. Les différents départements et rayons d'une grande surface à dominante alimentaire

Les références (produits) présentes dans un hypermarché sont traditionnellement répertoriées selon une classification commune à toutes les enseignes.

Classification	Exemple
Département	Produits de grande consommation (PGC)
Rayon	Droguerie, parfumerie, hygiène (DPH)
Famille	Produits de rasage
Sous-famille	Lames et rasoirs, préparations après rasage
Référence	Rasoir BIC

Les différents départements et rayons d'un hypermarché sont les suivants :

Départements	**Rayons**
BLS (Bazar libre-service)	• Librairie, papeterie, supports enregistrés • Bricolage • Ménage • Loisirs et sports

Départements	Rayons
BAS (Bazar avec service)	• Blanc : petit et gros électroménager • Brun : télévision, cinéma, vidéo, son • Boutique : photo, luminaire, bijouterie
Textile	• Chaussures • Hommes • Femmes • Enfants, bébés • Permanents : sous-vêtements chaussettes...
PGC (Produits de grande consommation)	• DPH (droguerie, parfumerie, hygiène) • Liquide • Épicerie
PF (Produits frais)	• Libre-service – Ultra-frais, BOF (beurre, œufs, fromage), yaourts – Traiteur – Volailles – Charcuterie – Surgelés – Boucherie • Vente assistée – Boucherie traditionnelle – Crémerie traditionnelle – Marée • Fruits et légumes

2
La gestion de l'assortiment

Elle est bien souvent dictée par les grandes règles propres à la politique de chaque enseigne. Le choix des produits est effectué à la centrale par les acheteurs qui référencent les produits et négocient les tarifs (les véritables achats de produits sont effectués plus tard en entrepôt par les approvisionneurs). Ces référencements constituent l'assortiment de la centrale d'achat.
À partir de cela, les responsables d'un magasin constituent leur propre assortiment de produits, en fonction :
- de la taille de la surface de vente,
- des goûts des consommateurs,
- de la spécificité géographique (prévoir crêpes et cidres dans l'assortiment d'un magasin breton !),
- de la situation concurrentielle locale (par exemple, présence d'un *hard discount* à proximité du magasin).

La taille du magasin a une influence sur la taille de l'assortiment, mais aussi sur le nombre de références différentes pour le même produit.

Ainsi, un hypermarché pourra disposer, pour une grande majorité de produits, d'une MDD, d'une ou deux marques nationales, d'une marque premier prix, d'une ou deux marques challengers et pour certains produits d'une marque locale.
Par contre, en supermarché, l'assortiment pourra se restreindre, pour chaque produit, à une MDD, une marque leader et un premier prix.
La règle d'or étant de ne jamais disposer de MDD sans disposer de marque nationale (car la marque leader « tire vers le haut » la MDD).

3
La gestion des linéaires

Dans une surface de vente, seul le linéaire est créateur de chiffre d'affaires et de profit, ce qui justifie toute l'attention que lui porte le personnel, du chef de rayon à la personne qui place les produits sur les rayonnages.
On peut décomposer la gestion du linéaire en trois grandes parties : la détermination de l'espace alloué à chaque référence, la présentation des produits en rayon et le contrôle de la rentabilité du linéaire.

a. La détermination de la longueur de linéaire pour chaque référence

La répartition du linéaire se réalise en plusieurs étapes :
- la répartition de la surface totale de vente entre différents rayons,
- pour chaque rayon, répartition de la surface disponible entre chaque famille et sous-famille de produits,
- la répartition du linéaire entre les références.

Pour chaque enseigne, cette répartition est effectuée en suivant scrupuleusement les normes édictées par la centrale. Ces normes prennent en compte différents critères :
- la marge dégagée par produit,
- les ventes moyennes réalisées par produit,
- l'évolution des tendances de consommation,
- la stratégie de l'enseigne,
- l'équilibre entre les marques (MDD, marques nationales, premiers prix, plus une ou deux marques challengers en fonction de l'espace disponible et de la politique d'assortiment)...

b. La présentation des produits en rayon

La disposition des produits sur les meubles de présentation (gondoles) répond à deux notions importantes : la « verticalité » et l'« horizontalité » du linéaire.

« Verticalité »

Un rayon possède 4, 5 voire 6 niveaux différents. Ces niveaux possèdent chacun une valeur commerciale propre : le niveau situé à hauteur des mains (niveau 3 sur le schéma ci-dessous) possède la meilleure attractivité commerciale, suivi de près par le niveau situé à la hauteur des yeux (niveau 4). Viennent ensuite les niveaux supérieurs (5) et inférieurs (2 et 1).

Meuble de présentation (gondole) vu de profil

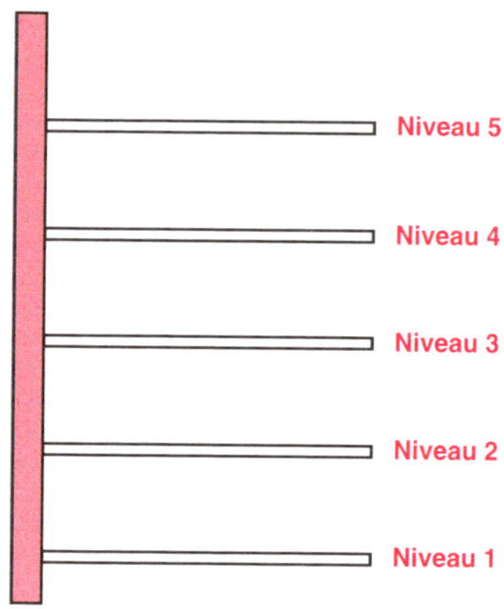

« Horizontalité »

À partir de l'allée centrale (par exemple) d'un hypermarché, les consommateurs peuvent s'engager dans une allée latérale. Le linéaire global d'un côté de cette allée latérale se décompose en trois parties (schéma ci-après) :

- l'entrée du linéaire : c'est la partie la plus visible à partir de l'allée centrale. Si les produits disposés à cet endroit attirent le consommateur, il s'engagera dans l'allée. Sinon, il restera dans l'allée centrale.

- la partie centrale du linéaire, où est disposée la majorité des produits, en essayant d'alterner produits à forte demande et produits d'impulsion (les premiers attirant les seconds). C'est la partie la plus importante du linéaire.

- la sortie du linéaire : elle doit comporter des produits attirants, pour que le consommateur se déplace jusqu'à son extrémité (et puis, malgré le sens de circulation dominant, certains clients entrent dans l'allée par ce côté ; ils doivent donc être attirés par des produits également intéressants).

Linéaire vu de face

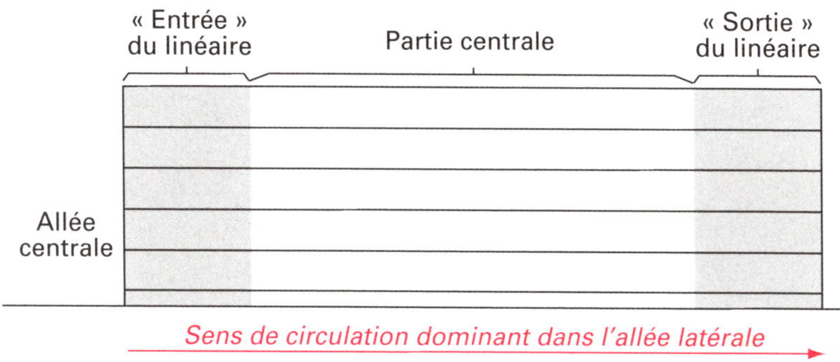

À partir de ces deux notions de verticalité et d'horizontalité, les responsables de rayon implantent les produits en linéaire en se conformant aux grandes règles suivantes :

- proposer au consommateur un rayon très « lisible », c'est-à-dire un rayon dans lequel il va pouvoir discerner assez distinctement les différentes familles et sous-familles de produits,
- disposer sur les meilleurs niveaux et au centre du linéaire les produits à marque de distributeur,
- disposer les marques leaders à proximité des MDD : les consommateurs étant attirés par les marques leaders, il est préférable de disposer les MDD tout près pour qu'elles bénéficient de leur attractivité,
- disposer en « entrée » (et « sortie ») de linéaire des produits à forte demande (marques leaders), pour inciter le consommateur à s'engager dans l'allée,
- alterner dans la mesure du possible les produits d'achat prémédité et les produits d'impulsion, pour que ces derniers bénéficient de l'attractivité des premiers,
- respecter les notions d'horizontalité et de verticalité :
  – *présentation horizontale par familles et sous-familles de produits*, ce qui oblige le consommateur à parcourir toute l'allée pour trouver le type de produit désiré,
  – *présentation verticale par marques*, ce qui oblige le consommateur à s'arrêter devant le linéaire pour choisir la marque qui l'intéresse (au milieu, la MDD, tout en bas la marque premier prix, au-dessus et juste en dessous de la MDD, les marques challenger et leader),
- tenir compte de la complémentarité de certains produits : disposer par exemple côte à côte les pâtes alimentaires et les sauces tomates,
- placer les produits lourds et/ou volumineux sur le niveau du bas pour limiter les risques de casse (voir, en fin de chapitre, les définitions des démarques connue et inconnue),

- tenir compte, dans la mesure du possible, des couleurs des emballages, pour bâtir une offre claire et esthétiquement attrayante,
- affiner régulièrement la disposition en fonction des résultats chiffrés du rayon.

Exemple de disposition des différents types de marques dans un linéaire

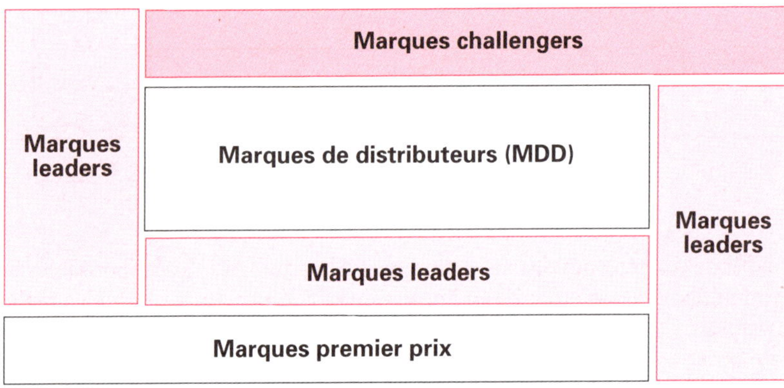

c. Le contrôle de la rentabilité du linéaire

De nombreux outils sont à la disposition des responsables de magasin et des chefs de rayon ou de département pour *contrôler la rentabilité du linéaire.*

- Les indices de sensibilité

Ils permettent de contrôler l'allocation du linéaire d'une référence, c'est-à-dire la bonne corrélation entre la longueur de linéaire accordée au produit et ses résultats en termes de chiffre d'affaires ou de marge. Il en existe deux principaux :

– l'indice de sensibilité (I.S.) par rapport au chiffre d'affaires (CA)

$$\text{I.S. / CA} = \frac{\text{\% du CA réalisé par une référence}}{\text{\% du linéaire occupé par cette référence}}$$

– l'indice de sensibilité (I.S.) par rapport à la marge brute (MB)

$$\text{I.S. / MB} = \frac{\text{\% de MB réalisée par une référence}}{\text{\% du linéaire occupé par cette référence}}$$

Dans l'absolu, chacun ces indices doit être égal à 1, ce qui veut dire que l'allocation de linéaire de la référence est parfaitement proportionnelle à sa marge brute ou à son chiffre d'affaires. En réunissant ces deux indices dans une matrice, on obtient une précieuse aide à la décision en matière d'allocation de linéaire.

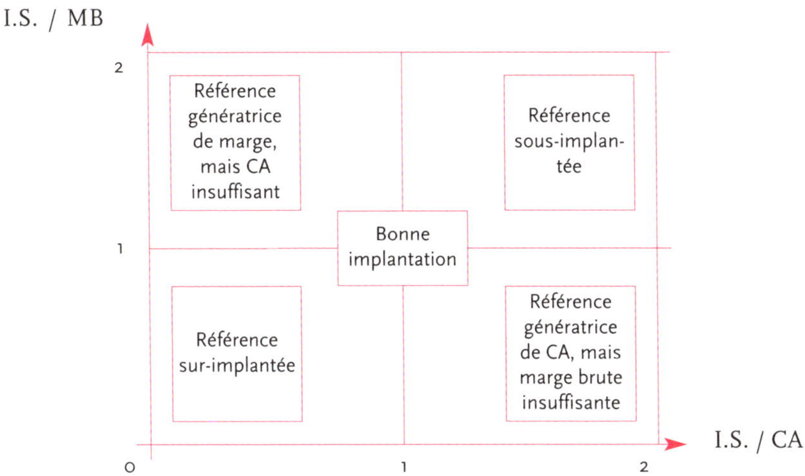

- Le PDP (Profit Direct par Produit)

Nouvel outil venu des États-Unis, il permet de définir la participation exacte de chaque produit aux résultats du point de vente (chaque produit ne se voyant imputé que ses coûts directs).
Calculé avec l'aide de l'informatique, le PDP permet de faire ressortir les produits qui rapportent le plus et donc d'influencer directement les choix de référencement. Malheureusement, cette technique demande un investissement très important (logiciel, formation, temps passé à la mise en place) qui constitue un frein à l'innovation.
Ce sont surtout les producteurs importants qui peuvent se permettre d'investir dans de tels outils qui leur procurent un avantage substantiel en terme de négociation avec les distributeurs.

- Les outils plus classiques sont les calculs :

- du chiffre d'affaires TTC,
- de la marge brute unitaire et totale,
- du taux de rotation des stocks (quantités vendues/stock moyen),
- de la productivité du linéaire (CA/ml accordés à un produit),
- de la rentabilité du linéaire (bénéfices bruts/ml),
- de la part du CA du rayon par rapport au CA total.

Annexes

Les différents types de démarque

Types de démarque	Définition
Démarque inconnue (en moyenne moins de 1 % du CA)	Elle se décompose approximativement en trois tiers : – les vols et casse internes (dus au personnel), – les vols externes (dus aux clients) et casse non répertoriés, – les erreurs administratives, de vérification de factures, erreurs de marquage des produits, erreurs de caisse...
Démarque connue	– Vols et casse répertoriés, – rabais, remises sur les prix à la clientèle, – promotions.

Les différentes dates limites de vente

Différentes dates limites de vente	Définition
DLUO	• *Date limite d'utilisation optimale* : les qualités gustatives du produit sont optimales jusqu'à cette date, mais le produit est consommable après. • Inscription sur l'emballage : « À consommer de préférence avant le... ». EXEMPLES : café, riz, moutarde...
DLC	• *Date limite de consommation* : le produit doit impérativement être consommé avant cette date. • Inscription sur l'emballage : « À consommer jusqu'au... ». EXEMPLES : yaourt, beurre, lait UHT...
DLV	• *Date limite de vente* : information interne à un point de vente, qui permet de gérer les DLC. EXEMPLE : l'enseigne va fixer la DLV à J – 10 par rapport à la DLC.

Quelques sites internet

SIGLE, nom de l'organisme, *activité*	**Adresse des sites**
• IFM Institut Français du Merchandising	ifm.asso.fr
• Mercadoc *Informations sur les recherches menées en marketing sur l'aménagement des magasins*	mercadoc.org

PARTIE 8

La force de vente

Pour l'entreprise, la force de vente représente *une équipe* d'hommes et de femmes dont le rôle est de vendre des produits aux clients potentiels. Elle constitue le dernier maillon, indispensable pour permettre à l'entreprise de gagner de l'argent. Ce dernier maillon est aussi *le premier et le seul en contact direct avec le marché, d'où son importance en termes de remontées d'informations au service marketing de l'entreprise.*

Nous allons étudier maintenant les différents métiers et statuts des vendeurs, les techniques de prospection, de vente, de négociation, ainsi que celles concernant la gestion de la force de vente et de l'activité d'un vendeur.

Un dernier chapitre traitera du cas particulier de la vente à l'étranger.

Chapitre 1

Le vendeur et ses principaux statuts

A Les différents métiers de la vente

La vente regroupe différentes fonctions.

- *Le preneur d'ordres*, qui enregistre simplement les commandes des détaillants (sans véritable action de négociation).
- *Le télévendeur*, dont le rôle est de vendre au moyen du téléphone (sédentaire) ; il travaille souvent « en couple » avec un vendeur de terrain. Dans les centres de contacts, des télé-opérateurs gèrent des appels téléphoniques entrants ou sortants. Ils peuvent avoir une activité de vente. Ils constituent un maillon important dans la gestion de la relation client.
- *Le représentant*, qui a pour rôle principal de convaincre les prospects ou les clients. En fonction des secteurs d'activité et des habitudes, il peut prendre différentes appellations : conseiller de clientèle, délégué commercial, conseiller commercial, chargé de clientèle, responsable de secteur, ingénieur d'affaires, ingénieur commercial...
- *Le technico-commercial*, qui utilise ses compétences techniques pour convaincre ses interlocuteurs en élaborant une solution adaptée à leurs besoins.

• *Le négociateur,* qui traite des affaires de grande envergure tant dans le domaine commercial (référencement en centrale d'achat) qu'industriel (aviation, usines clés en main...).

D'autres fonctions existent dans les métiers de la vente qui sont complémentaires à l'activité de vente :

• *le prospecteur,* qui a pour rôle de rechercher des clients éventuels pour les produits qu'il représente (mais il ne prend pas de commande) ;

• *le visiteur (ou délégué) médical,* qui a pour rôle de présenter aux médecins les produits du laboratoire pharmaceutique pour lequel il travaille (sans prendre de commande) ;

• *le marchandiseur (merchandiser),* qui a pour fonction d'améliorer la présentation de ses produits sur le point de vente ;

• *le chef des ventes* (chef d'agence, chef de région...), responsable de l'équipe de vente, qui a pour fonction d'animer et de stimuler l'équipe de vente ;

• *l'inspecteur des ventes,* dont la tâche est de contrôler le travail des « vendeurs » dont il a la charge (et parfois d'organiser leur formation). Souvent, la fonction d'inspecteur des ventes est assurée par le chef des ventes.

Dans la réalité, la distinction n'est pas toujours aussi précise et il n'est pas rare de rencontrer des vendeurs-marchandiseurs, ou des vendeurs qui effectuent eux-mêmes la prospection.

La notion de force de vente regroupe l'ensemble des personnes qui sont chargées de rencontrer prospects ou clients dans le but (direct ou indirect) de leur vendre des produits ou services.

Une force de vente peut être interne ou externe à une entreprise :

• *Force de vente interne* à l'entreprise, c'est-à-dire composée de commerciaux salariés de l'entreprise productrice. C'est le cas le plus fréquent.

• *Force de vente externe* à l'entreprise, c'est-à-dire composée de commerciaux salariés d'une entreprise prestataire de service travaillant pour le compte de l'entreprise productrice.

Une entreprise peut utiliser une force de vente externe de plusieurs manières :
- ponctuellement, pour remplacer un commercial malade ou épauler la force de vente interne à l'occasion d'un événement précis (lancement d'un nouveau produit, test d'un produit...),
- durablement, pour sous-traiter tout ou partie de l'activité commerciale de l'entreprise.

B

Profil et rôle du vendeur des années 2000

Sans être toutes radicalement nouvelles, les qualités exigées actuellement d'un vendeur ne sont plus les mêmes que celles exigées il y a une dizaine d'années. Désormais le vendeur doit être un professionnel reconnu complet et compétent qui sait :

- *communiquer* : créateur de contacts, créateur d'un réseau de relations, négociateur, le métier de vendeur demande de réelles aptitudes à la communication et à l'écoute de l'autre ;
- *s'adapter* : savoir comprendre l'autre, être en phase avec lui, savoir « épouser » toutes les situations ;
- *être convaincant ;*
- *connaître à fond ses produits* (ainsi que les produits concurrents) et la manière de les vendre (maîtriser l'argumentaire, les techniques de face à face) ;
- *maîtriser les nouvelles technologies* (informatique, intranet, internet) ;
- *être honnête, intègre*, autant vis-à-vis des clients que de l'entreprise qui l'emploie ;
- *être organisé* ;
- *faire preuve d'avidité*, aussi bien spontanée que face aux différents « challenges » proposés ;
- *prendre de l'ascendant*, c'est-à-dire de l'autorité, une influence certaine sur l'autre ;
- *être en pleine possession de ses moyens physiques et intellectuels* (endurance physique, nerveuse, intellectuelle, équilibre, réalisme) ;
- *intégrer parfaitement l'entreprise dans ses démarches*, c'est-à-dire adopter l'esprit de l'entreprise, avoir pleinement conscience de travailler pour améliorer la rentabilité de l'entreprise.

Ces nouvelles exigences viennent du fait que le rôle même du vendeur a changé. Il doit être un véritable homme d'affaires, un « *ingénieur d'affaires* », un manager de son secteur et de son temps, un « détecteur de personnalité », un homme de communication.

Les vendeurs vont tenir un rôle de plus en plus prépondérant dans la stratégie marketing. La force de vente est une des composantes à part entière du mix (plan de marchéage).

C

Les principaux statuts de vendeurs

Il existe différents statuts de vendeurs pour la loi française :
- Les intermédiaires internes à l'entreprise (salariés) : représentants statutaires (VRP) et représentants non statutaires (salariés « ordinaires » qui ne possèdent pas le statut de VRP) ;
- Les intermédiaires externes à l'entreprise (non salariés) : commissionnaires, courtiers, agents commerciaux.

Les statuts de vendeurs salariés sont de loin les plus utilisés par les entreprises.

1 Les VRP

Les VRP (*Voyageurs, Représentants, Placiers,* trois anciennes catégories de vendeurs regroupées en une seule), sont près de 150 000 en France. Ils sont divisés en deux grandes populations :

- **Les VRP exclusifs**, qui travaillent uniquement pour une entreprise,

- **Les VRP multi-cartes**, qui travaillent pour plusieurs entreprises.

La tendance est au remplacement progressif des multi-cartes par des exclusifs. Les VRP bénéficient de la législation sociale de tout salarié et d'une législation particulière (caractéristique de leur statut de VRP) représentée par les articles L. 751-1 à L. 751-15 du code du travail.

Pour bénéficier de ce statut spécifique de VRP, il faut satisfaire aux conditions principales suivantes :
- travailler pour le compte d'un ou plusieurs employeurs,
- exercer la fonction de façon exclusive et constante,
- ne pas faire d'opération commerciale pour son compte personnel,
- être lié à l'entreprise par un contrat stipulant la nature des marchandises ou services achetés ou vendus, le secteur géographique ou la catégorie de clients alloués au représentant, la nature et le taux de rémunération.

Il est important de noter qu'en l'absence de contrat écrit, un représentant satisfaisant toutes ces clauses relève du statut de VRP quel que soit l'avis de son employeur.

Les VRP disposent également d'une convention collective (accord national interprofessionnel) datant du 3 octobre 1975, complétée par des extensions et des avenants entre 1977 et 1982.

Cet accord porte surtout sur l'attribution d'un minimum de ressources, sur la garantie de rémunération en cas de maladie, la durée du préavis, les indemnités de rupture, et la clause de non-concurrence.

a. Les avantages du statut de VRP

Le principal avantage de ce statut est la protection contre les licenciements abusifs et les différentes indemnités de fin de contrat.

■ **L'indemnité de rupture abusive**, qui est due lorsque le licenciement n'est pas consécutif à une faute grave du représentant (travail très insuffisant, refus de faire parvenir des rapports de visite prévus au contrat...).

■ **L'indemnité de clientèle**, due si deux conditions sont remplies :

- rupture abusive du contrat par l'employeur, incapacité permanente ou départ à la retraite,
- création ou développement par le représentant d'une clientèle (la preuve est à apporter par le représentant).

■ **Le retour sur échantillonnage**, qui représente le montant des commissions que doit percevoir le représentant sur les affaires qu'il a traitées avant son départ et facturées après la rupture du contrat.

Le VRP statutaire bénéficie d'autres avantages par rapport à son collègue non statutaire, et un abattement fiscal supplémentaire de 30 %. Mais ce dernier avantage n'en est pas vraiment un puisqu'il n'est pas impératif d'être officiellement VRP statutaire pour en bénéficier.
Ces avantages fiscaux seront vraisemblablement abrogés dans l'avenir.

b. Les obligations du VRP

■ **Une carte d'identité professionnelle** délivrée par la préfecture du département où est domicilié le représentant.

■ **L'obligation de non-concurrence** : pendant la durée du contrat, pour les VRP exclusifs (clause d'interdiction), et à la fin du contrat pour tous les VRP : interdiction de travailler pour un concurrent ou de s'établir à son compte dans la même branche pendant une durée déterminée.

■ **La conservation et restitution de la collection** : porter le meilleur soin aux produits qui lui sont confiés et les restituer à la fin du contrat.
Le VRP doit s'acquitter de ses impôts sur le revenu, mais n'est assujetti ni à la TVA, ni à la taxe professionnelle.

2
Les représentants non statutaires

Ce sont les représentants salariés qui ne remplissent pas toutes les conditions pour avoir le statut de VRP. Ce sont des salariés de droit commun.

3
Les agents commerciaux

L'agent commercial agit en qualité de mandataire, en travaillant au nom et pour le compte d'une entreprise (ou de plusieurs) en contre-partie de commissions (possibilité de travailler en son propre nom, avec pour conséquence d'acquérir la qualité de commerçant).
Ce statut particulier (régit par la loi du 25 juin 1991 relative aux rapports entre les agents commerciaux et leurs mandants), qui se développe en France (environ 15 000 agents commerciaux en 2006), est utilisé dans différents domaines comme l'immobilier, l'ameublement, l'automobile... Les personnes pratiquant la vente directe à titre principal ou habituel peuvent adopter le statut d'agent commercial.
L'agent commercial peut également être un véritable créateur d'entreprise, qui dirige une agence commerciale, entreprise prestataire de service.
Ce statut possède des avantages et des inconvénients.

a. Avantages

- Possibilité de négocier tout type de contrat de distribution, en incluant tout type de clause (exclusivité de distribution d'un produit...).
- Travail plus libre que celui d'un représentant salarié (le contrôle exercé par le mandant est moindre).
- Possibilité d'embaucher des représentants.

b. Inconvénients

- Inscription sur un registre spécial au greffe du tribunal de commerce.
- Affiliation à l'URSSAF, avec paiement de cotisations sociales.
- Paiement de l'impôt sur le revenu au titre des bénéfices commerciaux (profession libérale).
- Affiliation à la Chambre de commerce et d'industrie.

4 Les vendeurs à domicile indépendants (VDI)

Le vendeur indépendant dont l'activité de vente directe est occasionnelle bénéficie du récent statut de Vendeur à Domicile Indépendant (VDI).

C'est un statut mixte (loi du 27 janvier 1993) de travailleur indépendant, assimilé salarié au plan du droit de la Sécurité Sociale, qui permet de bénéficier du régime général de la Sécurité Sociale. Le VDI bénéficie de cotisations sociales allégées et progressives et ne cotise qu'en cas de revenus effectifs.

Pour être VDI, les formalités sont très simples : il suffit de donner son numéro d'inscription au registre général de la Sécurité Sociale à l'entreprise de Vente Directe qui gère la partie administrative et effectue les versements des cotisations sociales.

Mandataire ou revendeur, l'activité du vendeur indépendant est souvent, dans un premier temps, occasionnelle, mais peut devenir régulière jusqu'à représenter sa principale source de revenus. Ainsi, lorsque ses gains dépassent durant 3 années consécutives 50 % du plafond annuel de la Sécurité sociale, soit environ 14 112 €/an, il devra la 3e année s'inscrire à un registre professionnel. Ainsi, le statut de VDI lui aura permis de créer en douceur et sans risque, sa propre activité et d'acquérir une compétence professionnelle dans un métier de services (source : Fédération de la vente directe).

Quelques sites internet

SIGLE, nom de l'organisme, *activité*	**Adresse des sites**
• APAC Association Professionnelle des Agents Commerciaux de France	apacfrance.com
• Commerciaux *Informations sur la représentation et les différentes formes de commerciaux*	membres.lycos.fr/VRP/
• Commerciaux	commerciaux.fr
• CSN Chambre Syndicale Nationale des Forces de vente	csn.fr
• FFC Fédération Française des Commerciaux	fedecommerciaux.com
• FNAC Fédération Nationale des Agents Commerciaux	comagent.com
• VRP-enligne *Portail des VRP*	vrp.enligne-fr.com

Chapitre 2

La prospection

La prospection, *action de rechercher et de transformer en client une personne ou une entreprise qui ne l'est pas,* est une tâche ingrate et souvent de longue haleine.

Mais c'est aussi une tâche indispensable pour la pérennité de l'entreprise. Un secteur qui n'est pas régulièrement prospecté est un secteur dans lequel, à moyen terme, le nombre de clients va tendre vers zéro (puisqu'ils seront peu à peu récupérés par la concurrence et qu'ils ne seront pas remplacés par de nouveaux).

D'où l'importance de cette action de prospection pour un commercial soucieux de l'avenir de son secteur et de son entreprise.

On distingue deux types de « non-client » :

- le suspect : entreprise, organisme ou personne dont on connaît l'existence mais dont on ne sait pas l'intérêt pour un ou plusieurs produits (une entreprise nouvellement créée par exemple) ;
- le prospect : entreprise, organisme ou personne que l'on connaît (contact antérieur) et que l'on sait intéressé par un ou plusieurs produits.

A

La préparation de la prospection

Pour être à même de mener à bien sa prospection, le commercial doit s'y préparer et avoir des connaissances précises sur :

- *le marché* dans lequel évolue l'entreprise (situation, part de marché des principaux acteurs, tendance d'évolution...) ;
- *son entreprise*, pour être capable de la « vendre » au prospect ;
- *ses produits*, pour savoir les présenter sous leur bon angle, développer des arguments choisis ;
- *les entreprises concurrentes*, pour connaître les grandes lignes de leur politique et de leur stratégie commerciale ;
- *les produits des concurrents*, pour savoir discerner les avantages et les inconvénients de ses produits par rapport à ceux de la concurrence.

B

La sélection des cibles de prospection et les moyens à mettre en œuvre pour les atteindre

1 Sélection des cibles de prospection

La concurrence étant de plus en plus vive dans tous les secteurs d'activité, il est nécessaire d'organiser sa prospection de manière méthodique et de déterminer des cibles précises pour des périodes données (consacrer, par exemple, pendant un mois, son travail de prospection sur un secteur d'activité).
Les prospects étant de même nature, leurs attentes et leurs motivations seront assez proches ce qui va permettre de préparer une base d'approche commune et donc d'augmenter l'efficacité de la prospection, la répétition des visites permettant d'améliorer la tactique de départ.
La base de données prospects est un *outil indispensable à toute prospection* (la prospection sauvage : rentrer sans rendez-vous dans une entreprise que l'on ne connaît pas, n'est intéressante que pour obtenir suffisamment d'informations pour entreprendre ultérieurement une démarche rationnelle).
Elle doit permettre de connaître un minimum d'informations sur les prospects : coordonnées précises de l'entreprise (adresse, téléphone...), activité,

quelques données chiffrées (nombre de personnes, chiffre d'affaires...), potentiel, nom de la personne à contacter... Si ces données n'existent pas, un travail de préparation pour les obtenir est indispensable.
Des *sources externes* permettent aussi d'obtenir des informations assez précises en vue d'un travail de prospection : *les annuaires professionnels* tels que le « Kompass », la location ou l'achat de bases de données privées.
Un des objectifs du travail de prospection est aussi d'essayer de « récupérer » les clients perdus et passés à la concurrence. C'est un travail délicat qui demande une grande connaissance des produits concurrents. Dans ce cas, l'utilisation du fichier interne sera précieuse pour analyser les relations passées avec cet ancien client.

2
Moyens à mettre en œuvre

- La visite : c'est le principal moyen de communication avec les prospects. Elle permet d'établir un contact direct (présentation de l'entreprise, du produit, possibilité de démonstration, d'adaptation du produit ou du service au prospect). Elle est d'ailleurs souhaitée par le prospect dans la majorité des cas.
Elle permet de plus d'obtenir un certain nombre de renseignements utiles pour la négociation (situation financière, conditions de paiement, de livraison...).

- La visite peut être précédée d'un mailing, qui va permettre d'attirer l'attention du prospect sur un point particulier de l'offre (voir le chapitre sur le marketing direct).

- Le mailing peut être remplacé par un « avis de passage » envoyé par le représentant au prospect. Ce document prévient le prospect de la visite du représentant à une date et une heure données, et attire l'attention sur l'importance de cette visite pour le prospect.
L'intérêt de l'avis de passage est de pouvoir préparer une tournée de prospection. Son principal inconvénient réside dans son efficacité, assez faible.

- Le mailing peut être suivi d'une relance téléphonique qui multiplie en moyenne par trois l'effet du publipostage. Le but de cet appel téléphonique est la prise de rendez-vous avec le prospect (voir la partie « Les outils du marketing direct »). Si l'entreprise en est équipée, c'est le centre de contact qui gèrera ces appels téléphoniques à partir de la base de données prospects.

C La pratique de la prospection

1 Les clés de la prospection

La prospection est une démarche qui coûte cher à l'entreprise, tant au niveau financier que sur le plan humain : une journée entière de prospection est fatigante physiquement et moralement. Il faut donc l'organiser pour pouvoir obtenir plus rapidement une première commande, d'un montant plus élevé, et renouvelable à court terme.
La *première clé* est l'*obtention d'un rendez-vous avec le bon interlocuteur*. Une première visite, de renseignement, sera peut-être nécessaire pour obtenir des informations sur l'entreprise, son fonctionnement et l'identité du meilleur interlocuteur (qualification d'un « suspect »).
Le rendez-vous pris, la *seconde clé* concerne la *maîtrise des produits et de l'argumentaire*. Des matériels sont à la disposition des commerciaux pour personnaliser cet argumentaire et le rendre plus attrayant : support de présentation de documents, transparents et rétroprojecteur, diaporama, vidéo, micro-ordinateur portable...

2 L'organisation et le management de la prospection

a. L'organisation

La prospection peut être effectuée soit par des *prospecteurs* (qui ne font que de la prospection, et donnent aux représentants travaillant sur le secteur les renseignements sur les contacts pris), soit par *les représentants* eux-mêmes (cas le plus fréquent).
La prospection commence par l'élaboration d'un plan de prospection, organisé à partir du fichier prospect et du temps alloué à la prospection.
Il est possible de gérer son temps de prospection de deux manières différentes (dans le cas où c'est le représentant qui prospecte) :

- **Se réserver un temps de prospection chaque jour**, en fonction des rendez-vous pris et du temps restant disponible (entre deux rendez-vous, en fin de journée) :

- Avantages :

– pas de réduction du temps de visite clients,
– diminution du coût de la prospection,
– réduction de la lassitude.

- Inconvénients :

– risque, de la part des représentants, de ne pas prospecter, au profit des visites clients plus rentables,
– difficulté de passer de l'état d'esprit d'une visite client à celui d'une visite de prospection.

■ **Prévoir des périodes spécifiques à la prospection** (une journée par semaine par exemple) :

- Avantages :

– travail plus systématique, mieux organisé,
– disponibilité totale pour la prospection.

- Inconvénients :

– lassitude,
– coût élevé,
– désorganisation des visites clients.

Les renseignements pris sur les prospects doivent venir enrichir *le fichier prospect*, véritable *clé de voûte de la prospection*.
Il faut également organiser le suivi de la prospection en mettant sur pied un programme de relances (publipostages, appels téléphoniques, visites) pour convaincre les prospects (l'utilisation d'un agenda informatisé est ici d'une grande utilité).

b. Le management

Le travail de prospection nécessite un management assez strict concernant le compte rendu des visites effectuées (tout le monde sait que les commerciaux n'aiment pas trop prospecter).
L'intégration, dans le salaire du représentant, d'une prime « nouveaux clients » est une stimulation efficace et une garantie pour le responsable commercial.
L'analyse des résultats mois par mois, secteur par secteur, permettra de mettre en lumière les carences en matière de prospection :
– rapport « nombre de visites de prospection/nombre total de visites »,
– rapport « nouveaux clients/nombre de visites de prospection »,
et de mettre en place une formation spécifique pour les commerciaux ayant des lacunes dans ce domaine.

Chapitre 3

Les étapes de l'entretien de vente et leurs techniques respectives

Un entretien de vente se décompose en plusieurs étapes, le plus souvent consécutives, qui permettent au commercial d'atteindre son objectif.
Le but de ce chapitre est de découvrir, pour chaque étape, des techniques utilisables dans des actions de vente, en face-à-face ou au téléphone. Ces techniques classiques ont fait leurs preuves et forment la base de toute formation professionnelle à la vente. Même si une personne peut manifester une attirance pour la vente, le vendeur inné n'existe pas. Il lui faut appliquer un plan de vente et des techniques précises pour développer et améliorer son efficacité.

A

Plan général de vente

Les différentes phases d'une vente et leur importance relative

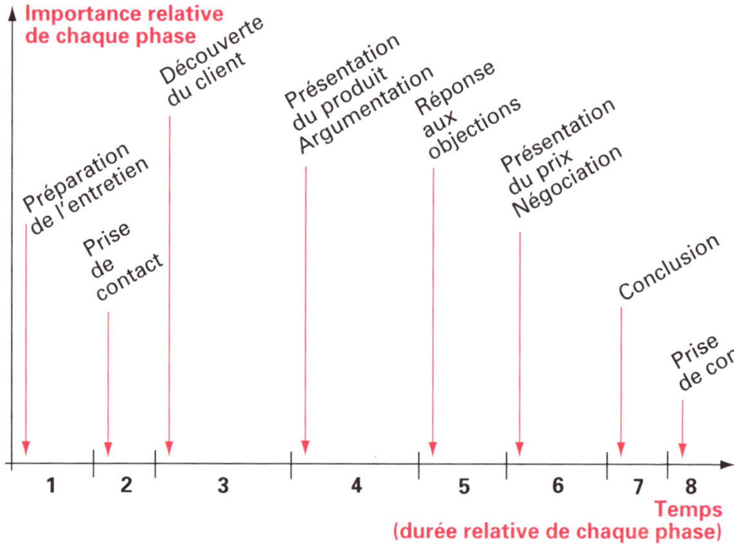

B

Phase 1 : la préparation de l'entretien

L'entretien de vente est pour un vendeur un acte très important, qu'il ne peut pas se permettre d'effectuer à la légère. Chaque visite se prépare. Cette préparation peut ne prendre que quelques minutes, mais elle est indispensable pour tirer le meilleur parti possible de la communication avec un client.

1

Objectifs

Une visite non préparée aura deux conséquences :
- une perte de temps pour le représentant,
- une perte de temps pour le client.

Pour éviter cela, la préparation de la visite doit être effectuée systématiquement avant chaque contact avec un client ou un prospect, en prospection comme avec un rendez-vous.

2 Techniques

La préparation d'une visite recouvre trois volets différents :

- **la préparation matérielle**, qui consiste à prévoir tous les documents indispensables au bon déroulement de l'entretien de vente :
  - documents commerciaux : fichier clients, catalogue produits, tarif, bons de commande, échantillons, carte de visite...,
  - documents organisationnels : agenda, stylo, calculette...,
- **la préparation méthodologique**, qui consiste à bâtir un plan de vente pour chaque visite :
  - quels objectifs (objectif principal, objectif de repli) ?
  - quelle stratégie pour atteindre ces objectifs ?
- **la préparation psychologique**, qui consiste à se préparer mentalement avant la visite :
  - séparer vie professionnelle et vie privée,
  - se « déstresser » avant d'entrer chez le client,
  - se donner un moral de vainqueur.

3 Conseils

Les visites importantes doivent être préparées au bureau, fiche client en main pour étudier les contacts précédents (s'il y en a) et fixer un objectif précis à l'entretien.

C Phase 2 : la prise de contact

Les premières minutes de toute communication sont importantes, surtout quand, en prospection, les interlocuteurs se découvrent. Lorsque l'on sait que la première impression est souvent celle que l'on retient, cette phase de prise de contact prend alors toute son importance. *Il faut faire bonne impression dès le début* car « *La première impression est souvent la bonne, surtout quand elle est mauvaise !* » (La Rochefoucauld). C'est également vrai lors d'une visite chez un client, que l'on connaît déjà. Faire à nouveau bonne impression ne pourra que conforter l'opinion que le client a du vendeur.

1 Objectifs

- *Créer un climat favorable à la vente, un climat de confiance ;*
- Se positionner comme une personne sympathique, sûre d'elle, véritable homme d'affaires sur son secteur.

2 Techniques

Respecter la règle des 4 × 20, c'est-à-dire être conscient que l'interlocuteur va se faire une opinion de nous *pendant les 20 premières secondes* de l'entretien, et donc *surveiller* :

- *ses 20 premiers gestes* (démarche, poignée de mains, respecter une distance psychologique par rapport à l'interlocuteur),
- *ses 20 premiers mots* (identification, présentation, phrase d'accroche, penser à l'intonation et surveiller son débit verbal, éviter certains mots et expressions négatifs),
- *les 20 cm de son visage*, c'est-à-dire sourire, montrer sa sympathie autant que son professionnalisme, maîtriser sa voix (assurée) et son regard (franc).

3 Conseils

- *Être convaincu que l'on ne dérange pas, que l'on apporte une information intéressante* pour l'interlocuteur.
- *Éviter les pièges* tendus par le prospect (par exemple, ne pas accepter d'attendre trop longtemps si un rendez-vous a été fixé, refuser d'être reçu dans un couloir…).
- *Être curieux*, par exemple discrètement observer le bureau de l'interlocuteur : des éléments facilement observables peuvent être utiles pour la suite de l'entretien (ordre, désordre, présence de tel ou tel équipement…).

D

Phase 3 : la découverte du client

Cette phase de la vente est primordiale. C'est elle qui conditionne le bon déroulement de la vente. Une bonne phase de découverte, suivie d'une reformulation pour prouver au client qu'on l'a bien compris, permet au vendeur de présenter efficacement « *le* » produit qui va répondre aux besoins du client.
Si la phase de découverte est incomplète, le vendeur va avoir tendance à présenter « le catalogue de ses produits », sans trop savoir lequel correspond le mieux aux besoins de son client.
C'est *une phase d'écoute active pendant laquelle le vendeur parle peu, mais s'efforce de faire parler son client.*

1 Objectifs

- Découvrir les *besoins* (voir page 30 la définition de la notion de besoin) et les *motivations* (par rapport à la typologie SONCAS par exemple) de son client.
- Montrer au client que l'on a compris ses besoins et motivations et que l'on peut l'aider à les satisfaire.
- Mieux connaître sa personnalité, son « mode de fonctionnement ».

2 Techniques

- Il existe différentes formes de questions qui permettent chacune d'obtenir un type de réponse particulier.

Ouverte	Pour faire parler l'interlocuteur (comment… ?, que… ?, quel… ?, pourquoi… ?).
Fermée	Pour obtenir des réponses précises, pour obtenir un accord (questions commençant par un verbe et entraînant une réponse par oui ou par non, combien… ?, quand… ?).
Alternative	Question qui entraîne une réponse le plus souvent prévue par celui qui la pose, pour orienter le déroulement de la discussion (« vous gérez actuellement vos stocks manuellement ou avec l'informatique ? »).
Ricochet	Qui permet de « rallonger » la réponse de l'interlocuteur, d'obtenir plus de détails (« c'est-à-dire ? », « ah bon ? »).

Reformulation	C'est-à-dire reformuler les propos de l'interlocuteur sous forme de question (« vous travaillez donc avec un fichier papier, sur lequel vous entrez manuellement et en fin de chaque journée les mouvements de stock, c'est bien cela ? »). Ce type de question a plusieurs avantages : – montrer à l'interlocuteur que l'on a parfaitement compris ses propos, – lui redonner la parole et lui permettre de rajouter quelque chose, – « baliser » l'entretien d'accords mutuels.

• Les *questions* doivent être *posées selon un ordre bien précis* pour faciliter la communication et favoriser l'obtention de réponses utiles pour le vendeur. On parle de *stratégie* de questionnement.

Plan de stratégie de questionnement

Stratégie de questionnement	Réponses
I - Questions générales sur le prospect, son entreprise, son activité *Exemples :* – Quelle est votre activité précise ? – Quelle est votre principale clientèle ? ... ***Faire une reformulaion des r ponses de cette premi re partie***	— — ...
II - Questions plus précises sur l'équipement actuel de l'entreprise dans le domaine présenté dans le sujet *Exemples :* – Qui travaille sur informatique dans l'entreprise ? – Quels matériels informatiques possédez-vous ? ... ***Faire une reformulaion des r ponses de cette seconde partie***	— — ...
III - 1 - Question permettant de déceler la motivation d'achat (SONCAS) du client *Exemples :* – Quelles sont pour vous les qualités principales d'une bonne imprimante... ? ...	— ...
III - 2 - Questions précises permettant de déceler lequel (lesquels) de vos produits va (vont) répondre parfaitement aux besoins et motivations du prospect *Exemples :* – La vitesse d'impression a-t-elle beaucoup d'importance pour vous ? (pour proposer des imprimantes laser) – Avez-vous besoin d'insérer des photos dans des documents ? (pour proposer un scanner) ...	— — ...
+ « Voulez-vous ajouter autre chose ? » + « Avez-vous prévu un budget pour cette acquisition ? »	— —
Faire la synth se de l ensemble des informations obtenues	

• Il faut poursuivre le questionnement tant que l'on ne connaît pas avec précision les besoins du client et que l'on n'a pas découvert sa motivation principale (selon la typologie SONCAS : sécurité, orgueil, nouveauté, confort, argent, sympathie).

• Cette phase de questionnement doit se terminer impérativement par une reformulation, qui a pour but :
- de montrer au client qu'il a été compris par le vendeur,
- de rassurer le client,
- de « verrouiller » cette phase de l'entretien et de passer à la présentation du produit adapté aux besoins du client.

De plus, il est conseillé de terminer cette reformulation par une question, qui va permettre au vendeur de s'assurer qu'il n'a pas déformé les propos de son prospect.

EXEMPLE :

« Si j'ai bien compris, vous..., vous..., vous... C'est bien cela ? »

• On peut discerner deux types de reformulation :

Reformulation écho	C'est la plus simple. Elle consiste à reprendre les réponses essentielles apportées par l'interlocuteur (en réutilisant les termes du prospect) : « Vous m'avez dit que... ».
Reformulation synthèse	Elle consiste à reformuler, avec ses propres termes, les propos principaux de l'interlocuteur. « Si j'ai bien compris... ». Elle est souvent mieux perçue par l'interlocuteur, car plus personnalisée que la première. La synthèse proposée par le vendeur prouve au prospect que sa motivation essentielle a été bien comprise.

3
Conseils

• Ne pas hésiter à préparer les questions importantes lors de la phase de préparation ;
• garder le contrôle de l'entretien tout en impliquant l'interlocuteur ;
• écouter l'interlocuteur, en pratiquant l'écoute active : se concentrer sur ce que dit l'interlocuteur, précéder sa pensée, et reformuler (voir ci-dessus) ;
• écouter à deux niveaux : le verbal (mots) et le non-verbal (le ton, la voix, les attitudes), pour essayer de percer le « secret de la personnalité » de l'interlocuteur ;
• tout écouter, et pas seulement ce qu'il nous plaît d'entendre ;
• ne pas couper la parole ;
• oser utiliser le silence pour que l'interlocuteur continue à parler ;
• il est préférable de poser des questions en partant du général pour arriver au particulier : par exemple, commencer par des questions sur l'activité de l'entreprise (en prospection) et finir la phase de découverte en posant des questions

sur les motivations du client par rapport à un besoin précis (d'où l'expression stratégie de questionnement) ;

• cette phase de questionnement doit se terminer impérativement par une reformulation.

« *L'homme a deux oreilles et une bouche pour écouter deux fois plus qu'il ne parle.* » (Confucius)

E Phase 4 : la présentation du produit et l'argumentation

C'est une phase importante pour le prospect, car il va pouvoir voir le produit. Il ne faut pas gâcher cette présentation. *Montrer le produit trop tôt est une erreur.* Il faut faire attendre un petit peu le prospect… La présentation n'en aura que plus de force, si elle est bien effectuée, et si les arguments présentés « touchent » l'interlocuteur.

1 Objectifs

Utiliser les éléments découverts pendant la phase précédente pour :
- présenter le produit adapté aux besoins de ce client,
- présenter ce produit sous l'angle qui va le plus sensibiliser ce client (en fonction de sa motivation principale).

2 Techniques

• Montrer le produit (documentation, échantillon ou produit réel si c'est possible) en présentant un *premier argument bâti à partir d'une caractéristique* du produit *à laquelle le client va être très sensible.*

EXEMPLE :

si vous avez déterminé le SONCAS du client (sécurité par exemple), présentez le produit en énonçant un premier argument bâti à partir d'une caractéristique portant sur un aspect sécurité.

• Un argument est constitué de trois parties :

1. - Caractéristique	→	2. - Avantage général	→	3. - Avantage personnalisé
1. « Ce four est équipé d'un nouveau système à catalyse…		2. Il est auto-nettoyant…		3. Il va vous permettre de consacrer plus de temps à vos loisirs. »

Ce système a pour avantage de fonctionner dans les deux sens ; c'est fonction des arguments à présenter et de votre souci d'insister ou non sur l'avantage personnalisé.

1. - Avantage personnalisé	→	2. - Avantage général	→	3. - Caractéristique
1. « Vous qui aimez consacrer beaucoup de temps à vos loisirs...		2. voici un four qui est auto-nettoyant...		3. car il est équipé d'un nouveau système à catalyse. »

- La partie personnalisée de l'argument *doit* correspondre au type de SONCAS du client. Dans l'exemple précédent, on peut considérer que le client est plutôt de type « Confort ».

On peut adapter cet argument à tous les types de SONCAS.

SONCAS	Caractéristique	Avantage général	Avantage personnalisé
Sécurité	« Ce four est équipé d'un nouveau système à catalyse...	...qui lui donne la particularité d'être auto-nettoyant.	**...ce qui vous assure d'avoir un four toujours impeccable. »**
Orgueil	« Ce four est équipé d'un nouveau système à catalyse...	...qui lui donne la particularité d'être auto-nettoyant.	**...C'est un four ultra-moderne qui ne dépareillera pas dans votre cuisine. »**
Nouveauté	« Ce four est équipé d'un nouveau système à catalyse...	...qui lui donne la particularité d'être auto-nettoyant.	**...C'est un système tout nouveau, qui vient de sortir sur le marché. »**
Confort	« Ce four est équipé d'un nouveau système à catalyse...	...qui lui donne la particularité d'être auto-nettoyant.	**...Il va vous permettre de consacrer plus de temps à vos loisirs. »**
Argent	« Ce four est équipé d'un nouveau système à catalyse...	...qui lui donne la particularité d'être auto-nettoyant.	**...Cela va vous éviter d'acheter du produit pour le nettoyer. »**
Sympathie	« Ce four est équipé d'un nouveau système à catalyse...	...qui lui donne la particularité d'être auto-nettoyant.	**...C'est plutôt pratique, qu'en pensez-vous ? »**

3
Conseils

- Sélectionner quelques arguments seulement (trois ou quatre), ceux qui vont toucher votre interlocuteur, qui correspondent à ses motivations (importance de la phase de découverte).
- Ne présenter qu'un argument à la fois.
- Le cas échéant, faire une démonstration (mais elle doit être parfaite, ce qui demande une grande maîtrise du produit).
- Être conscient que ce qui est important pour le client, ce n'est pas la caractéristique technique du produit, mais l'avantage qu'il va en retirer. Il est toujours préférable de parler « avantage » (bénéfice consommateur) que « caractéristique » (sauf pour un client qui aime la technique).
D'où l'importance de l'avantage général et de l'avantage personnalisé.

F
Phase 5 : la réponse aux objections

« Une objection est une marque d'intérêt pour le produit. »
Être convaincu de cette affirmation constitue une grande qualité pour un vendeur. À partir de là, les objections ne sont plus attendues avec anxiété, mais avec impatience !
Reste ensuite à les traiter, pour lever le doute et convaincre le client.

1
Objectifs

- Déceler le pourquoi de l'objection.
- Apaiser la tension source de l'objection.
- Traiter l'objection.

2
Techniques

La règle générale est de *ne jamais contredire le client*. Il faut même lui dire qu'il a raison, que l'on comprend pourquoi il dit cela.
Plusieurs techniques permettent de répondre efficacement à une objection.

Anticiper l'objection : *« Vous allez me dire... »*	Cela permet de répondre à cette objection dans le meilleur climat possible, en la transformant en argument (à utiliser pour les objections qui reviennent immanquablement).
Méthode du « oui, mais » : *« Vous avez parfaitement raison de dire que cette machine est lourde, mais... »*	Marquer un point d'accord pour faire tomber la tension et reprendre l'entretien sous un angle nouveau. Cela permet de réfuter une objection vraie, sans contredire l'interlocuteur. Il est nécessaire d'habiller le « oui » et le « mais » (« je suis bien d'accord... il ne faut pas oublier que...).
Reformulation interrogative : *« Je vous ai bien compris... En somme, vous posez la question suivante : ... c'est bien cela ? »*	Reformuler et transformer l'objection en question, comme si l'on cherchait à comprendre, en se montrant intéressé, compréhensif. Cela permet de redonner la parole à l'interlocuteur pour qu'il précise sa remarque. Parfois, il va même répondre seul à son objection... Utile également pour se donner le temps de trouver une réponse.
Méthode du boomerang : *« Les délais de livraison sont trop longs »... « C'est le succès de ce modèle qui ne permet pas d'obtenir des délais plus réduits »*	Transformer l'objection en argument. Cette technique crée un effet de choc qui désarçonne l'interlocuteur. Il est important d'énoncer un argument fort que l'interlocuteur ne pourra pas réfuter.
Méthode dilatoire : *« Votre remarque est importante, mais j'ai auparavant une question à vous poser... »*	Différer sa réponse. Cette technique permet d'éviter de répondre trop tôt à une question pertinente, et de la reformuler plus tard d'une manière beaucoup moins agressive... ou même de l'étouffer complètement.

3 Conseils

- Laisser l'interlocuteur énoncer son objection jusqu'au bout, sans lui couper la parole ni réagir de quelque manière que ce soit (agitation, moue dubitative...). C'est d'abord une preuve de respect envers lui, et ensuite cela permet de préparer votre réponse. Parfois même, en laissant s'exprimer le client, l'objection s'éteint d'elle-même... !
- Détecter, en écoutant, la vraie nature de l'objection. En effet, une objection en cache souvent une autre :

EXEMPLES :

– « Je ne peux pas décider seul... »
– « Je vais réfléchir... »

Il est peut-être même nécessaire dans ces cas-là de poser quelques questions à l'interlocuteur, pour connaître la véritable objection sous-jacente.

EXEMPLE :

– Client : « Je vais réfléchir... »
– Vendeur : « Il y a quelque chose qui vous chagrine ? » ou bien : « Réfléchissons ensemble ! Quel point voulez-vous éclaircir ? »

- Une fois l'objection clairement définie, la traiter en donnant une explication claire et précise, en s'assurant que l'interlocuteur est d'accord par des questions de contrôle.

EXEMPLES :

- « Vous me suivez ? »
- « Vous êtes d'accord avec moi ? »
- « OK ? »

Cette technique permet de « verrouiller » cette partie de l'entretien en obtenant l'accord du client.

G

Phase 6 : la présentation du prix et la négociation

La présentation du prix est *un moment délicat de la vente*, car le prix est un facteur souvent sensible, quel que soit le type de SONCAS du client. Des méthodes précises permettent de présenter le prix de la meilleure façon possible.

1 Objectifs

- Annoncer le prix au client
- Mener une négociation permettant de conclure la vente. Elle peut porter sur le prix, les quantités, les conditions de règlement et de livraison...

2 Techniques

Plusieurs techniques permettent de présenter un prix de façon efficace.

Addition	Énumérer les avantages du produit importants pour l'interlocuteur afin de lui prouver que la somme de ces avantages correspond au prix demandé : « si vous ajoutez à cela », « sans compter que », « de plus ».
Soustraction	Si l'interlocuteur hésite entre deux produits, lui préciser tout ce qu'il va perdre en choisissant le produit le moins onéreux : « Je peux bien sûr vous proposer le modèle diesel sans turbo, mais vous allez consommer davantage, vous allez payer plus cher votre vignette, et vous disposerez d'un véhicule moins nerveux... ».

Multiplication	Multiplier les avantages procurés par le produit en imaginant une variable encore plus motivante pour l'acheteur : « Vous consommerez 2 litres de gazole en moins pour 100 km, ce qui fait un total de 4 000 litres pour 200 000 km, ce qui correspond à plus de 2 000 € d'économie... ».
Division	Diviser la différence de prix entre deux produits pour la rendre la plus petite possible et la comparer à une dépense courante : « Les 1 067 € de différence correspondent, si vous gardez ce véhicule 5 ans, à 213 € par an et à un peu plus de 16 € par mois... ».

3 Conseils

- Ne jamais présenter le prix seul, mais toujours l'accompagner d'un raisonnement mettant en valeur autre chose que le prix (le produit, les avantages qu'il apporte au client...). *Un prix doit toujours être introduit et conclu.*
- La notion de prix élevé n'existe pas dans l'absolu. Il faut avoir donné l'envie du produit à l'interlocuteur avant de lui présenter son prix. *Sans envie, le prix est toujours trop élevé !* Avec le désir, le prix est rarement un obstacle. *Le tout est de savoir créer l'envie du produit.*
- Si la question du prix vient trop tôt dans le déroulement de la vente, il ne faut pas hésiter à différer sa réponse : « Si vous le voulez bien, nous parlerons prix tout à l'heure, mais auparavant j'ai autre chose d'important à vous dire sur le produit... ».

Après la présentation du prix, débute le plus souvent une *négociation* qui peut porter sur les quantités, le prix proprement dit (négociation d'une remise), les conditions de règlement (demande d'allongement du délai de paiement), le délai de livraison (demande de raccourcissement du délai)...
Cette négociation prouve l'intérêt du prospect pour le produit, mais le vendeur doit veiller à trouver une solution satisfaisante pour les deux parties, que l'on appelle un accord gagnant-gagnant (voir chapitre suivant).

H Phase 7 : la conclusion de la vente

La conclusion est *un moment redouté des vendeurs*. Le client va-t-il dire oui ? Si la vente s'est bien déroulée, et si le vendeur a su prouver l'utilité du produit et créer l'envie, cela devient une simple formalité.

1 Objectif

Obtenir l'accord verbal puis écrit de l'interlocuteur.

2 Techniques

- *Détecter les signaux d'achat émis par l'interlocuteur :*
  - attitude de propriétaire face au produit : le client prend le produit en main, le touche, se l'approprie...,
  - questions précises sur la garantie, le SAV...
- Quelques techniques de conclusion.

Reformulation	**Récapituler tous les avantages** du produit importants pour l'interlocuteur, **en le faisant acquiescer à chaque fois** : « Nous sommes d'accord sur le fait que ce produit... n'est ce pas ? et qu'il est... et... OK ?, de plus il permet... toujours d'accord ? eh bien... ».
Question alternative	Poser à l'interlocuteur **une question ou les deux propositions entraînent l'achat** : « Vous le prenez tout de suite ou je vous le fais livrer ? ».
Réflexion	À utiliser quand l'interlocuteur désire réfléchir... et lui proposer de réfléchir ensemble, pour passer en revue les avantages du produit : « Vous avez raison de vouloir réfléchir avant cet achat ; si vous le permettez, **réfléchissons ensemble : ce produit permet...** (reformulation des principaux avantages)... ».
Test de décision	À utiliser quand l'interlocuteur ne participe pas, n'est pas bavard sur ses sentiments vis-à-vis du produit. Cette technique consiste à agir comme si l'interlocuteur était d'accord pour acheter le produit et **a pour but de débloquer la situation** : « eh bien, M. Untel, je vous fais livrer un carton dès la semaine prochaine... ». **Deux solutions :** – **refus**, et l'**on va demander ce qui gêne l'interlocuteur** (la situation est débloquée), – **acceptation**, aussi étonnant que cela puisse paraître (client timide, peu bavard, impressionnable).

3 Conseils

Ne pas attendre que le client soit disposé à l'achat pour conclure. Une hésitation, un silence de votre part et une nouvelle objection peut survenir. Il faut demander l'accord du client dès les premiers signaux d'achat.

Phase 8 : la prise de congé

Il faut savoir terminer une vente. *C'est un moment important car c'est la dernière impression que l'on va donner au client.* Si la vente n'a pas été effectuée, partir précipitamment ou avec une « tête d'enterrement » ne va pas laisser une impression favorable. À l'opposé, il ne faut pas non plus sortir de chez un client avec le bon de commande à la main en lui montrant trop sa joie. Tout est affaire de mesure.

1 Objectifs

- Préparer le terrain pour une prochaine visite.
- Laisser une image positive de soi et de l'entreprise, quel que soit le déroulement de l'entretien.
- Quitter l'interlocuteur.

2 Techniques

- Toujours avoir l'initiative de la prise de congé pour ne pas avoir l'air de s'éterniser chez l'interlocuteur.
- Prendre un rendez-vous pour la prochaine visite.
- Remercier l'interlocuteur de son accueil.
- Inutile de remercier pour la commande prise ! *Il est même déconseillé de continuer à parler du produit* pour éviter toute nouvelle objection qui risquerait de compromettre la vente.
- Laisser une carte de visite lors du premier contact.
- Saluer et rappeler le prochain contact.
- Cette phase doit se dérouler calmement, dans une *atmosphère détendue, très cordiale.*

3 Conseils

- La vente conclue, il peut être judicieux de lancer quelques pistes pour voir si le client peut être intéressé par un autre produit. Sous couvert d'une question anodine, le vendeur peut tester la réaction du client et envisager une nouvelle visite pour un produit précis.

J

Phase 9 : le suivi de la vente

La vente ne s'arrête pas à la fin de la visite. Le travail du commercial se poursuit dans la voiture et/ou au bureau ou à son domicile.

1

Objectifs

- Analyser l'entretien.
- Effectuer le travail administratif découlant de l'entretien.

2

Techniques

- *Analyser l'entretien quelle que soit son issue :*
  - favorable : comprendre ce qui a permis d'obtenir ce résultat, pour en tirer des enseignements,
  - défavorable : se repasser le « film » de l'entretien, essayer de découvrir ce qui a déplu à l'interlocuteur, à quel moment, pourquoi...
- Traiter administrativement la commande.
- Compléter sa fiche client, rédiger un rapport de visite (si besoin)...

K

Phase 10 : l'après-vente

L'expression « service après-vente » (SAV) est utilisée d'une manière très restrictive dans le langage courant. Elle correspond bien souvent à la prestation offerte par un fournisseur à son client à propos de la maintenance et de la réparation des produits.

L'après-vente pour un vendeur a une autre signification. C'est un service dont *le but principal est la fidélisation du client.* En effet, le « coût de départ » d'un ancien client peut être très élevé, et toute entreprise a intérêt à investir dans des actions de fidélisation de sa clientèle.

1 Objectif

Fidéliser le client.

2 Techniques

Assurer soi-même la livraison, ou rendre une visite au client pour la mise en route ; ou, pour le moins, téléphoner au client après la livraison pour s'assurer que tout est en ordre.

En termes de comportement de la part du vendeur, l'après-vente signifie :

- au départ, une vente de qualité, c'est-à-dire à l'issue de laquelle les deux parties ont trouvé un bénéfice commun,
- un « service apporté » de qualité, qui peut se concrétiser par une ou plusieurs visite(s) après-vente, des conseils d'utilisation, l'optimisation de l'utilisation des produits…,
- la culture de l'image de marque de l'entreprise, de la qualité des produits,
- la vente d'autres produits pour augmenter la dépendance du client envers l'entreprise.

Chapitre 4

La négociation commerciale

A

Le champ de la négociation

La négociation commerciale couvre un champ étendu : elle concerne l'ensemble des démarches visant à conclure, immédiatement ou pour l'avenir, un marché liant deux ou plusieurs parties. Le marché (acte de vente, contrat, « affaire », commande, « transaction ») comprend toujours une « livraison » (de biens ou de services) et une contrepartie, le plus souvent sous forme monétaire (le prix). La contrepartie peut prendre les aspects les plus divers et est généralement assortie de « conditions », elles-mêmes d'une variété quasi infinie (délais, SAV, termes de paiement, obligations contractuelles, etc.).

B

Les éléments de la négociation

Toute négociation est empreinte d'éléments variables ou fixes qui ont une influence sur la solution finale.

Eléments variables	**Externes à la négociation**	**La culture des négociateurs**	La culture d'une personne correspond à l'ensemble des connaissances et des modes de comportement acquis permettant de développer le sens critique, le jugement et de mieux s'adapter à son environnement. La culture de chaque individu est différente mais on retrouve quelques grands groupes culturels distincts au niveau de la planète, par exemple les cultures latine, américaine (des États-Unis), latino-américaine, moyen-orientale… La culture influence la négociation de plusieurs manières : durée, lieu, stratégie… Ainsi, un Américain du nord (États-Unis, Canada) va avoir tendance à utiliser une stratégie de négociation plus dure qu'un Asiatique (par exemple thaïlandais) ; de même, une négociation durera plus longtemps en Asie qu'en Amérique du nord.
		La personnalité des négociateurs	Les capacités de communication des négociateurs, leur habitude de la négociation, leur charisme, leur énergie, leur agilité d'esprit… concourent à influencer le déroulement de la négociation.
	Internes à la négociation	**L'objet de la négociation**	La négociation va être différente selon le type de contrat et le nombre de clauses le constituant. Un contrat relatif à l'achat de cinquante Airbus se traitera de manière différente d'un contrat pour l'achat d'une seule machine dans une entreprise.
		La durée de la négociation	La longueur d'une négociation ainsi que la proximité d'une date limite (de fabrication d'une série par exemple) influencent les négociateurs. Le négociateur qui n'est pas contraint par le temps est en position de force.
		Le nombre de négociateurs	L'augmentation du nombre de négociateurs entraîne l'augmentation de la complexité de la négociation.
		Le nombre de parties en présence	Des négociations peuvent se dérouler avec de multiples parties en présence : consultants, banquiers, avocats des deux parties. Plus le nombre de parties est important, plus l'accord final sera difficile à établir.

		Le rapport de force entre les parties en présence	Il existe forcément un rapport de force entre les négociateurs. Il peut provenir de rapports antérieurs, des qualités naturelles d'une des parties ou de positions économiques dominantes. Dans tous les cas, il faut en être conscient et étudier ses répercussions possibles.
		Le lieu de la négociation	Il est toujours plus facile de « jouer sur son terrain » et donc de recevoir l'autre partie pour négocier (connaissance de nombreux repères : environnement, habitudes, absence du sentiment d'isolement...).

Eléments fixes (processus de négociation)	**La phase de préparation**	Avant toute négociation, il est nécessaire de : – maîtriser parfaitement tout le dossier et préparer des arguments, – déterminer, en fonction des objectifs, les limites acceptables de la négociation (supérieure et inférieure), – prévoir les options possibles de l'autre partie et les réactions envisageables.
	La phase d'exploration	C'est la première partie de la négociation proprement dite. Son but est d'échanger des informations (à partir d'une stratégie de questionnement) afin de préciser le problème posé et la situation de chacun. Les techniques de questionnement et d'écoute active ont ici un rôle prépondérant. Cette phase doit se dérouler calmement, sans pression aucune.
	La phase de confrontation	C'est durant cette phase que les premières propositions seront émises par les négociateurs. Elles ont peu de chance d'aboutir : les négociateurs, pour ne pas se découvrir, tenteront des propositions extrêmes, c'est-à-dire leur assurant une marge de manœuvre confortable. Ils vont entrer dans une phase ouverte de confrontation d'arguments, d'objections, de tentatives de persuasion. C'est la période « chaude » de la négociation, où elle est la plus distributive (recherche d'un accord au détriment de l'autre). Sans véritable effort des deux parties, il n'est pas possible d'aboutir à un accord satisfaisant.

	La phase de recherche d'une solution	La seule manière de trouver une solution équitable, permettant d'établir une relation gagnant-gagnant, est de lister toutes les solutions possibles. Ces solutions sont le fruit d'efforts réciproques pour essayer de réduire les divergences. La solution idéale existe, mais il faut peut-être faire preuve d'imagination pour la trouver. Cette solution passe forcément par l'utilisation de techniques propres à la négociation. • La concession, c'est-à-dire lâcher du lest, accorder un avantage à l'autre partie pour permettre de débloquer une situation. La concession est la caractéristique d'une négociation dite intégrative, où les parties agissent dans le but de trouver une solution commune satisfaisante. • Le compromis, c'est-à-dire l'accord, fruit de concessions réciproques, permettant à chaque partie d'arriver à une solution où les objectifs respectifs sont plus ou moins atteints. • Le consensus, accord parfait entre les parties, fruit d'une négociation menée dans un esprit de collaboration pour atteindre une solution où le bénéfice total des deux parties est maximum.

C

La méthode de négociation de Harvard

Élaborée par Roger Fischer et William Ury, responsables du *Harvard Negociation Project*, cette méthode est basée sur quatre principes.

- Traiter séparément les questions de personnes et le différend, c'est-à-dire ne pas mélanger les relations avec l'interlocuteur et l'objet du différend, « être doux avec les hommes et dur avec le différend ».
- Se concentrer sur les intérêts en jeu et non sur des positions, c'est-à-dire s'attacher à déceler et comprendre les intérêts qui motivent les positions de l'interlocuteur.
- Imaginer un grand éventail de solutions avant de prendre une décision, c'est-à-dire réfléchir à toutes les solutions permettant d'obtenir un bénéfice

mutuel (possibilité d'utiliser le *brain-storming* pour découvrir des solutions intégrant des éléments proches ou éloignés de l'objet de la négociation).

- Exiger que le résultat repose sur des critères objectifs, c'est-à-dire indépendants de la volonté des parties.

Cette méthode, dite « raisonnée » vient se situer entre deux extrêmes :

- la négociation dure, dite « distributive », faite de pressions et de menaces, de statu quo sur des positions pré-définies ;
- la négociation douce, dite « intégrative », faite de concessions, de changements de positions, et de la recherche de la meilleure solution sans affrontement des volontés.

Chapitre 5

La gestion de la force de vente

Gérer une force de vente est une activité complexe qui réunit de nombreuses composantes que nous allons étudier dans ce chapitre : la fixation d'objectifs, l'organisation, le recrutement, la formation, l'animation et le contrôle. Nous verrons également comment un vendeur gère sa propre activité.

A La fixation d'objectifs

Les objectifs d'une force de vente peuvent s'analyser :
- au niveau global (objectifs assignés à la force de vente),
- à l'échelon du vendeur (quotas individuels).

1 Les objectifs globaux assignés à la force de vente

Fixés par la direction commerciale, en accord avec la direction générale, ils sont le plus souvent quantitatifs et qualitatifs :

• quantitatifs : chiffre d'affaires global à réaliser, quantités à vendre, part de marché ou rang à atteindre, rentabilité à recouvrer...,

• qualitatifs : développer la qualité du service, améliorer l'image de marque...

2 Les quotas de vente

Les quotas correspondent à la juste répartition des objectifs quantitatifs globaux entre les secteurs.

a. Critères d'établissement des quotas

La répartition des objectifs globaux peut être effectuée en fonction de nombreux critères :
- potentiel de chaque secteur, qui peut être calculé par rapport au nombre de clients, au chiffre d'affaires, à la taille du secteur,
- importance de la concurrence,
- ancienneté, expérience du vendeur...

b. Buts des quotas

• Stimulation du travail du vendeur, par une augmentation substantielle de sa rémunération.

• Pilotage de la force de vente (gestion des efforts du vendeur) : un représentant ne sait pas toujours sur quelle activité il doit concentrer ses efforts, ou bien quelle activité il ne doit pas délaisser (un quota de nouveaux clients va obliger le vendeur à faire de la prospection).
La fixation de quotas lui permet de mieux gérer son temps et de faire une répartition optimum de son temps de travail entre les différentes tâches qu'il doit effectuer.

• Contrôle et évaluation du travail du vendeur, en comparant régulièrement les résultats aux objectifs. Cela va permettre :
- de mesurer le niveau de productivité de chaque vendeur,
- de déceler les besoins en formation.

• Équité du système de rémunération, à condition que les quotas prennent en compte plusieurs critères.

c. Les différents types de quotas

Il existe trois grands types de quotas.

Type de quota	Fonctionnement	Avantages	Inconvénients
Quota en pourcentage de l'objectif global	Répartition entre tous les secteurs de l'objectif global de l'entreprise.	Simple, stimulant.	Contrôle en fin d'année.
Quota en points	Définition d'une unité de base, le point, chaque produit valant un certain nombre de points.	Bonne gestion des efforts des vendeurs, stimulant, contrôle aisé, souplesse par rapport aux objectifs.	Difficile à mettre en place.
Quota en quantités	Définir un chiffre à atteindre (produits, nouveaux clients).	Simple à comprendre, contrôle précis.	« Flicage », difficulté de fixation des quotas.

d. Les différentes méthodes d'affectation des quotas

Un responsable commercial a le choix entre trois manières différentes pour affecter un quota à ses vendeurs.

Décision autoritaire	La direction commerciale calcule les quotas et les affecte autoritairement à chaque vendeur (pratique souvent mal perçue...).
Décision participative	Le calcul du quota est réalisé conjointement entre le responsable commercial et le vendeur (méthode difficile à « manager »...).
Décision mixte	Le responsable commercial et le vendeur effectuent séparément, dans un premier temps, le calcul du quota ; ils se réunissent ensuite pour confronter leur résultat respectif : négociation (c'est la méthode la plus équitable et la plus enrichissante pour les deux parties).

B

L'organisation de la force de vente

Une fois les objectifs déterminés, il faut calculer la taille de la force de vente et répartir les vendeurs sur le territoire. Ces deux opérations sont très importantes non seulement lors de la mise en place d'une nouvelle force de vente, mais aussi pendant son activité puisqu'il peut y avoir des ajustements à effectuer.

1
Le nombre optimal de vendeurs

La pratique de nombreuses entreprises (PME) dans le calcul de la taille de la force de vente n'est pas un bon exemple. En effet, le nombre de vendeurs a bien souvent été déterminé simplement en fonction des personnes disponibles à une période donnée. À l'inverse, les grandes entreprises utilisent des techniques très sophistiquées (recherche opérationnelle) pour réaliser le même calcul.

Il existe une méthode simple basée sur le calcul de la charge totale de travail de la force de vente.

Cette méthode prend en compte les variables suivantes :
- nombre de clients,
- nombre de prospects,
- fréquence moyenne de visites clients,
- fréquence moyenne de visites prospects.

- Nombre total de visites à effectuer (sur une année) :

$$\text{Nombre de visites} \times \text{fréquence annuelle moyenne de visites}$$

Pour plus de précision, il est souhaitable de segmenter les clients (règle des 20/80 ou méthode ABC) et d'affecter chaque segment d'une fréquence de visites spécifique.

- Nombre de visites annuelles par vendeur :

$$\text{Nombre de visites/jour} \times \text{nbre de jours/semaine} \times \text{nbre de semaine/an}$$

Le nombre de visites par jour tient compte du temps moyen de trajet effectué par le vendeur. Le nombre de semaines de travail par an doit bien sûr tenir compte des congés, mais aussi de la formation, des journées passées sur un stand, d'éventuelles absences...

- Nombre de vendeurs :

$$\frac{\text{Nombre total de visites à effectuer}}{\text{Nombre de visites annuelles/vendeur}}$$

2
La définition des secteurs de vente

La définition des secteurs peut s'effectuer à partir de différents critères :

Critère	Description	Avantages	Inconvénients
Géographie	Un vendeur visite sur son secteur tous les clients et prospects pour tous les produits.	– Chaque vendeur est responsable de son secteur. – Frais de route limités.	Difficulté de bâtir des secteurs potentiellement équivalents.
Produit	Un vendeur visite sur son secteur tous les clients et prospects pour une seule gamme de produits.	Vendeur spécialisé sur une gamme de produits (connaissances techniques approfondies).	– Une force de vente par gamme de produits. – Plusieurs vendeurs pour le même client. – Plusieurs vendeurs sur le même secteur.
Clientèle	Un vendeur visite sur son secteur un type de clientèle pour tous les produits.	Vendeur spécialisé sur une clientèle précise (connaissance approfondie de cette clientèle).	– Une force de vente par type de clientèle. – Plusieurs vendeurs sur le même secteur.

Le critère idéal est celui qui permet d'obtenir des secteurs équivalents (en quantité de travail et potentiel d'évolution), adaptés aux produits vendus et à la clientèle visitée. Ils doivent permettre aisément la fixation d'objectifs et la mise en place du contrôle des vendeurs.

3
La répartition des vendeurs sur les secteurs

Cette tâche incombe au responsable commercial. Il doit, en fonction des vendeurs dont il dispose, affecter un secteur à chacun d'entre eux de manière à utiliser au maximum leurs compétences. Il doit également tenir compte de certaines contraintes comme le lieu d'habitation ou l'ancienneté des vendeurs (qui ont déjà travaillé sur plusieurs secteurs).

Certaines entreprises déplacent régulièrement leurs vendeurs (tous les trois ou quatre ans). Les avantages de cette pratique sont d'éviter la routine et d'augmenter le chiffre d'affaires des secteurs. Le principal inconvénient est le risque de démotivation de la part des vendeurs.

C Le recrutement

Le recrutement est une opération qui se déroule en plusieurs étapes :

1 Définition d'un profil de poste

C'est peut-être l'élément essentiel du processus de recrutement : un profil mal défini va engendrer les réponses de candidats ne correspondant pas au poste à pourvoir.

Le profil de poste doit permettre de définir clairement les éléments suivants :
- le marché sur lequel se situe l'entreprise,
- l'entreprise elle-même,
- les produits à vendre,
- la définition du poste à pourvoir,
- les exigences ou préférences par rapport au candidat : âge, formation, expérience, présentation, potentiel, qualités, motivation, centres d'intérêt...

2 Le choix du moyen de recherche

Le moyen le plus utilisé est bien sûr l'*annonce-presse* (plus de 80 % des offres d'emploi), mais il en existe d'autres : cooptation, écoles, associations professionnelles, manifestations spécialisées, ANPE, petites annonces des demandeurs d'emploi, émissions de radio ou de télévision, candidatures spontanées.

3 Le tri des réponses

Il est utile quand le nombre de réponses est trop important. Il permet d'éliminer d'office les candidats qui ne correspondent pas au profil demandé.

4
Le (ou les) entretien(s)

C'est le temps fort du recrutement, la rencontre avec les candidats. Le but de l'entretien est de permettre au candidat de s'exprimer. Le recruteur, aidé d'un plan d'entretien, va guider la discussion en questionnant le candidat. Il doit être capable, à l'issue de l'entretien, de se faire une opinion sur la qualité du candidat et sur son adéquation avec le poste à pourvoir. Deux entretiens effectués par deux personnes différentes, dans des conditions différentes, permettent de se faire une meilleure idée d'un candidat et de partager la décision.
Il est possible par ailleurs de réaliser des entretiens de groupe, mais ils sont moins utilisés et plus délicats à diriger.

5
Le choix du bon outil d'évaluation

Il existe de nombreux outils d'évaluation. Certains sont très utilisés, d'autres très peu, voire même controversés. Dans tous les cas, ces outils interviennent uniquement comme aide à la décision.

Outils	Description – Avantages – Inconvénients
Graphologie	D : analyse de l'écriture scripturale dans le but de réaliser un profil psychologique du scripteur (ouverture d'esprit, intelligence, adaptation...). A : facilité d'emploi pour un spécialiste, fiable à 70 %. I : intrusion dans l'intimité du candidat, graphologue obligatoire.
Morpho-psychologie	D : technique basée sur l'adaptation d'un individu à son milieu, la morphologie reflète la personnalité de l'individu, permet d'anticiper l'adaptabilité d'une personne à un poste donné. A : simple et pratique, car il suffit d'observer le candidat, fiable. I : ce n'est pas un outil d'évaluation en tant que tel.
Tests psychotechniques	D : analyse de la personnalité d'un individu à partir de tests qu'il doit réaliser. A : rassurant par son côté rigoureux. I : fiable à 50 %, présence d'un professionnel indispensable, long (réalisation du test, analyse).
Bilan comportemental	D : mesurer des comportements en mettant en situation les candidats, le but étant de mesurer l'écart entre le comportement du candidat et celui attendu. A : permet de « tester » le candidat dans une situation qu'il pourra rencontrer s'il obtient le poste, fiable à plus de 90 %. I : long et coûteux, difficile à mettre en place.

Dans la pratique, l'entretien est souvent accompagné d'un outil d'évaluation (dans le cas de la graphologie, l'analyse est effectuée lors du premier tri de candidats, avant l'entretien).
D'autres outils sont à la disposition des recruteurs : logiciels de graphologie, diagnographie (questions pré-enregistrées sur cassettes audio), astrologie, numérologie...
L'entreprise peut organiser elle-même le recrutement, ou bien s'offrir les services d'un cabinet spécialisé.

D La formation

C'est une des clés de la gestion de la force de vente. La fonction vente a désormais besoin d'hommes et de femmes connaissant parfaitement leurs produits, les techniques commerciales, maîtrisant les techniques de communication et de négociation et conscients de leurs capacités personnelles.
Cette formation peut être assurée par l'entreprise elle-même ou par un cabinet de formation, peut se dérouler dans l'entreprise, ou à l'extérieur de celle-ci, et peut être spécifique à l'entreprise (intra-entreprise) ou partagée avec une ou plusieurs autres entreprises (inter-entreprises).
Elle peut prendre les formes suivantes.

• Le séminaire : c'est la formule la plus utilisée par les entreprises. Le séminaire (ou stage) peut être intra ou inter-entreprises :

Intra-entreprise		**Inter-entreprises**
– Formation produit, communication, négociation. – Développe l'esprit d'entreprise, la communication interne. – Coût élevé s'il est assuré par un cabinet spécialisé (sur mesure).		– Formation comportementale ou personnelle. – Simple et de coût moins élevé (réparti entre toutes les entreprises participantes). – Favorise les échanges inter-entreprises (plus riche en contacts).

• La formation interne, démultipliée par la hiérarchie : les responsables commerciaux sont formés, puis deviennent formateurs de leurs vendeurs. L'avantage principal est que ce type de formation « colle » à la réalité de l'entreprise, à sa culture. Le message passe beaucoup mieux et le suivi de la formation est aisé.

- La formation sportive en pleine nature (descente de torrents, escalade, course d'orientation...), idéale pour former un groupe, le stimuler, développer l'esprit d'équipe...

- La formation interactive, sur micro-ordinateur et CD-Rom, idéale pour effectuer des « piqûres de rappel » après un séminaire. Disponibles à tout moment, ces matériels peuvent être utilisés par le vendeur quand il le souhaite, ce qui renforce l'efficacité du système.

E
L'animation par la stimulation

Le terme animation est un terme générique qui regroupe à la fois l'aspect communication entre les personnes (réunions, dynamique de groupes, styles de direction...) et la stimulation du désir de vendre (rémunération, concours...). L'aspect communication est traité dans le chapitre « Les phénomènes de communication au sein d'un groupe ». *Seule est traitée dans cette partie la stimulation du désir de vendre.*

Motivation	Stimulation
– Stratégique, – permanente, – motivation des hommes sur le long terme, – créatrice d'énergie, – outil de management.	– Tactique, – ponctuelle, – motivation des hommes sur le court terme, consommatrice d'énergie, – outil de « promotion » des ventes, – accélérateur de la motivation.

On peut définir la stimulation de la force de vente comme un ensemble d'opérations permettant d'augmenter ponctuellement la « pression » sur les vendeurs pour les pousser à vendre un produit ou un service.

Il est important de faire la différence entre stimulation et motivation :
La stimulation peut prendre différents aspects :

1
La rémunération

Un bon système de rémunération de la force de vente doit regrouper les qualités suivantes :

Pour l'entreprise	Pour les vendeurs
– Stimulant pour les vendeurs, – permettant d'atteindre les objectifs fixés, – simple et souple.	– Sécurisant, – permettant de récompenser des efforts, – équitable.

Il peut comprendre les composantes suivantes :

Composantes	Description – Avantages – Inconvénients
Un fixe	**D :** partie du salaire indépendante de l'activité du représentant et de la vie de son secteur. **A :** sécurisant, simple, permet de changer un vendeur de secteur. **I :** pas stimulant, ne permet pas d'orienter le travail du vendeur, favorise les vendeurs moins performants.
Une commission	**D :** intéressement (%) du vendeur sur les ventes effectuées, fixe ou variable (dégressif ou progressif). **A :** très stimulant, permet d'orienter le travail du vendeur s'il existe plusieurs taux, diminue le *turn-over*. **I :** insécurité, le vendeur est moins sensible à la prospection, au lancement de produits nouveaux, entraîne l'écrémage des secteurs au détriment du long terme, augmente la résistance au changement de secteur.
Une prime	**D :** somme d'argent attribuée à un vendeur s'il atteint un objectif. **A :** très stimulant, très souple, diversifié, permet de fixer des objectifs à la force de vente. **I :** complique le système de rémunération.

La plupart des systèmes de rémunération présentent un mix de ces composantes :
- fixe + commission,
- fixe + prime,
- fixe + commission + prime.

Ces différentes combinaisons permettent de bâtir un système alliant les avantages et réduisant les inconvénients de ces différentes composantes. Le fixe seul et la commission seule sont moins utilisés (par contre, la commission seule permet des salaires plus élevés que les autres systèmes ; c'est le système utilisé pour les VRP multicartes).

Il ne faut pas oublier que de nombreux vendeurs disposent également d'avantages en nature (véhicule par exemple) et du remboursement de leurs frais de déplacement (forfaitairement ou sur justificatifs).

L'intéressement aux bénéfices est également une formule utilisée, mais elle n'est pas spécifique aux commerciaux. Elle présente plusieurs avantages :

- motiver les différents types de personnels (commerciaux compris) aux bénéfices de l'entreprise ;
- éviter, en ce qui concerne les commerciaux, la course aux remises provoquée par la commission sur le chiffre d'affaires, tout en leur confiant une grande autonomie de décision sur leur secteur (la commission sur le chiffre d'affaires est souvent accompagnée de consignes très strictes à propos des remises qui restreignent le pouvoir de décision des vendeurs).

2 Les concours de vente

Ces concours forment l'essentiel des campagnes de stimulation organisées par les entreprises à destination des vendeurs. Ils se décomposent en deux parties : l'organisation des concours et le choix des récompenses.

• *Organiser un concours* exige de suivre des règles précises pour qu'il stimule réellement la force de vente :

- faire en sorte qu'il n'y ait pas qu'un mais de nombreux gagnants, en prévoyant différents tableaux,
- fixer des objectifs réalisables par chacun, en tenant compte de variables comme la nature du secteur, l'ancienneté...,
- fixer une durée raisonnable (trois mois maximum) pour ne pas décourager.

• *Prévoir des récompenses stimulantes*

Récompenses	Avantages – Inconvénients
Argent	A : préféré par les vendeurs, simple, représentatif d'une valeur. I : assimilable à une rémunération.
Cadeau	A : simple et souple si le cadeau est à choisir dans un catalogue (spécialisé), permet d'impliquer les conjoints, souvenir matériel, permet de récompenser de nombreux vendeurs. I : peut ne pas plaire, individuel.
Voyage	A : très apprécié, constitue toujours un bon souvenir, très stimulant (rêve). I : la destination peut ne pas plaire (ou le voyage déjà effectué), peu de lauréats, cher.
Honneurs	A : très en vogue aux États-Unis, arrive en France (diplôme de meilleur vendeur, médailles, trophées...), joue sur la reconnaissance par les autres. I : ne récompense que les meilleurs, moins stimulant en France.

F Le contrôle

L'évaluation du travail des vendeurs est indispensable du fait de l'importance de la fonction qu'ils remplissent. Cette évaluation ne peut se faire que par rapport aux objectifs assignés, en analysant les écarts par rapport aux réalisations.
Le contrôle peut être effectué grâce à des documents administratifs que l'on va exiger des vendeurs (rapports d'activité) et par des entretiens que le responsable commercial pourra effectuer avec ses vendeurs.
En plus de ce contrôle quantitatif, cette analyse va permettre de réaliser une évaluation qualitative.

1 Le contrôle quantitatif

Il peut s'effectuer au travers des ratios suivants :
- chiffre d'affaires réalisé/nombre de commandes,
- nombre de commandes/nombre de visites,
- prospection : nouveaux clients/nombre de visites,
- chiffre d'affaires/nombre de km parcourus,
- nombre d'impayés/nombre de commandes...

L'analyse de ces ratios est primordiale pour évaluer avec précision le travail fourni par le vendeur, mais aussi, et c'est plus important, pour évaluer ses besoins en formation.

2 Le contrôle qualitatif

C'est une évaluation qui peut être faite par le vendeur lui-même (auto-évaluation) après chaque visite, quel qu'en soit le résultat ou régulièrement à partir d'une liste de thèmes de réflexion (donnés par le responsable commercial). Le responsable hiérarchique peut également évaluer le travail du vendeur en « tournant » une journée avec lui, pour mieux se rendre compte de ses pratiques et pouvoir en parler avec lui, ou bien en organisant une ou deux fois l'an des entretiens avec chacun de ses vendeurs pour faire le point.
Ces entretiens d'évaluation ne doivent pas être organisés seulement pour contrôler la qualité du travail du vendeur, mais pour s'efforcer, ensemble, d'améliorer la qualité de ce travail.

3
L'entretien d'évaluation

L'évaluation de la force de vente sert à :
- vérifier si les objectifs assignés à la force de vente ont bien été atteints,
- expliquer les écarts observés,
- mieux connaître les membres de la force de vente,
- parvenir à un dialogue entre les vendeurs et leur supérieur hiérarchique, améliorer la communication,
- aider à la spécialisation des hommes,
- hiérarchiser les besoins en formation,
- permettre aux membres de la force de vente d'utiliser toutes leurs ressources pour les aider à progresser.

L'entretien d'évaluation doit obligatoirement se dérouler à partir d'un support : la fiche d'évaluation.

La fiche d'évaluation

- Elle doit être réalisée spécialement pour l'entreprise, au cours d'une ou plusieurs réunions rassemblant l'encadrement commercial.
- Elle doit être présentée et discutée ouvertement avec les vendeurs, au cours d'une réunion (explication de son fonctionnement).
  Une fois remplie, elle ne doit pas être perçue comme un jugement et doit rester confidentielle.
- Les réponses peuvent être présentées sous différentes formes (questionnaire traditionnel, échelles de Likert, courbes...).

Les différents systèmes d'évaluation

- L'auto-évaluation : fiche d'évaluation remise à chaque membre de la force de vente. Le contrôle n'est effectué que par l'individu (sans grand intérêt si le vendeur ne le fait pas sérieusement).

- L'auto-évaluation discutée : idem, mais suivie d'une discussion avec le responsable hiérarchique (plus efficace car le vendeur va estimer sincèrement ses points forts et ses faiblesses, motivé par la discussion qui va suivre...).

- L'évaluation autoritaire discutée : fiche d'évaluation remplie par le responsable hiérarchique mais discutée, commentée par le vendeur. Ce système est efficace mais peut être source de conflit en cas de désaccord entre les deux parties.

- L'évaluation commune : fiche d'évaluation remplie au cours d'un entretien entre les deux parties. La fiche est remplie par les deux parties.

– La co-évaluation : la fiche est établie, à tête reposée, séparément par le vendeur et par le supérieur. L'entretien a lieu par la suite, avec la confrontation des deux fiches.

C'est le système le plus efficace car il permet d'éviter des situations conflictuelles ; de plus, il favorise la réflexion et l'objectivité.

G La gestion de l'activité du vendeur

La gestion de l'activité du vendeur s'articule autour de quatre pôles : la gestion de son temps (professionnel), la gestion de ses tournées, la gestion des affaires et l'optimisation de son activité.

1 La gestion du temps

a. Analyse des tâches effectuées par le vendeur

Chaque vendeur partage son temps de deux manières : les tâches en clientèle et les tâches hors-clientèle.

Les tâches en clientèle

Elles correspondent :
– aux contacts clients (qui se décomposent en temps de négociation, de démonstration, de résolution de litiges, d'après-vente...),
– aux contacts prospects (connus et inconnus).

Les tâches hors clientèle

Il s'agit essentiellement du travail administratif, du temps passé au téléphone, des réunions, de la formation, du temps consacré à l'entreprise (remontée d'informations), du temps de trajet (professionnel).

b. Hiérarchisation des tâches

Cette phase de hiérarchisation permet de fixer des priorités et de déterminer les tâches à effectuer pendant la journée.
La liste la plus exhaustive possible des tâches professionnelles du vendeur est le point de départ d'une bonne gestion du temps. À partir de là, le vendeur doit établir des priorités et des rapports entre ces différentes tâches en fonction de

ses objectifs, de ses résultats et de sa personnalité (par exemple, placer la prospection, délaissée jusqu'à présent, en priorité numéro deux, et se fixer en moyenne une visite prospect pour trois visites clients).

c. Planification et analyse des tâches

Cette phase permet d'organiser, à l'intérieur d'une journée, les tâches qui ont été prévues.
En début de journée, le vendeur doit prendre le temps de planifier ses tâches quotidiennes (en prévoyant des marges de manœuvre pour être à même de répondre aux imprévus). Le peu de temps passé à cette planification lui permettra de ne pas en perdre pendant la journée.
Le vendeur doit aussi consacrer, en fin de journée, quelques minutes pour comparer ses prévisions au déroulement effectif de son travail, comprendre pourquoi telle ou telle tâche n'a pas été effectuée et comment il aurait été possible d'y consacrer le temps nécessaire.
Depuis peu, des logiciels permettent aux vendeurs de mieux gérer leur temps. Fonctionnant sur micro-ordinateurs portables, ils permettent la planification et la gestion des tâches aussi diverses que l'établissement des notes de frais, des rapports de visite, la mise à jour d'un agenda, la tenue des fiches clients et prospects...

2
La gestion des tournées

La qualité des tournées que va réaliser le vendeur sur son secteur est un facteur déterminant pour la bonne gestion de son temps. Plusieurs critères sont à prendre en compte pour construire des tournées efficaces.

• *Le critère le plus important* à retenir pour établir une tournée *est la fréquence de visites.* Un même représentant peut visiter certains clients toutes les semaines, d'autres tous les quinze jours, d'autres tous les mois...

• *La localisation des clients ou prospects* est importante. Le meilleur moyen de s'en rendre compte est de situer les clients sur une carte du secteur et d'évaluer leur dispersion géographique.

• *La géographie du secteur* va également influencer les tournées (un vendeur ne va pas traverser plusieurs fois un massif montagneux dans la même tournée).

• *Le lieu d'habitation du vendeur,* va déterminer la durée des tournées (avec ou sans nuits à l'hôtel).
Le calcul des distances entre les clients (en tenant compte de leur fréquence de visite) et la géographie du secteur vont permettre au vendeur d'établir ses tournées.

Un représentant habitant au centre de son secteur (si ce dernier n'est pas trop vaste) va pouvoir rentrer tous les soirs chez lui et effectuer des tournées dites « en marguerite » (voir schéma suivant).

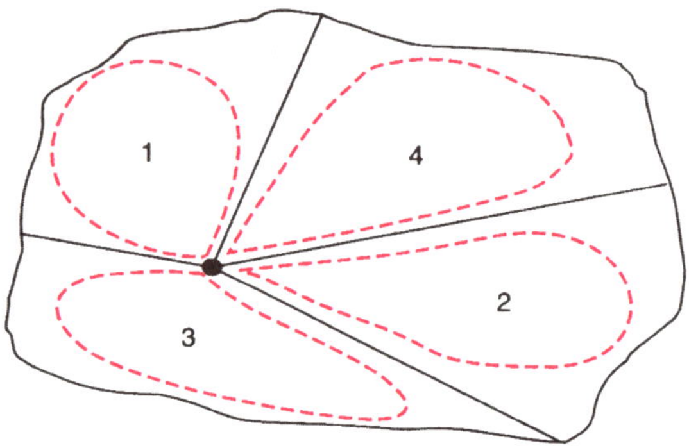

Une tournée prévue à l'avance (rendez-vous, avis de passage) et structurée permet de meilleurs contacts et évite de négliger certains clients moins importants. Cela permet également d'organiser une prospection plus efficace (plus de temps disponible pour la prospection).

La loi des 20 × 80 est un outil très utile lors de la construction d'une tournée : les clients peu importants (ne faisant pas partie des 20 × 80) ne doivent pas être inclus systématiquement dans les tournées. Un appel téléphonique peut souvent remplacer une visite, surtout pour une commande peu importante.

Le plus pratique pour construire une tournée est d'établir un tableau de tournée, regroupant les clients par fréquences de visites identiques et par semaines. Ce genre de tableau, très utile, est remplacé à présent par l'utilisation de l'outil informatique : il suffit de rentrer toutes les données et le micro-ordinateur présente lui-même la tournée la plus efficace.

Une tournée bien établie ne veut pas dire qu'il ne faille pas aller dépanner rapidement un client important, au contraire. La tournée de type marguerite permet de revenir chaque soir au centre du secteur et ainsi de visiter un client dans l'embarras sans multiplier le nombre de kilomètres.

3
La gestion des affaires

Le vendeur peut organiser ses contacts clients ou prospects et leur suivi de différentes manières :

- approche par courrier (publipostage, avis de passage),
- approche téléphonique, pour la prise de rendez-vous,

– approche directe, en prospection,
– négociation par téléphone (commandes de renouvellement par exemple),
– négociation par entretien, en face-à-face dans la majorité des cas.

Le suivi des contacts pris nécessite souvent l'organisation de démonstrations, l'établissement de devis, le montage financier (avec un partenaire financier) d'un contrat important, le suivi des commandes et de la facturation...

4 L'optimisation de l'activité

Un vendeur doit se donner les moyens de suivre les résultats de son activité pour analyser leur évolution et en déduire les conséquences et les réactions nécessaires.

L'établissement d'un *tableau de bord* regroupant son chiffre d'affaires mois par mois, sa rémunération, la comparaison en temps réel entre ses réalisations et ses objectifs, certains ratios (voir chapitre « La gestion de la force de vente »), permettent au vendeur de faire un diagnostic complet de son activité et de l'adapter en fonction des résultats.

Quelques sites internet

SIGLE, nom de l'organisme, *activité*	**Adresse des sites**
• Action commerciale *Revue - Portail du directeur commercial*	actionco.fr
• Commerciaux *Informations sur la représentation et les différentes formes de commerciaux*	membres.lycos.fr/VRP/
• FNAC Fédération Nationale des Agents Commerciaux	comagent.com
• Freestim *Site d'aide à la création d'une opération de stimulation*	freestim.com
• Top Com *Portail du management et de la communication*	topcom.fr

CHAPITRE 6

La vente à l'étranger

L'exportation devient une nécessité pour une grande partie des entreprises. Les raisons en sont multiples :

- trouver de nouveaux marchés pour faire face à une concurrence croissante et à la saturation de la demande dans certains secteurs,
- diversifier les risques de distribution des produits,
- diminuer les coûts de production.

L'activité d'exportation nécessite des structures adéquates (organisation de la fonction export : recrutement de personnels sédentaires et non sédentaires qualifiés, équipement en moyens de communication performants...).

Elle nécessite aussi des choix stratégiques importants : quel(s) produit(s) exporter (le produit distribué en France ou un produit adapté aux attentes des consommateurs du pays déterminé ?), dans quel pays, quel est le meilleur moment, comment pénétrer le marché du pays choisi ?

Toutes ces questions entraînent la réalisation d'une étude du marché envisagé.

A

L'étude de marché

De nombreuses informations sont indispensables sur le pays envisagé : potentiel actuel et futur, croissance de la population, stabilité de la monnaie, nature des échanges avec l'extérieur, degré d'intervention de l'État, stabilité du pouvoir politique, moyens d'accès, culture...

La recherche des informations commence en France en consultant les organismes suivants :

- CFCE {@} (Centre français du commerce extérieur),
- COFACE {@} (Compagnie française d'assurance pour le commerce extérieur),
- CCI {@} (Chambres de Commerce et d'Industrie),
- Chambres de commerce franco-étrangères {@},
- UFIE (Union française des industriels exportateurs),
- Le MOCI {@} (Moniteur du commerce international) et d'autres revues...,
- Ambassades, consulats,
- Banque mondiale,
- BRI (Banque des règlements internationaux),
- Foires, salons...

L'étude de marché doit se poursuivre dans le pays. Elle peut être réalisée par l'entreprise ou par un cabinet spécialisé. Elle a pour but d'évaluer la demande et l'offre du produit dans le pays et d'en étudier les possibilités de commercialisation.

1

Étude de la demande

Le volume de la demande intérieure va permettre d'évaluer le marché potentiel du produit considéré. Celui-ci dépend de la situation du produit sur sa courbe de vie (un produit peut être en phase de croissance dans un pays et en phase de déclin dans un autre).

2

Étude de l'offre

Elle se résume à l'étude de la concurrence locale et internationale pour le produit considéré.

3
Étude de la commercialisation

C'est l'étude des différents moyens de pénétration du marché :

- l'exportation par l'entreprise elle-même : un membre de la force de vente est envoyé spécialement ou réside dans le pays ;
- l'exportation au moyen d'intermédiaires : courtiers, commissionnaires, agents commerciaux ;
- les cessions de licence de fabrication à une entreprise du pays concerné ;
- les concentrations d'entreprises (prise de participation ou association avec une entreprise du pays concerné).

4
Étude de l'environnement

Les environnements économique, politique et juridique doivent être étudiés de manière à évaluer les risques pour l'entreprise exportatrice (par exemple, étude approfondie du mode d'intervention de l'État dans l'économie).
La connaissance de l'environnement culturel est très importante pour le bon déroulement des contacts dans le pays et lors de la négociation (voir chapitre « La négociation commerciale »).

B
La décision d'exportation

Elle est prise en regard des résultats de l'étude de marché. Les risques doivent être mesurés et acceptés.
Des objectifs doivent être fixés, un budget doit être établi et un plan d'action mis en œuvre.

C
La prospection et la négociation

Tous les documents (documentation, tarifs, bons de commande, factures, conditions générales de vente, contrats...) doivent être traduits dans la langue du pays.
Après une prise de rendez-vous (de France) avec les prospects et une confirmation du rendez-vous par téléphone sur place, les premières démarches de prospection peuvent débuter. La connaissance de la culture et des habitudes du pays sera d'un grand recours pour les négociations.

D

Les Incoterms (d'après la revue Le Moci, novembre 1999)

Le commerce international entraîne des conditions de vente rendues complexes par plusieurs facteurs : différents modes de transport peuvent être utilisés, les formalités douanières d'exportation et d'importation sont parfois très complexes...
La Chambre de Commerce Internationale {@}, organisation internationale non gouvernementale dont le siège se trouve à Paris, a mis au point dès 1936 des « règles internationales pour l'interprétation des termes commerciaux ». Ces règles internationales devinrent officiellement « Incoterms » (contraction d'International Commercial TERMS) en 1953. Plusieurs fois remaniés et complétés depuis cette date, notamment en 1990 avec un nouveau classement en quatre grandes familles, ils viennent de subir un dernier « *lifting* » en 1999.
Les modifications ont réparé quelques lacunes et imprécisions de la précédente version sans toutefois tout remettre en question.
Les incoterms ne concernent que les contrats internationaux. Ils sont utilisés par un nombre de plus en plus important de nations dans le monde (à l'exception notable des Etats-Unis). Ils sont applicables également aux échanges entre États membres de l'Union Européenne.
Chacun des treize incoterms disponibles apporte des informations précises sur :
- l'obligation de *livraison* du vendeur,
- le lieu géographique du *transfert de risques* sur la marchandise, entre vendeur et acheteur,
- le lieu géographique du *transfert des frais* entre vendeur et acheteur pendant le transport,
- les *documents* (ou les messages électroniques équivalents) dus par le vendeur à l'acheteur.

1
Catégorie E (pour *Ex*)

C'est l'obligation minimum du vendeur (vente au départ).

Incoterm	Mode de transport	Transfert des frais	Transfert des risques
EXW (Ex-Works = à l'usine)	Tous modes	Chez le vendeur.	Idem

2
Catégorie F (pour *Free*)

Le vendeur n'assume ni les risques, ni les frais du transport principal.

Incoterms	Mode de transport	Transfert des frais	Transfert des risques
FCA (*Free CArrier* = franco transporteur)	Tous modes	Lorsque le transporteur prend en charge la marchandise.	Idem
FAS (*Free Alongside Ship* = franco le long du navire)	Maritime	Le long du navire sur le quai d'embarquement.	Idem
FOB (*Free On Board* = franco à bord)	Maritime	Lorsque la marchandise passe le bastingage du navire au port d'embarquement.	Idem

3
Catégorie C (pour *Coast* et *Carriage*)

Le vendeur assume les frais du transport principal, mais n'en assume pas les risques.

Incoterms	Mode de transport	Transfert des frais	Transfert des risques
CFR (*Cost and FReight* = coût et fret)	Maritime	Le vendeur paie le chargement, le fret maritime jusqu'au port de destination.	Lorsque la marchandise passe le bastingage du navire au port d'embarquement.
CIF (*Cost, Insurance and Freight* = coût, assurance et fret)	Maritime	Le vendeur paie le chargement, le fret maritime et l'assurance pour le transport jusqu'au port de destination.	Lorsque la marchandise passe le bastingage du navire au port d'embarquement.

Incoterms	Mode de transport	Transfert des frais	Transfert des risques
CPT (*Carriage Paid To...* = port payé jusqu'à...)	Tous modes	Le vendeur paie le fret pour le transport jusqu'au lieu de destination convenu.	Lorsque la marchandise est remise au premier transporteur.
CIP (*Carriage and Insurance Paid to...* = port payé, assurance comprise, jusqu'à...)	Tous modes	Le vendeur paie le fret et l'assurance pour le transport jusqu'au lieu de destination convenu.	Lorsque la marchandise est remise au premier transporteur.

4
Catégorie D (pour *Delivered*)

Le vendeur assume les risques et les frais du transport principal (vente à l'arrivée)

Incoterms	Mode de transport	Transfert des frais	Transfert des risques
DAF (*Delivered At Frontier* = rendu frontière)	Terrestre	Au passage de la frontière.	Idem
DES (*Delivered Ex Ship* = rendu à bord du navire)	Maritime	À bord du navire au port de destination.	Idem
DEQ (*Delivered Ex Quay* = rendu à quai)	Maritime	Sur le quai du port de destination.	Idem
DDU (*Delivered Duty Unpaid* = rendu droits non acquittés)	Tous modes	Au lieu convenu dans le pays d'importation (l'acheteur prend à sa charge tous les droits, taxes, formalités douanières d'importation).	Idem
DDP (*Delivered Duty Paid* = rendu droits acquittés)	Tous modes	Chez l'acheteur.	Idem

E La COFACE (COmpagnie Française d'Assurance pour le Commerce Extérieur)

La COFACE est un organisme qui couvre les risques liés à l'exportation et qui facilite ainsi les actions commerciales engagées par les entreprises françaises à l'étranger. Plusieurs domaines sont couverts par des produits spécifiques :
- l'assurance-prospection,
- l'assurance-foire,
- les risques de fabrication, de crédit et les risques liés,
- les risques de change,
- les investissements porteurs d'exportation.

Quelques sites internet

SIGLE, nom de l'organisme, *activité*	**Adresse des sites**
• Banque mondiale	worldbank.org
• CCI Chambres de Commerce et d'Industrie	cci.fr
• CCI Chambre de Commerce Internationale	iccwbo.org
• CNCCEF Comité National des Conseillers du Commerce extérieur de la France	cnccef.org
• COFACE Compagnie Française d'Assurance pour le Commerce Extérieur	coface.fr
• Coface rating *Information, recouvrement, garantie*	cofacerating.fr
• Eur-Export *Formation à l'export*	eur-export.com
• Exporter *Site gouvernemental du commerce extérieur*	exporter.gouv.fr
• ICC International Chamber of Commerce	iccwbo.org
• Le Moci Moniteur Officiel du Commerce International	lemoci.com
• OMC Organisation Mondiale du Commerce	wto.org
• OMD Organisation Mondiale des Douanes	wcoomd.org/ie/fr/fr.html
• UBI France *Agence française pour le développement international des entreprises (ex. CFCE)*	ubifrance.fr

PARTIE 9

La communication commerciale

Étudier un marché, fabriquer un produit et le distribuer sont des étapes indispensables. Mais compter sur le bouche à oreille pour faire connaître le produit aux consommateurs potentiels ne suffit pas dans la plupart des cas. Il faut contacter ces consommateurs en utilisant les médias (télévision, radio, presse, affichage, cinéma) ou d'autres canaux de communication, dits « hors médias » (promotion des ventes, relations publiques, marketing direct...).
Le message destiné à inciter les consommateurs à acheter le produit doit être étudié dans ses moindres détails, en utilisant les techniques de création publicitaire.
Tout cela va permettre, dans le cadre d'un plan de communication, de faire connaître un produit aux consommateurs.

Chapitre 1

Généralités sur la communication

A Définition

La communication est l'ensemble de toutes les informations, messages et signaux de toute nature que l'entreprise décide d'émettre volontairement en direction de publics choisis ou publics-cibles (d'après Lendrevie J. Levy J. et Lindon D. – *Mercator*, 8e éd., Dunod 2006).

B Classification de la communication

De nos jours, la communication est devenue un outil indispensable pour tout organisme (entreprise, association, collectivité territoriale...). Elle prend des formes différentes en fonction des buts poursuivis et des « médias » utilisés.

1 Communication commerciale et communication *corporate* (institutionnelle)

La distinction s'effectue au niveau des buts poursuivis par les organismes utilisant la communication.

Types de communication	Description
Communication commerciale	• **Buts :** promouvoir des marques, des produits ou des services afin de les vendre. • **Cibles :** acheteurs actuels ou potentiels, prescripteurs. • **Outils utilisés :** produit (emballage, design, étiquette), publicité, promotion des ventes, marketing direct ; à un degré moindre : relations publiques, parrainage, mécénat. *EXEMPLES :* campagnes de publicité pour les opérateurs téléphoniques, opérations de parrainage sportif.
Communication *corporate*	• **Buts :** faire connaître une entreprise (ou toute organisation : association, collectivité...), son image. • **Cibles :** collectivités, pouvoirs publics, monde financier, public. • **Outils utilisés :** publicité, relations publiques, parrainage, mécénat, design... *EXEMPLES :* – Campagne de l'État pour l'inscription sur les listes électorales, – campagne d'EDF « Nos engagements pour un développement durable », – campagne de France Télécom « Notre raison d'innover, c'est vous ».

La communication *corporate* prend une place de plus en plus importante. Après de nombreuses années pendant lesquelles les entreprises ont axé leur communication principalement sur leurs produits ou services, on observe une évolution en faveur d'une communication basée sur l'entreprise, ses qualités, son image.

2
Communication médias et communication hors médias

La distinction se fait uniquement au niveau des véhicules de la communication.

Types de communication	Définitions Données chiffrées
Communication médias	• Véhicules de communication : les 5 médias traditionnels (presse, télévision, radio, affichage, cinéma publicitaire), auxquels l'IREP (Institut de Recherches et d'Études Publicitaires) ajoute désormais Internet et les annuaires (imprimés et Internet) • La communication médias représentait en France 39,94 % des dépenses de communication en 2006.
Communication hors médias	• Véhicules de communication : promotion des ventes, relations publiques, parrainage, mécénat, marketing direct, PLV... • La communication hors médias représentait en France 60,06 % des dépenses de communication en 2006 .

Depuis quelques années, la communication de masse (qui utilise les « *mass medias* ») est en déclin. Il est de plus en plus difficile de toucher un vaste public par une campagne publicitaire de masse. Le hors médias a pris une place prépondérante dans le paysage de la communication en France (en 1988, la répartition était égale entre communication médias et hors médias). L'avènement du marketing *one to one* et du marketing relationnel (voir le chapitre intitulé « Marketing relationnel et gestion de la relation client »), à l'opposé du marketing de masse, a entraîné une augmentation importante des dépenses en communication hors médias. La gestion de la relation client, qui a pris une importance significative par rapport à la prospection de nouveaux clients, entraîne le développement d'outils hors médias destinés à fidéliser les clients des entreprises.

C
Politique et stratégie de communication

La politique de communication permet d'établir les objectifs de communication de l'entreprise. Ces objectifs sont transformés en actions de communication par l'intermédiaire de la stratégie de communication.
La stratégie permet de déterminer :
– la cible que l'on veut atteindre,

– comment l'atteindre.
Elle permet de déterminer le bon *mix* publicité pour la bonne cible.

D Les deux grands types de stratégie de communication

1 La stratégie « *push* »

Elle a pour but de « pousser » le produit vers les distributeurs et les consommateurs, au moyen de la force de vente ou d'actions promotionnelles menées par le producteur ou le distributeur.

EXEMPLES :

- assurer une pression plus forte de la force de vente auprès des distributeurs, en leur proposant des avantages financiers (ristournes, remises quantitatives..),
- distribution d'échantillons dans les gares SNCF de la région parisienne lors de la sortie d'Actimel (Danone),
- mise en avant d'un produit dans un point de vente (tête de gondole).

2 La stratégie « *pull* »

Elle a pour but de « tirer » (*to pull* en anglais) les consommateurs vers le point de vente et le produit au moyen d'une campagne publicitaire.

EXEMPLES :

- campagne d'affichage lors de la sortie d'un nouveau modèle automobile,
- campagne d'affichage lors de la sortie d'un nouveau film.

E Le budget de communication

La stratégie utilisée dépend étroitement du budget disponible pour l'opération de communication envisagée.
Le budget de communication d'une entreprise peut être déterminé de plusieurs façons :

- en calculant un pourcentage du chiffre d'affaires réalisé ou prévu,

- en réévaluant le budget de communication de l'année précédente,
- en fixant un budget équivalent aux budgets de communication des entreprises concurrentes,
- en fixant une somme en fonction de ce que l'on peut dépenser au moment de la décision.

Quelques sites internet

SIGLE, nom de l'organisme, *activité*	**Adresse du site**
• IREP Institut de Recherches et d'Études Publicitaires	irep.asso.fr

Chapitre 2

La communication médias

A

Définition et rôle

> « La publicité est une communication de masse qui est partisane. En ce sens, elle ne peut pas être confondue avec de l'information, au sens strict.
> Adaptée aux économies de marché, outil de concurrence, la publicité n'est pas pour autant exclusivement marchande et elle peut défendre des institutions, des causes sociales ou politiques.
> Elle peut beaucoup mais elle ne sait pas faire de miracle. On recourt à elle de façon très variable selon les secteurs, la conjoncture, les saisons.
> Tous les médias peuvent l'intéresser et elle les intéresse tous » (J. Lendrevie, A. de Baynast, *Publicitor*, 6e éd., 2004).

Pour l'annonceur, la publicité a pour but de faire connaître son « produit » (au sens large) et d'en créer la demande auprès d'éventuels « consommateurs ». Le processus qui, chez le consommateur, transforme l'information publicitaire en acte d'achat est complexe : il n'est bien sûr ni systématique ni immédiat. Les qualités de séduction, de persuasion et la répétition du message publicitaire sont faites pour déclencher, à terme, un comportement d'achat.

B Notions de support et de média

1 Support

Un support est un véhicule de publicité.

EXEMPLES :

Le Nouvel Observateur, Europe 1, France 2...

2 Média

Un média est un ensemble de supports de même nature.

EXEMPLE :

Le média télévision regroupe en France les chaînes hertziennes (TF1, France2, France3...), les chaînes accessibles par la TNT (Direct8, France4, France5...), par le câble ou une antenne parabolique (Eurosport, Planète, Paris Première...).

C Les différents médias

On distingue cinq grands médias traditionnels :
- la presse,
- la télévision,
- la publicité extérieure,
- la radio,
- le cinéma.

Au sens strict, Internet constitue un média, puisqu'il regroupe un ensemble de supports de même nature (tous les sites qui accueillent de la publicité sous forme de bannières). Il est désormais classé parmi les médias par l'IREP, au même titre que les annuaires (imprimés ou sur Internet).

1 La presse

Elle représentait 41,7 % des recettes publicitaires en France en 2006 (source IREP). Sa part de marché par rapport aux autres médias est en baisse depuis

de nombreuses années (56 % en 1990), mais elle est remontée en 1999 (47,2 % en 1998). Cette baisse sensible s'est effectuée au profit du média télévision.
Le média presse comprend quatre grands domaines : la presse quotidienne nationale (PQN), la presse quotidienne régionale (PQR), la presse périodique et la presse gratuite.

Média Presse	Caractéristiques	Exemples de supports
Presse quotidienne nationale (PQN)	Elle regroupe une dizaine de titres paraissant quotidiennement sur tout le territoire national (mais la grande majorité des ventes est effectuée à Paris). Elle représentait 3,1 % des recettes publicitaires en France en 2006 (source IREP).	Le Monde, Le Figaro, Les Échos, L'Équipe...
Presse quotidienne régionale (PQR)	Elle regroupe tous les journaux régionaux (plusieurs dizaines). Elle est très sélective au niveau de la localisation géographique. Les journaux régionaux bénéficient d'une grande notoriété dans leur région et constituent un média très puissant. Elle représentait 9,3 % des recettes publicitaires en France en 2006 (source IREP).	Ouest-France (premier quotidien français), Le Télégramme, Le Progrès, Nice-Matin...
Presse périodique	Elle regroupe les magazines (économiques, sportifs, automobiles, scientifiques, informatiques...), la presse féminine, la presse télévision et les hebdomadaires régionaux. La sélectivité est grande en fonction de la spécialité (informatique, automobile...). Elle représentait 19,2 % des recettes publicitaires en France en 2006 (source IREP).	*Magazines* : Capital, L'Essentiel du Management, L'Automobile, Sciences et Vie... *Presse féminine* : Elle, Marie Claire, Femme actuelle... *Presse télévision* : Télé 7 jours, Télérama...
Presse gratuite	Elle regroupe les supports gratuits essentiellement constitués de petites annonces et d'annonces publicitaires. Elle représente plusieurs centaines de titres, une diffusion globale de plus de 40 millions d'exemplaires, et 10,1 % des recettes publicitaires en France en 2006 (source IREP).	ParuVendu, Le 22, Top affaire...

2
La télévision

Elle représentait 29,1 % des recettes publicitaires en France en 2006 (source IREP). Pour affiner ces chiffres, il est intéressant de noter la répartition entre les écrans publicitaires proprement dits (27,45 %) et le sponsoring télévisuel (1,7 %). La part de marché globale du média télévision était en progression constante jusqu'en 1998 (33,9 %). Cette hausse a été la résultante de l'explosion du nombre de chaînes câblées et satellites. Pour ce qui est des chaînes hertziennes, l'arrivée de la TNT a également augmenté sensiblement le nombre de supports disponibles (10 nouvelles chaînes).
De plus, les décrets du 1er et du 7 octobre 2003 ont progressivement ouvert le média télévisuel aux secteurs qui en étaient jusqu'alors privés : la distribution, la presse et les livres (voir la partie « Publicité et législation » à la fin de ce chapitre).

Part d'audience en % des principales chaînes de télévision (période de juillet 2007)

Chaînes de télévision	**Part d'audience**
TF1	28,5
France 2	18,6
France 3	11,2
Canal +	1,2
Arte	1,6
France 5	3,5
M6	10,2
W9	3,1
TMC	3,1
Gulli	3,1
NT1	1,9
Europe 2 TV	1,9
Arte	1,6
NRJ 12	1,6
France 4	1,4
BFM TV	1,0
Direct 8	0,9
i Télé	0,8

Source : Médiamétrie.

La sélectivité du média télévision est fonction des chaînes (par exemple, M6 touche plus particulièrement les jeunes), des émissions et des horaires (les messages publicitaires sont par exemple différents à la mi-temps d'un match de football et pendant la coupure du film sur TF1 le dimanche soir).

3
La publicité extérieure

Elle représentait 9,4 % des recettes publicitaires en France en 2006 (source IREP).

Elle comprend différentes formes :

– *l'affichage*, qui regroupe :

- les panneaux (éclairés ou non) 4 × 3 (4 mètres par 3 mètres), gérés par des sociétés comme Avenir ou Dauphin,
- les nouveaux panneaux (éclairés ou non) format 16/9e gérés par la société More Group,
- les panneaux situés sur le mobilier urbain, gérés par la société JCDecaux (panneaux déroulants éclairés, abribus, dos de plans...),
- l'affichage mobile, géré par des sociétés comme Mobil'Affiche...,

– *la publicité située sur les moyens de transport* (métro, autobus, train, taxis...), gérée par des sociétés comme France Bus ou Metrobus,

– *la publicité lumineuse* (enseignes lumineuses sur les immeubles).

La publicité extérieure est un média relativement sélectif par la situation des panneaux.

4
La radio

Le média radio représentait 7 % des recettes publicitaires en France en 2006 (source IREP). Il regroupe les supports suivants :

- Les *radios nationales*, qui n'acceptent que les publicités collectives (France Inter, France Infos, France Culture, France Musique...) ;
- Les *radios dites périphériques* (Europe 1, RTL, RMC, Sud Radio) ;
- Les *radios locales privées* (RLP), qui diffusent exclusivement en FM (Europe 2, Fun Radio, NRJ, RFM, Skyrock...).

Sa sélectivité est fonction de l'heure.

La « consommation » de radio est importante et toujours en évolution. L'arrivée des radios locales privées a dynamisé le marché.

La sélectivité et le coût du média radio sont fonction de l'heure.

Audience (en %) des principales stations de radio (lundi-vendredi, de 5h à 24h) (avril-juin 2007)

Stations de radio	Audience cumulée (*)	Part d'audience (*)
RTL	13,3	13,3
NRJ	11,6	6,6
France Inter	10,0	8,2
France Info	9,8	3,9
Europe 1	8,9	7,9
Skyrock	8,0	4,3
Nostalgie	7,6	5,1
Fun Radio	7,4	4,2
France Bleu	6,6	5,1
RMC	6,1	4,9
Europe 2	6,0	3,2
Chérie FM	5,1	3,3

(*) Audience cumulée : pourcentage de personnes ayant écouté au moins une fois dans la journée (5 h-24 h).
Part d'audience (part de marché) : part que représente le volume d'écoute d'une station dans le volume d'écoute global du média radio.

(Source : Enquête 126 000 MÉDIAMÉTRIE / avril-juin 2007)

5
Le cinéma

Il ne représentait plus que 0,7 % des recettes publicitaires en France en 2006 (source IREP). Il est très sélectif (géographiquement et par rapport aux classes sociales). Il offre une qualité exceptionnelle (image, grandeur de l'écran, son). Son impact est très fort mais son coût est assez élevé par rapport au nombre de spectateurs.

D
Exemples de tarifs publicitaires

(source : Tarif Média {@})

1
Média presse (PQN) : Libération

Tarif HT au 1er janvier 2007, en €

	Tarif noir	Tarif quadri*	Tarifs dégressifs et remises
• **Page 1**			• **Dégressifs de volume** (sur CA brut) :
Pavé	12 200	12 200	7 500 € à 15 000 €, 1 %,
Bandeau	14 900	14 900	15 001 € à 30 000 €, 2 %,
			30 001 € à 50 000 €, 3 %,
• **Pages intérieures**			50 001 € à 75 000 €, 4 %,
Double page centrale	51 900	70 900	75 001 € à 100 000 €, 5 %,
Double 1/2 page centrale	27 500	37 500	100 001 € à 150 000 €, 6 %,
			150 001 € à 200 000 €, 7 %,
• **Pages 5 et 7**			200 001 € à 250 000 €, 8 %,
Page	52 900	52 900	250 001 € à 300 000 €, 9 %,
1/2 page	28 100	28 100	300 001 € à 350 000 €, 10 %,
			350 001 € à 400 000 €, 12 %,
			> 400 000 € et +, À fixer
			•**Remise professionnelle :** 15 %

* quadri = quadrichromie, impression en quatre couleurs de base : cyan, magenta, jaune et noir.

2
Média presse (PQR) : Le Télégramme

Tarif HT au 1er janvier 2007, en €
(Pages toutes éditions)

	Tarif noir	Tarif quadri
Du lundi au vendredi		
Page	36 302	45 377
1/2 page	16 802	21 002
1/4 page	10 466	13 082
Samedi et dimanche		
Page	43 542	54 428
1/2 page	20 153	25 191
1/4 page	12 313	15 392

3
Média télévision : Canal +

Tarif HT du 1er septembre au 16 septembre 2007, en €
Base : spot de 30 secondes (catégorie A)

Écrans	Lundi	Mardi	Mercredi	Jeudi	Vendredi	Samedi	Dimanche
07 h 39	—	—	—	—	—	—	—
07 h 59	—	—	—	—	—	—	—
08 h 24	—	—	—	—	—	600	600
12 h 09	—	—	—	—	—	—	—
12 h 19	—	—	—	—	—	—	—
12 h 39	—	—	—	—	—	—	—
12 h 40	—	—	—	—	—	—	5 000
13 h 00	—	—	—	—	—	4 400	5 200
13 h 10	2 100	1 500	1 500	1 500	1 500	—	—
13 h 15	—	—	—	—	—	—	5 400
13 h 29	—	—	—	—	—	—	—
13 h 30	—	—	—	—	—	4 300	9 800
13 h 39	—	—	—	—	—	—	—
13 h 45	—	—	—	—	—	—	11 100
14 h 00	1 000	1 500	—	1 300	1 000	3 300	9 200
14 h 04	—	—	1 500	—	—	—	—
14 h 09	—	—	—	—	—	—	—
14 h 49	—	—	—	—	—	—	—
15 h 03	—	—	—	—	—	1 200	—
15 h 06	—	—	—	—	—	—	1 800
18 h 20	300	300	300	300	300	—	—
18 h 40	1 800	1 200	1 200	1 200	1 200	—	—
18 h 49	—	—	—	—	—	—	—
19 h 00	5 000	3 000	3 000	3 000	3 000	—	—
19 h 09	—	—	—	—	—	—	—
19 h 31	5 000	4 100	4 100	4 100	4 100	1 600	2 700
19 h 49	—	—	—	—	—	—	—
20 h 01	14 500	11 700	11 700	11 700	11 700	—	—
20 h 09	—	—	—	—	—	—	—
20 h 10	13 200	10 800	10 800	10 800	10 800	—	—
20 h 19	—	—	—	—	—	—	—
20 h 20	—	—	—	—	—	4 300	12 600
20 h 29	—	—	—	—	—	—	—
20 h 31	10 200	8 200	8 200	8 200	8 200	—	—
20 h 42	—	—	—	—	—	—	6 600
20 h 45	—	—	—	—	—	7 200	—
20 h 49	—	—	—	—	—	—	—
20 h 50	13 100	7 600	7 600	13 100	7 600	6 400	—

- Barème de calcul des coûts par rapport aux durées : 3 s, 25 % ; 8 s, 41 % ; 10 s, 46 % ; 15 s, 63 % ; 20 s, 79 % ; 30 s, 100 %.

EXEMPLE :
le coût d'un message de 3 secondes correspond à 25 % du prix de base (600 × 25 % = 150 €).

- Tarifs dégressifs de volume (jusqu'à 15 %) – Tarifs dégressifs saisonniers (jusqu'à 20 %)
- Abattements : campagnes collectives : jusqu'à 30 % ; campagnes d'information gouvernementale : 30 % ; éditions musicales, vidéo et littéraires : 35 %
- Remise professionnelle : 15 %

4

Média affichage : Avenir

Exemples de réseaux nationaux
Tarif HT au 1er janvier 2007, en €

Réseaux	Description
Ravir	**Zone géographique :** 55 agglomérations **Nombre d'habitants :** plus de 100 000 **Emplacements :** 2 500 panneaux **Type de support :** éclairé, solo **Format :** 8 et 12 m² **Jour de départ :** mercredi **Durée :** 7 jours **Tarif :** 1 075 000 €
Empir	**Zone géographique :** 55 agglomérations **Nombre d'habitants :** plus de 100 000 **Emplacements :** 4 800 panneaux **Type de support :** normal **Format :** 8 et 12 m² **Jour de départ :** mardi **Durée :** 7 jours **Tarif :** 1 644 000 €
Grand angle	**Zone géographique :** 4 agglomérations **Nombre d'habitants :** plus de 10 000 **Emplacements :** 332 panneaux **Type de support :** éclairé, solo **Format :** 12 m² **Jour de départ :** mardi **Durée :** 7 jours **Tarif :** 406 000 €

5

Média radio : NRJ

Tarif HT au 1er janvier 2004, en €
Base : spot de 30 secondes

Tranche horaire	Lundi	Mardi	Mercredi	Jeudi	Vendredi	Samedi	Dimanche
01:00 - 05:00	380	380	510	510	510	530	350
05:00 - 06:00	380	380	510	510	510	530	350
06:00- 07:00	3470	3470	4690	4690	4690	530	480
07:00- 08:00	7270	7270	10180	10180	10180	2100	870

Tranche horaire	Lundi	Mardi	Mercredi	Jeudi	Vendredi	Samedi	Dimanche
08:00 -09:00	7270	7270	10180	10180	10180	3230	2180
09:00 - 10:00	5440	5440	7620	7620	7620	5010	2180
10:00 - 11:00	5440	5440	7620	7620	7620	5010	3470
11:00 - 12:00	5440	5440	7620	7620	7620	6060	3470
12:00 - 13:00	4140	4140	5790	5790	5790	3880	3470
13:00 - 14:00	3060	3060	4290	4290	4290	2260	2420
14:00 - 15:00	4000	4000	5600	5600	5600	4770	2420
15:00 - 16:00	4000	4000	5600	5600	5600	4770	2420
16:00 - 17:00	4470	4470	6250	6250	6250	3960	2420
17:00- 18:00	4470	4470	6250	6250	6250	3960	2420
18:00 - 19:00	3420	3420	4780	4780	4780	2830	1660
19:00 - 20:00	1750	1750	2460	2460	2460	2260	1660
20:00 - 21:00	1160	1160	1560	1560	1560	1210	530
21:00 - 22:00	1160	1160	1560	1560	1560	1050	530
22:00 - 23:00	790	790	1070	1070	1070	630	530
23:00 - 24:00	790	790	1070	1070	1070	630	530

Barème de calcul des coûts par rapport aux durées : 5 s, 50 % ; 10 s, 65 % ; 15 s, 75 % ; 20 s, 85 % ; 30 s, 100 % ; 35 s, 120 % ; 40 s, 130 % ; 45 s, 140 %

EXEMPLE :

le coût d'un message de 5 secondes correspond à 50 % du prix de base (530 € × 50 % = 265 €).

6

MÉDIA CINÉMA : MÉDIAVISION

Tarif HT au 1er janvier 2007, en €
Base : spot de 30 secondes

Produits	Tarif 1 semaine	Nombre de salles
Vision Capitale	55 000	380
Vision Initiale	147 200	1 450

Barème de calcul des coûts par rapport aux durées : 15 s, 61 % ; 16 s, 65 % ; 20 s, 77 % ; 22 s, 84 % ; 25 s, 91 % ; 27 s, 98 % ; 30 s, 100 % ; 45 s, 150 % ; 50 s, 166 % ; 60 s, 200 %.

EXEMPLE :

le coût d'un message de 15 secondes correspond à 61 % du prix de base (55 000 € × 61 % = 33 550 €).

E Le choix des médias et des supports, le plan médias

1 Le choix des médias

Il faut procéder par étapes.

- Éliminer les médias légalement interdits (par exemple, pas de distribution à la télévision).
- Éliminer les médias impossibles (pas de démonstration possible avec le média radio, pas de son avec la presse ou l'affichage, délais trop longs avec l'affichage…).
- Choisir un média qui permet d'atteindre la cible (ne pas choisir la presse quotidienne pour toucher les jeunes)…

2 Le choix des supports

- *L'audience* : c'est l'ensemble des lecteurs (ou auditeurs, téléspectateurs…) d'un support.

Elle est mesurée par des organismes extérieurs aux supports (Médiamétrie {@}, Affimétrie {@}…) et coordonnée par le CESP{@} (Centre d'Étude des Supports de Publicité), association interprofessionnelle qui regroupe l'ensemble des acteurs du marché publicitaire concernés par l'étude de l'audience des médias : annonceurs, agences et conseils médias, centrales d'achat d'espace, médias et régies publicitaires.

Cette mesure d'audience existe désormais pour tous les médias (presse, radio, télévision, affichage, cinéma), ainsi que pour les ISA (imprimés sans adresse), internet… (voir la partie consacrée aux panels d'audience dans le chapitre intitulé « L'étude quantitative (2) : les autres types d'enquête », page 75).

- *La duplication* : c'est l'ensemble des personnes qui appartiennent à l'audience de deux supports.

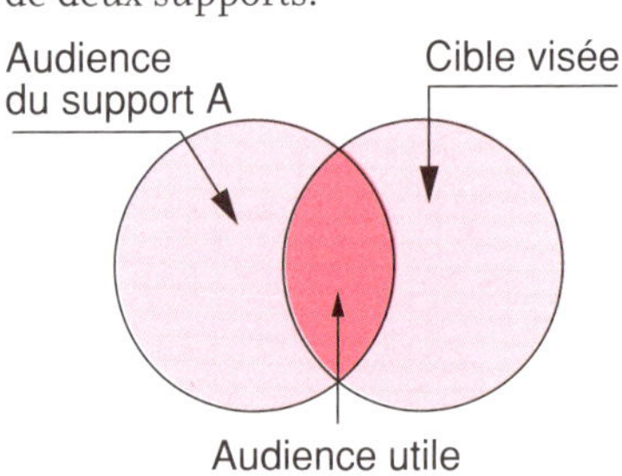

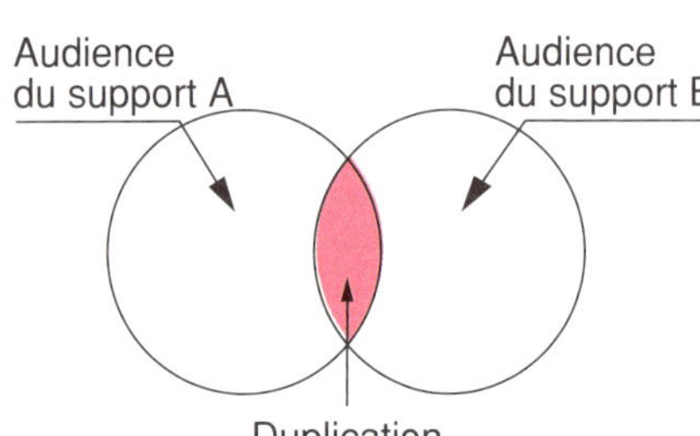

• L'*ODV* (Occasion De Voir) ou *ODE* (Occasion D'Entendre) : c'est le contact entre une personne appartenant à l'audience d'un support et le message publicitaire. Plus le nombre d'ODV est important, plus le message a de chance d'être effectivement perçu.
Le choix d'un support est une sorte de *mix* entre les audiences des différents supports, leurs qualités, les phénomènes de duplication et le budget disponible, le meilleur *mix* devant permettre d'optimiser le nombre d'ODV (ou d'ODE) et d'assurer la plus grande couverture possible de la cible.
Le plan médias *(média planning)* est le document (tableau) permettant la répartition des messages entre les médias et supports choisis, et fixant les périodes de passage pour chaque support.

F Les acteurs du marché publicitaire

• *Les annonceurs* : ce sont des personnes morales ou physiques qui désirent promouvoir un produit ou un service au moyen de la publicité.

• *Les agences de publicité* : ce sont les entreprises qui créent les messages publicitaires et conçoivent les campagnes de communication. Elles peuvent également acheter les espaces publicitaires aux régies.

EXEMPLES :
Publicis, Young et Rubicam, Euro RSCG, TBWA, Mac Cann...

• *Les régies* : entreprises qui vendent aux annonceurs ou aux agences de publicité les espaces des supports pour lesquels elles travaillent.

EXEMPLES :
Havas, France Espace...

• *Les centrales d'achat d'espace* : elles vendent directement aux annonceurs les espaces des supports pour lesquels elles travaillent. Elles permettent ainsi à un annonceur possédant son propre service publicité d'acheter directement des espaces sans passer par une agence.

G Nouveaux supports

Régulièrement, des publicitaires ingénieux inventent de nouveaux supports de communication. Après l'échec de la publicité sur les pièces de 10 F, la carte téléphonique et le chariot de grande surface se sont désormais imposés comme des supports à part entière. D'autres apparaissent à leur tour et commencent à séduire les annonceurs :

- *le sol des grandes surfaces*, qui constitue un relais idéal (sur le lieu de vente) des communications publicitaires médias et permet de communiquer sur des opérations principalement promotionnelles. Les groupes de grande distribution commencent à tirer parti financièrement de ce nouveau support de communication. Ainsi, Média Cosmos, la régie publicitaire interne au groupe Casino, a institutionnalisé la vente de l'espace au sol. Une « affiche » au sol dans les 102 hypermarchés Géant pendant une semaine coûte environ 30 500 € (d'après LSA, n° 1620, 4 mars 1999),
- *les adhésifs sur véhicules* (taxis, bus, semi-remorques, voitures de particulier en leasing).

H

Publicité et législation

Loi Royer (1973)

Réglementation de la publicité mensongère.

Loi Evin (1991)

- Interdiction de toute publicité directe ou indirecte (ainsi que des opérations de parrainage) pour le tabac et les produits assimilés,
- réglementation des publicités pour les alcools : sont autorisées uniquement les publicités dans la presse écrite (à l'exclusion des revues pour les jeunes), à la radio (dans des tranches horaires spécifiques) et sous forme d'affiches (à l'intérieur des lieux de vente spécialisés).

Loi Neiertz (1992)

Autorisation de la publicité comparative au 1er janvier 1992, mais avec des conditions d'application très restrictives qui la rendent très difficile à utiliser. Pour être licite, une publicité comparative doit être « objective, loyale et vraie ». De plus, l'annonceur doit prévenir le concurrent cité dans sa publicité.
Le texte de loi est sujet à interprétation et la jurisprudence est relativement importante et divisée.

Loi Sapin (1993)

- L'achat d'espace publicitaire se fait désormais dans la transparence, avec un tarif connu de tous les intervenants : le support (de presse, de radio...) envoie désormais directement la facture à l'annonceur.

Auparavant, les agences de publicité (qui très souvent achètent l'espace pour les annonceurs) recevaient des supports une commission (et parfois une surcommission). Ces remises n'étaient pas toujours déduites (ou partiellement) du montant que les agences de publicité refacturaient aux annonceurs. Ce système induisait des tensions et enlevait toute transparence aux tarifs.

– L'agence de publicité agit désormais en tant que mandataire de l'annonceur (elle agissait auparavant en tant que commissionnaire).

Loi Trautmann (2000)

La publicité sur la télévision publique est ramenée de 12 minutes à 8 minutes par heure en 2001. De plus, France 2, France 3 et La Cinquième sont regroupées en une seule entité, sous la direction d'un seul Président élu pour cinq ans (au lieu de trois auparavant).

Décret du Conseil d'État du 3 juillet 2000

Il a désavoué le communiqué du CSA (Conseil Supérieur de l'Audiovisuel {@}) du 22 février 2000 autorisant les secteurs de l'édition, de la presse, du cinéma et de la distribution (tous interdits de publicité télévisuelle) à faire la publicité de leurs sites Internet à la télévision.

Décret du 23 août 2001

Il assouplit les modalités de la publicité comparative : la comparaison peut désormais porter sur les prix, et les annonceurs ne sont plus tenus de communiquer, avant diffusion, leur publicité au concurrent cité. En revanche, la publicité comparative ne doit pas être trompeuse mais loyale et doit porter sur une ou plusieurs caractéristiques essentielles et pertinentes du produit ou service.

Décret du 7 octobre 2003

Il autorise sous certaines conditions aux grandes surfaces, à la presse et à l'édition littéraire l'accès à la publicité télévisée. Les écrans publicitaires concernant l'édition se limitent encore aux chaînes de télévision du câble et du satellite tandis que la presse et la distribution peuvent avoir accès à la publicité sur toutes les chaînes depuis respectivement le 1er janvier 2004 et le 1er janvier 2007. Pour la distribution, seuls les messages d'ordre institutionnel sont pour l'instant autorisés. La publicité pour les « opérations commerciales de promotion » reste proscrite. Ce décret a été précisé par des recommandations du CSA (19 décembre 2003).

Quelques sites internet

SIGLE, nom de l'organisme, *activité*	**Adresse des sites**
• AA The Advertising Association	adassoc.org.uk
• AACC Association des Agences Conseils en Communication	aacc.fr
• Affimétrie *Mesure d'audience de la publicité extérieure*	affimetrie.fr
• ANAé Association Nationale des Agences d'Événements	anae.org
• APPM Association pour la Promotion de la Presse Magazine	pressemagazine.com
• Avenir *Affichage grand format (groupe JCDecaux)*	avenir.fr
• CB News *Revue*	cbnews.fr
• CDA Club des Directeurs Artistiques	clubdesad.com
• CESP Centre d'Étude des Supports de Publicité	cesp.org

SIGLE, nom de l'organisme, *activité*	**Adresse des sites**
• Clear Chanel *Société d'affichage*	dauphin-affichage.com
• ComScore Media Metrix *Mesure d'audience sur internet*	comscore.com
• CSA Conseil Supérieur de l'Audiovisuel	csa.fr
• Dauphin *Société d'affichage*	dauphin-affichage.com
• Diffusion Contrôle *Association pour le contrôle de la diffusion des médias*	ojd.com
• EDI Publicité *EDI dans le domaine de l'achat publicitaire*	edipublicite.com
• EMRO European Media Research Organisation	emro.org
• FNPS Fédération Nationale de la Presse d'information Spécialisée	fnps.fr
• France Télévisions Publicité *Régie publicitaire de France télévision*	ftv-publicite.fr
• IAA International Advertising Association	iaaglobal.org
• IAB France Internet Advertising Bureau France *Association ayant pour but de favoriser le développement de l'Internet en tant que support publicitaire en France*	iabfrance.com
• Info Presse *Portail du marketing, de la publicité et des communications*	www2.infopresse.com
• IREP Institut de Recherches et d'Études Publicitaires	irep.asso.fr
• L'événementiel *Presse de la communication par l'événement*	evenementiel.fr
• Media Marketing *Revue*	mm.be
• Médiamétrie *Institut de mesure d'audience des médias*	mediametrie.fr
• Média-Poche *Tarifs publicitaires*	media-poche.com
• Nielsen media Research *Études sur les médias*	nielsenmedia.com
• Offre media *Tarifs publicitaires*	offremedia.com
• P.Q.R. *Actualité de la presse quotidienne régionale*	pqr.org
• Presspace *Syndicat National de la Publicité Presse*	presspace.com
• SNPTV Syndicat National de la Publicité Télévisée	snptv.org
• SPQR Syndicat de la Presse Quotidienne Régionale	spqr.fr
• Stratégies *Revue*	strategies.fr
• Tarif Médias *Revue*	tarifmedia.com
• Top Com *Portail du management et de la communication*	topcom.fr
• UCAD *Musée de la publicité*	museedelapub.org
• UDA Union des Annonceurs	uda.fr
• UER Union Européenne de Radio-Télévision (en anglais EBU, European Broadcasting Union)	ebu.ch
• Université d'Austin *Département publicité de l'université d'Austin au Texas*	http://advertising.utexas.edu

CHAPITRE 3

La création publicitaire

La créativité en matière publicitaire existe, mais elle est encadrée par des procédures et des méthodes de travail strictes et rigoureuses. C'est uniquement dans ce cadre rigide que les créatifs pourront s'exprimer. La démarche de création publicitaire comprend différentes réunions (appelées *briefings*) : le *briefing* annonceur, le *briefing* créatif et la présentation au client.

A Les différents *briefings*

La création publicitaire réunit trois parties différentes : l'annonceur, les commerciaux en charge de ce budget dans l'agence et les créatifs.

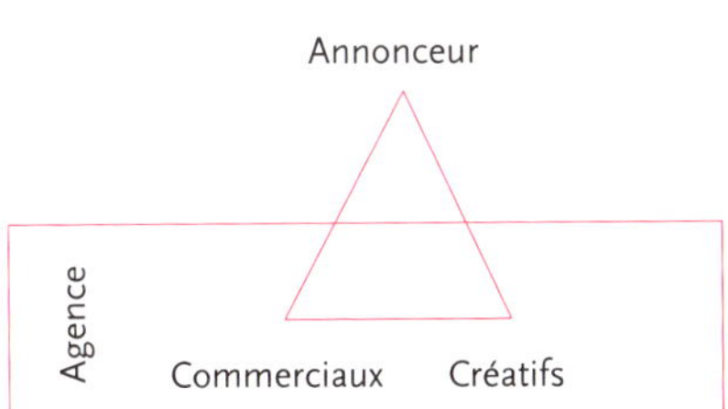

Ces trois parties sont indispensables dans le processus de création publicitaire : *l'annonceur*, pour poser le problème en amont, *les commerciaux* en charge du budget de l'annonceur dans l'agence, qui constituent l'interface entre annonceurs et créatifs et qui pilotent le travail au sein de l'agence, et *les créatifs*, qui, en fonction des pistes de travail proposées, concrétisent le tout en un message publicitaire. Différentes réunions ponctuent rituellement le travail de création publicitaire. Elles sont présentées dans le schéma ci-dessous et détaillées ci-après.

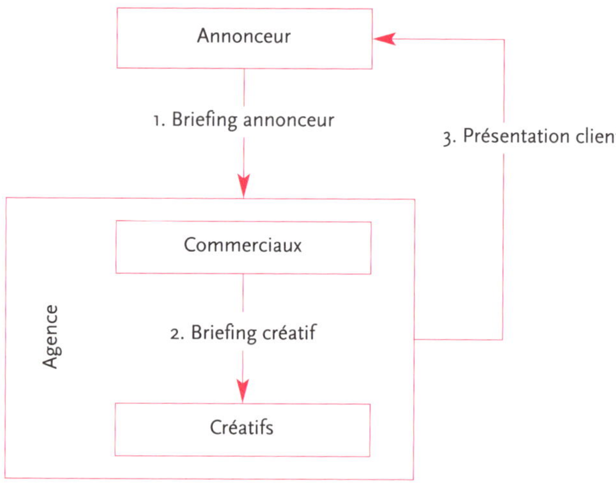

1
Le *briefing* annonceur

C'est la première réunion, mais elle est très importante. Elle réunit les responsables de l'entreprise et les commerciaux en charge de ce budget au sein de l'agence. L'annonceur expose le problème qui motive son besoin de communication, et présente ses objectifs et ses contraintes (en terme de temps et de budget). Durant ce briefing, les commerciaux doivent essayer de découvrir les réelles motivations de l'annonceur, et connaître le plus d'éléments possibles concernant l'entreprise, le produit, sa fabrication, sa marque, la stratégie marketing de cette marque, son positionnement, sa distribution, les représentations des consommateurs, les attentes des clients, la concurrence, le positionnement publicitaire des concurrents... Tous ces points constituent autant d'éléments qui permettent aux commerciaux de l'agence de bien cerner la demande de leur client et d'y répondre le plus parfaitement possible.
L'idéal est que l'annonceur présente à l'agence un dossier rédigé comprenant tous ces éléments.

Le briefing annonceur est souvent suivi d'une ou plusieurs autres petites réunions, pour préciser des éléments restés flous et pour compléter la connaissance du dossier.
À partir de là, une réflexion stratégique est menée par les commerciaux pour lancer les grandes pistes de travail qui seront proposées aux créatifs.

2
Le *briefing* créatif

Il suit chronologiquement le briefing annonceur. C'est une réunion interne à l'agence (sans la présence de l'annonceur) qui regroupe les commerciaux et les créatifs choisis pour travailler sur ce dossier. Les commerciaux présentent aux créatifs le dossier (à partir du « brief » annonceur et des réflexions qui ont suivi) et proposent des pistes de réflexion. Le cadre de travail ainsi fixé est relativement strict et les créatifs doivent s'y conformer.
Le briefing créatif est le point de départ de la réflexion créative. Les commerciaux l'utilisent pour « motiver » les créatifs sur le dossier, les écouter, prendre en compte certaines de leurs idées et en refuser d'autres en fonction des contraintes dictées par le client (l'annonceur).

3
La présentation client

Le travail de création terminé, (voir la partie suivante sur la copie-stratégie), la présentation client est une réunion au cours de laquelle les commerciaux de l'agence présentent à l'annonceur les créations effectuées et le plan média correspondant. Plusieurs propositions différentes peuvent être exposées au client, chacune étant argumentée et justifiée. La décision finale est toujours du ressort du client.

B
La copie-stratégie (*copy-strategy*)

Il existe plusieurs écoles de création publicitaire. Ces différentes approches entretiennent le débat et la polémique entre annonceurs et publicitaires et entre publicitaires « traditionalistes » et publicitaires « rénovateurs ».

1
La copie-stratégie traditionnelle

Créée au début des années 1960 par les lessiviers (et notamment par Procter & Gamble), la copie stratégie traditionnelle permet d'élaborer un message publicitaire en utilisant une démarche marketing.
Elle est issue de la stratégie marketing, c'est-à-dire de la connaissance par l'annonceur du marché, du produit, des produits concurrents. À partir de là, il est possible, en suivant cette méthode, de construire un message publicitaire en suivant un plan en trois points.

■ **Déterminer une promesse** (ou un bénéfice-consommateur), c'est-à-dire ce qui va motiver les consommateurs à acheter le produit.

EXEMPLE :
« Coral garde la fraîcheur du neuf à tous vos synthétiques ».

■ **Déterminer une preuve** qui va justifier la promesse (on parle aussi de détermination des supports qui vont être utilisés pour conforter le bénéfice-consommateur).

EXEMPLE :
démonstration du devenir d'une goutte d'eau déposée successivement sur deux pièces de tissu synthétique ; l'une, lavée avec une lessive x, l'autre lavée avec Coral.

■ **Déterminer un ton** (une ambiance, un style), qui va éclairer le message.

EXEMPLE :
une ménagère vérifie dans un miroir que son col est effectivement très blanc.

La copie stratégie traditionnelle est basée essentiellement sur des éléments quantitatifs, concrets et objectifs : le produit, le prix, la distribution.

EXEMPLES :
- Bonux (et son cadeau),
- Mammouth (qui écrasait les prix).

2
La copie-stratégie créative

Elle est née avec la crise économique, à partir de 1973. Les éléments de base de la copie stratégie traditionnelle sont modifiés par la crise et une *démarche plus qualitative* va apparaître.
Le plan en trois points de la copie stratégie reste le même, mais il est éclairé différemment par cette approche plus qualitative :
- la promesse devient *plus abstraite* (symbolique, purement psychologique, esthétique) ;

– la preuve, *parfois plus moralisatrice* ;
– le ton, plus créatif, *plus ouvert* (humour, sensualité...).

EXEMPLES :
– les publicités Volkswagen,
– les publicités pour les collants Dim (liberté, beauté).

3 La star stratégie de RSCG (Roux, Séguéla, Caysac, Goudard)

La rigidité (relative) de la copie stratégie ne convient pas à tous les publicitaires. Certains, comme Jacques Séguéla ou Bernard Roux au sein de l'agence RSCG, ont personnalisé les marques, les ont « starifiées ».
Comme une personne, une marque se caractérise par :

- *un physique*, le produit lui-même et son utilité (Fruidor et sa légèreté),
- *un caractère*, l'essence même de la marque, sa nature profonde, ce qui fait qu'on l'aime (la robustesse des automobiles Volkswagen),
- *un style*, qui complète la présentation et qui permet de s'en souvenir (le « ça décoiffe » de Citroën).

La star stratégie donne une personnalité exceptionnelle à la marque, avec pour chaque marque un *mix* de ces trois caractéristiques (physique, caractère, style) : l'apport de RSCG dans l'univers de la publicité, même s'il est controversé par certains, a donné un souffle nouveau à la création publicitaire.
La copie stratégie ou la star stratégie donnent les grandes lignes du message publicitaire, mais le travail de réalisation reste à faire.
Une fois conçu, le message doit être testé avant sa diffusion sur les médias et supports choisis.

C Les tests publicitaires

1 Les pré-tests

Ils ont pour but de vérifier :

- *la validité* des éléments du concept, de la copie stratégie,
- *la compréhension* du message,
- *l'adéquation* entre les objectifs initiaux et le message tel qu'il a été réalisé.

2
Les techniques utilisées

Deux grands types de tests existent :

- **Les tests quantitatifs** : ils utilisent les méthodes d'étude quantitative d'un marché (sondage à partir d'un questionnaire), destinées à contrôler la qualité des éléments constituant le message et à tester sa perception et sa compréhension ;

- **Les tests qualitatifs** : ils utilisent les méthodes d'étude qualitative d'un marché (entretiens individuels ou de groupe), destinées à tester l'intérêt du message, sa crédibilité...

3
Les outils utilisés

Ils sont nombreux et de qualité variable (difficulté de prouver l'efficacité d'un outil par rapport à un autre).

- **Le *folder test***, pré-test qui consiste à insérer la publicité à tester dans une fausse revue (ou un faux écran de publicité radio ou télévision), et de soumettre cette revue (écran) à un échantillon de personnes. Les personnes sont ensuite interrogées pour connaître le taux de mémorisation, la compréhension...

- **Le *split run test***, variante du *folder test* consiste à insérer deux versions du même message dans l'édition d'une revue (réellement vendue au public), chaque version étant présente dans la moitié des numéros mis en vente.

La comparaison de la perception des messages est effectuée après les interviews effectuées auprès d'un échantillon de lecteurs.

- **Le tachytoscope**, qui permet de projeter sur un écran un message (annonce presse, affiche) pendant un temps très court (1/250e de seconde) et de répéter l'opération en abaissant la vitesse. Des interviews des personnes soumises à ce test permettent d'évaluer la qualité de la perception du message.

- **Les méthodes d'observation des yeux**, à l'aide d'une caméra enregistrant soit les mouvements oculaires soit la dilatation de la pupille de personnes regardant un message publicitaire.

4

Les post-tests

Ils ont pour but de mesurer l'efficacité d'un message ou d'une campagne publicitaire complète.

Plusieurs outils ont été mis au point.

- Le *day after recall*, utilisé pour les messages publicitaires télévisés, qui consiste à contacter par téléphone un échantillon représentatif. Un questionnaire portant sur les écrans publicitaires de la veille est administré à ces personnes. Des mesures de notoriété spontanée et assistée sont ainsi effectuées.
- Les outils utilisés par IPSOS, pour les cinq médias, à partir d'échantillons représentatifs.

CHAPITRE 4

La communication hors médias

La communication hors médias regroupe tous les moyens de communication n'appartenant pas aux cinq grands médias. Elle comprend :

- la promotion des ventes,
- les relations publiques traditionnelles,
- la communication événementielle,
- le parrainage (*sponsoring*),
- le mécénat,
- le marketing direct.

A La promotion des ventes

1 Définitions

a. Approche classique

> La promotion des ventes a pour objectif de stimuler l'efficacité de la force de vente et des revendeurs et de susciter les achats des consommateurs au moyen d'opérations, limitées dans le temps, permettant soit de diminuer le prix du produit, soit de modifier la valeur globale de l'offre en apportant un avantage substantiel.

La promotion des ventes correspond à une stratégie « *push* » (voir chapitre « Généralités sur la communication ») qui permet de pousser le produit vers le consommateur.
Les actions promotionnelles sont toujours limitées dans le temps, au contraire des actions publicitaires qui sont parfois continues (pour les lessives par exemple).

b. Approche moderne

Depuis le début des années 1980, l'approche retenue pour définir la promotion des ventes est la suivante : la promotion se rapproche de la publicité en devenant « communication promotionnelle », c'est-à-dire que l'on utilise la promotion, en harmonie avec la publicité, pour bâtir l'image de marque d'un produit.
La promotion devient qualitative et plus seulement quantitative (augmenter les ventes).

2 Les techniques de promotion des ventes

On peut diviser la promotion en trois grandes parties, en fonction des cibles visées :

- **La promotion destinée à la force de vente**, qui correspond aux techniques de stimulation utilisées auprès des vendeurs (voir chapitre « La gestion de la force de vente »).

■ **La promotion distributeurs**, qui permet de modifier l'attitude des distributeurs envers un produit pour les inciter :

- à acheter le produit (parfois même à le stocker),
- à le vendre.

■ **La promotion consommateurs**, qui permet :

- de pousser un produit vers les consommateurs,
- de le leur faire acheter.

a. Les techniques de promotion destinées aux distributeurs

■ **Primes ou remises** accordées aux distributeurs en contrepartie d'une tête de gondole (extrémité d'une gondole, emplacement particulièrement vendeur où il est possible d'installer une « pyramide » de produits) pendant une période déterminée.

■ **Invitation** à des stages, des visites d'usine.

■ **Utilisation de la PLV** (Publicité sur le Lieu de Vente) : c'est un outil de communication promotionnelle fourni par le producteur au distributeur. Il permet :

- d'atteindre le consommateur sur le lieu même de la vente au moyen de supports divers : têtes de gondoles, présentoirs, affiches, bornes interactives, habillages de linéaires...,
- de mobiliser une partie des efforts du distributeur pendant un temps assez court sur une gamme de produits (la campagne de PLV sera souvent accompagnée par un concours ouvert aux distributeurs et récompensé par des cadeaux de valeur importante, voyages par exemple).

En libre-service, le produit doit se vendre seul. La PLV est utilisée pour mettre en avant un produit par rapport aux autres, sachant que plus d'un consommateur sur deux prend sa décision d'achat sur le lieu de vente.
En vente traditionnelle, la PLV est surtout utilisée en pharmacie, parfumerie, librairie, aussi bien sous forme de supports cartonnés en vitrine, que sur des présentoirs et affiches à l'intérieur du magasin.

b. Les techniques de promotion destinées aux consommateurs

On peut les regrouper en quatre parties.

Les ventes avec primes

Une prime est un avantage (objet ou service) remis gratuitement au consommateur à l'occasion d'un ou plusieurs achats.

Prime directe	Offre d'un article supplémentaire gratuitement remis en même temps que la marchandise achetée.
Prime recette	Offre de fiches recettes en prime pour tout achat d'un produit.
Prime différée	Offre d'un avantage supplémentaire dont la remise est différée par rapport à l'achat (par exemple en collectionnant des preuves d'achat).
Prime échantillon	Remise en prime d'un produit échantillon.
Prime contenant	Technique consistant à transformer le conditionnement pour en faire un contenant réutilisable.
Prime produit en plus	Offre d'une plus grande quantité de produit pour le même prix.
Offre autopayante	Proposition d'un article, à un prix particulièrement avantageux, en accompagnement d'un article d'une autre marque, sans que cette dernière subisse la moindre répercussion financière.

Les techniques de jeux

Jeu, loterie, *sweepstake**	Différentes formes de jeux, avec promesse d'un gain, pour lesquels le hasard détermine le ou les gagnants.
Concours	Compétition faisant appel aux qualités d'observation, de sagacité et de créativité des participants permettant de gagner un cadeau.
« Un gagnant par magasin » *(winner per store)*	Tirage au sort sans obligation d'achat (réalisé par un producteur) permettant de faire gagner un des clients d'un point de vente.

* *sweepstake* : tirage au sort de coupons réponse numérotés sur lesquels les clients ont inscrit leur nom et leurs « coordonnées ».

Les réductions de prix

Bon de réduction	Coupon ou titre donnant droit à une réduction déterminée sur le prix normal du produit.
Offre spéciale	Prix spécial consenti au public pendant une période déterminée.
3 pour 2	Technique permettant de proposer trois produits pour le prix de deux, quatre pour le prix de trois…
Vente groupée	Ensemble de produits vendus en même temps.
Offre de remboursement	Remboursement de tout ou partie du produit sur présentation d'une preuve d'achat.
Reprise du produit	Rachat par le fabricant d'un vieux produit de la marque pour tout nouvel achat d'un produit nouveau.

Les essais et échantillonnages

Échantillon	Petite quantité d'un produit diffusée gratuitement pour faire connaître une nouveauté.
Cadeau	Remise d'un cadeau pour inciter le public à une action déterminée.
Essai gratuit	Offre d'essai d'un nouveau produit, sans aucune obligation d'achat.
Démonstration	Présentation d'un produit et de ses différentes qualités, suivie d'un essai ou d'une dégustation.

3
L'utilisation de la promotion des ventes

a. Les différentes utilisations

- En accompagnement du lancement d'un produit nouveau, pour compléter l'action de communication effectuée avec la publicité médias.
- En cours de vie d'un produit, pour relancer un produit en phase de déclin ou pour lutter contre un produit concurrent.
- Pour créer un événement (anniversaire d'un produit, d'une entreprise...).
- Pour obtenir le référencement d'une marque.
- Pour augmenter le chiffre d'affaires...

b. Promotion et législation

La législation de l'action promotionnelle est très stricte. Trois textes juridiques principaux la régissent :
- la loi « Royer » du 27 décembre 1973,
- l'ordonnance « Balladur » du 1er décembre 1986,
- la loi « Neiertz » du 23 juin 1989.

Les principales mesures concernant les actions promotionnelles sont les suivantes :
- les *cadeaux* sont autorisés (par exemple, cadeaux de parrainage offerts par des organismes de vente par correspondance), sans limitation de prix. La seule restriction est qu'ils ne doivent pas être assimilés à des actes de concurrence déloyale,
- les *primes* (attribuées à la faveur d'un achat) sont interdites, sauf si elles sont de faible valeur :
  - produit principal de moins de 76,22 euros : la valeur de la prime « départ production » ne doit pas excéder 7 % du prix de vente net du produit qu'elle accompagne,

- produit principal de plus de 76,22 euros : la valeur de la prime ne doit pas excéder 4,57 euros, plus 1 % du prix de l'objet porteur (limite maximum de 53,36 euros).

Les primes correspondant à un produit identique à l'achat principal ne sont pas limitées en valeur (exemple : 4 produits pour le prix de 3).

– les *concours* doivent exclure toute intervention du hasard,

– les *loteries* doivent être effectuées sans aucune obligation d'achat.

Les *ventes au déballage, soldes et liquidations* font également l'objet d'une législation très précise. La loi du 5 juillet 1996 sur la promotion du commerce encadre plus strictement qu'auparavant ces pratiques commerciales :

- ventes au déballage : ce sont des ventes réalisées sur des emplacements ou dans des locaux non habituellement destinés au commerce considéré.

EXEMPLES :

– vente de tapis dans un hôtel,
– « Foire aux vins » sur le parking d'une grande surface.

Elles sont soumises à autorisation municipale. Leur durée ne peut excéder deux mois par année civile dans un même local ou sur un même emplacement,

- soldes (réductions de prix durant une période déterminée) : les soldes soumis à autorisation municipale ainsi que les décalages de date sectoriels ont disparu. Les dates sont dorénavant fixées par le Préfet de chaque département pour une durée maximale de six semaines (au lieu de deux mois auparavant). Les rabais ne pourront porter que sur des marchandises proposées à la vente et réglées aux fournisseurs depuis au moins un mois à la date de début de la période de soldes considérée. Chaque produit devra comporter l'indication du prix avant et durant les soldes,
- liquidations : elles concernent uniquement les ventes accompagnées ou précédées de publicité et annoncées comme tendant, par une réduction de prix, à l'écoulement accéléré de la totalité ou d'une partie des marchandises.

Elles doivent être précédées d'une demande justifiée au Préfet du département au moins trois mois avant la date de liquidation.

B
Les relations publiques « traditionnelles »

Les relations publiques constituent un mode de communication commerciale (d'information séduction) permettant de « vendre » l'image la plus favorable possible d'une entreprise et d'entretenir les meilleurs rapports avec ceux dont dépend son avenir, par l'intermédiaire d'actions spécifiques créées par l'entreprise auprès d'une cible précise.
Cette cible peut être interne (les membres de l'entreprise) ou externe (un segment de clientèle, les différents secteurs de l'opinion publique, une administration...).

Elles peuvent prendre différentes formes.

1
Relations publiques internes

- Journaux d'entreprise
- Réunions
- Séminaires (pour l'ensemble de la force de vente par exemple)
- Mobilisation du personnel autour d'un projet d'entreprise...

2
Relations publiques externes

- Plaquette présentant l'entreprise (document très luxueux pour les grandes entreprises)
- Rapport annuel d'activité
- Organisation de visites d'entreprise (pour le public, mais aussi pour des prospects ou clients)
- Organisation de conférences de presse (pour présenter le rapport d'activité, un produit nouveau, la diversification vers un nouveau secteur d'activité...)
- Organisation de voyages :
  - pour le grand public : organisation de voyages d'une journée, en car, dans une région agréable, dans le but de présenter un produit (clientèle ciblée),
  - pour les professionnels : organisation de voyages dans le but de présenter l'entreprise et ses produits à une cible de prospects soigneusement choisis (utilisation de cars ou de wagons spécialement aménagés : disposition conviviale des sièges, vidéo, bar, toilettes...).

C
La communication événementielle

La communication événementielle consiste à créer et organiser un événement pour qu'il serve de support à une campagne de communication concernant un organisme ou l'un de ses produits.

Exemples :

- organisation de « La Grande Moisson », sur l'avenue des Champs-Élysées, en juin 1990, par le CNJA (Centre National des Jeunes Agriculteurs),
- présentation annuelle du Beaujolais nouveau, le troisième jeudi du mois de novembre, médiatisée en France comme à l'étranger (organisée par le syndicat des producteurs de Beaujolais).

D

Le parrainage *(sponsoring)*

Le parrainage correspond à la participation financière matérielle et/ou technique d'une entreprise à une manifestation sportive ou culturelle, en contrepartie de bénéfices en terme d'image ou de notoriété.

Il peut avoir deux objectifs différents : développer la notoriété ou bien renforcer l'image.

■ **Le parrainage de notoriété** : son but est de faire connaître le nom d'un produit à travers une manifestation.

EXEMPLES :

Areva, partenaire du Défi français dans l'America's Cup, ou bien Brit'Air, sponsor du bateau d'Armel le Cléac'h pour le Vendée Globe 2008.

■ **Le parrainage d'image** : son but est de renforcer l'image de marque d'un produit en l'associant à une manifestation.

EXEMPLES :

- Novotel, partenaire de l'équipe de football de Lyon,
- Cofidis, sponsor d'une équipe cycliste.

Les supports du parrainage sont nombreux : le sport, la culture, les opérations humanitaires et sociales, la recherche scientifique, les programmes audiovisuels... Le « parrainage télévisuel » concerne potentiellement les entreprises de grande distribution, interdites de publicité à la télévision. Parrainage de notoriété ou d'image, il permet aux distributeurs nationaux d'avoir accès au média télévision.

La plupart des grandes enseignes, généralistes ou spécialistes, pratiquent ou ont pratiqué cette forme de parrainage :

- *parrainage de notoriété* : Darty, Décathlon, Kiabi (météo), But (« Le juste prix »), ainsi que Castorama, Catena, Go Sport, Jardiland...
- *parrainage d'image* : Carrefour (« C'est pour demain »), Leclerc (« Agir pour l'environnement », Intermarché (« À vrai dire »). Cette forme de parrainage permet de mettre en adéquation la stratégie de l'entreprise et le concept d'une émission.

La loi Trautmann sur l'audiovisuel (2000) qui réduit de 12 minutes à 8 minutes par heure en 2001 la publicité sur la télévision publique va favoriser le développement du parrainage télévisuel (voir chapitre « La communication médias »).

E Le mécénat

Le mécénat correspond à la participation financière (et/ou technique) d'une entreprise à une œuvre, sans recherche directe d'une quelconque contrepartie financière (philanthropique), mais pour entretenir et améliorer (magnifier) son image.

Les supports du mécénat sont nombreux :
- le domaine éducatif (Fondation Médiamétrie, dont le but est d'améliorer les relations entre l'école et les médias),
- le théâtre (Fondation Philip Morris, partenaire de la 17e tournée internationale de la prestigieuse compagnie américaine Alvin Ailey),
- l'économie (Fondation Générale des eaux pour le développement des emplois de proximité),
- le social (Fondation UAP pour la solidarité entre les générations),
- l'environnement (Fondation GDF),
- l'art contemporain (Fondation Cartier),
- la solidarité (Fondations Cartier et Crédit local de France),
- le sport (Fondation Française des jeux)...

Les cibles sont très diverses : clients, prospects, milieu artistique, scientifiques, Éducation nationale, journalistes, grand public...
Les retombées sont à long terme.

F Le marketing direct (mercatique directe)

1 Présentation

Publicité directe, communication directe, vente directe, mercatique directe... L'évolution de l'expression est significative de la difficulté que l'on a pour classer le marketing direct, en développement considérable depuis le milieu des années 1980.
Le marketing direct participe de la notion de *marketing one to one,* qui regroupe l'ensemble des outils et techniques permettant une relation individualisée avec un prospect ou un client (voir chapitre intitulé « Marketing relationnel et gestion de la relation client »).

a. Définition

> Le marketing direct est un moyen opérationnel qui s'appuie sur l'utilisation d'un fichier informatisé et de supports de communication spécifiques pour prospecter une cible ou lui vendre directement un produit et susciter une réponse rapide.

Le marketing direct est un des moyens d'augmenter la productivité commerciale d'une entreprise au même titre que la promotion ou la tenue d'un stand sur un salon ou une foire-exposition.
Par contre, la publicité et le mécénat sont plus éloignés du marketing direct car ils travaillent pour le moyen ou long terme (alors que l'effet du marketing direct est à court terme).
Il existe deux types de marketing direct :

- marketing direct grand public (*business to consumer*, ou « *B to C* »), qui s'adresse aux particuliers en utilisant le publipostage, le téléphone, le minitel, internet, la télévision ou la radio et qui est utilisée surtout dans le cadre de la vente à distance (VPC, télé-achat...),
- marketing direct d'entreprise à entreprise (*business to business* ou « *B to B* »), qui s'adresse aux entreprises et artisans par l'intermédiaire du publipostage, du téléphone et d'autres outils plus spécifiques (voir partie « Les outils du marketing direct »).

b. Objectifs

On peut classer les objectifs du marketing direct en deux parties : les objectifs primaires et les objectifs secondaires.

Objectifs primaires	• **Qualification de suspects**, c'est à dire obtenir des informations (activité, adresse, téléphone, e-mail, nom des responsables, équipement...) sur des entreprises ou des personnes dont on ne connaît que le nom. Un suspect qualifié devient un prospect, que l'on va pouvoir contacter efficacement • **Prospection** (voir chapitre du même nom) • **Vente** de produits ou services à de nouveaux prospects ou à des clients (autres produits ou services) • **Fidélisation** en maintenant une présence chez les clients (courriers, appels téléphoniques...).
Objectifs secondaires	• **Diminution de coûts variables** : utilisation du téléphone plutôt que de l'automobile quand cela est possible, obtention de tarifs préférentiels auprès de La Poste par des envois en nombre... • **Amélioration de la gestion du temps des commerciaux** par l'utilisation efficace d'une base de données, par la gestion informatisée de courriers personnalisés... • **Optimisation des investissements**, grâce aux ventes obtenues par le marketing direct • **Accroissement de la présence sur le marché** par l'utilisation du téléphone et des courriers personnalisés.

c. La base du marketing direct : le fichier

« Une entreprise sans fichier n'a pas de mémoire. »
« Une entreprise sans fichier informatisé… n'a pas de fichier ! »
Ces deux phrases montrent bien l'importance du fichier informatisé dans l'entreprise. Il est impossible de pratiquer le marketing direct sans un tel outil. Le fichier informatisé est un peu le « porte-avions » d'où décollent tous les moyens commerciaux de l'entreprise.
On distingue généralement deux types de fichiers.

Les fichiers de compilation

Ils sont réalisés (soit par les entreprises elles-mêmes, soit par des sociétés spécialisées) à partir d'informations accessibles à tous :
- fichier SIRENE de l'INSEE {@}, regroupant toutes les entreprises et les établissements, classés selon leur code APE (Activité principale exercée).
- fichier des abonnés France Télécom,
- fichier du Registre national du commerce et des sociétés (RNCS),
- fichiers des Chambres de commerce {@} et des Chambres des métiers,
- fichiers des greffes de tribunaux de commerce,
- fichiers établis par la presse professionnelle…

Ces fichiers sont souvent peu renseignés, et leur mise à jour est parfois incertaine. Ils sont intéressants pour obtenir des informations générales (adresse postale ou téléphonique…). Ils sont inadaptés pour des opérations nécessitant un ciblage fin et des données très qualifiées. Leur coût est peu élevé.

Les fichiers de comportement

Ils sont beaucoup plus complets et comportent des informations sur les comportements des personnes répertoriées. Ce sont principalement des fichiers de clientèle, renseignés sur le comportement d'achat des clients d'une entreprise. Les entreprises de VPC possèdent des fichiers de comportement comprenant plusieurs dizaines d'informations sur chacun de leurs clients. Leur coût est beaucoup plus élevé.

EXEMPLES :
bases de données comportementales de Consodata {@} ou Calyx – Claritas {@}.

Le coût d'un fichier

Le prix d'une ligne peut varier entre 0,05 € et 6 € selon le type de fichier et le contrat passé entre le fournisseur et l'utilisateur.
- location de fichier : cela consiste à obtenir des informations que l'on ne pourra utiliser qu'une seule fois. Le coût d'une ligne est compris entre 0,05 € et 1,50 € selon que le fichier est comportemental ou non,
- achat de fichier : le contrat confère à l'acheteur un droit de propriété sur les informations obtenues, et permet donc plusieurs utilisations (mais la mise à

jour de ces informations n'est pas comprise dans le prix d'achat et nécessite un investissement supplémentaire). La fourchette de prix varie entre 0,30 € et 6 € la ligne selon le type d'informations achetées.

Fichier et réglementation

Deux textes de loi régissent actuellement les fichiers informatisés :
- La loi du 6 janvier 1978 « Informatique, fichiers et libertés » a créé un organisme administrativement indépendant, la CNIL {@}, Commission Nationale de l'Informatique et des Libertés, et lui a confié les missions suivantes (source CNIL) : recenser, contrôler et réglementer les fichiers, garantir leur droit d'accès pour les citoyens, instruire les plaintes et informer.
- Une directive européenne du 24 octobre 1995, relative à la protection des données à caractère personnel et à la libre circulation de ces données.

Un projet de loi relatif à la protection des personnes physiques à l'égard des traitements de données à caractère personnel, modifiant la loi de 1978, est en cours. Il vise à étendre le champ de compétences de la CNIL, et notamment à lui donner le droit d'accéder à tout local professionnel servant à l'exploitation d'un fichier, et aux matériels qu'il contient, sur autorisation judiciaire en cas d'opposition du propriétaire des lieux (avec possibilité de mise en demeure et sanctions pécunières).

d. L'avenir du marketing direct

L'arrivée de nouveaux outils, l'intensification de sa pratique, son utilisation pour prospecter, pour vendre, mais aussi pour fidéliser une clientèle, en tant que véritable outil de la stratégie commerciale de l'entreprise font du marketing direct un outil à part entière au service du développement de l'entreprise.

Les forces de vente des entreprises vont devoir utiliser de plus en plus le marketing direct :
- pour travailler plus efficacement de nouveaux segments de clientèle,
- pour assurer une fréquence de contacts supérieure au nombre de visites,
- pour pouvoir susciter une réaction rapide du client,
- pour accroître les chances de fidélisation du client.

Cela passe par la formation des commerciaux aux outils et à toutes les techniques du marketing direct.

2
Les outils du marketing direct

a. Le *mailing*

Le mailing est l'envoi, par différents moyens, d'informations à des destinataires identifiés dans le but de générer une communication avec l'entreprise.

C'est l'outil le plus utilisé du marketing direct (près de 50 % des dépenses de marketing direct en France).
Le mailing peut revêtir plusieurs formes : le mailing postal classique (ou publipostage), le *bus-mailing* (ou publipostage groupé), le *mailing-fax* (ou *faxing*), l'*e-mailing* (ou mailing électronique), le mailing vidéo.

Le *mailing* postal classique (ou publipostage)

Le mailing postal classique (ou publipostage) est l'envoi, par courrier, de documents à des destinataires identifiés dans le but de générer une communication avec l'entreprise.

C'est de loin le type de mailing le plus utilisé. Il est utilisé en *B to C* comme en *B to B*.
Dans le cadre d'une opération destinée au grand public, il peut comprendre les éléments suivants :

- Une enveloppe porteuse, plutôt banalisée, sauf en cas de tarifs postaux spéciaux (mais le timbre apporte une note plus personnelle), qui doit à tout prix éviter d'aller dans la corbeille avant d'être ouverte par le destinataire ou sa secrétaire (nom et titre bien orthographiés, adresse précise, pour ne pas froisser l'interlocuteur).
- Une lettre, essentielle pour la dynamique du publipostage (elle doit faire agir le destinataire), dont la rédaction doit suivre des règles bien précises :
  - une phrase d'accroche, pour susciter l'intérêt du lecteur (ce peut être sous la forme d'un titre accrocheur),
  - une seconde partie renforçant l'intérêt du lecteur (promesse ou avantage du produit, utilisation du « vous »),
  - la description, brève, du produit,
  - une proposition poussant le lecteur à agir,
  - la signature (pour crédibiliser l'offre),
  - le post-sriptum, qui est lu dans 90 % des cas, pour renforcer l'offre par un dernier avantage, ou une date limite...
- Un document présentant le produit ou le crédibilisant.

- Un document présentant un cadeau de bienvenue (ou un concours).
- Des témoignages de satisfaction personnalisés.
- Un document garantissant l'authenticité de l'offre.
- Un coupon-réponse (bon de commande, demande de renseignements, demande de la visite d'un commercial...).
- Une enveloppe pour la réponse.

Tous ces documents doivent être présentés dans un souci de grande clarté (utilisation, sans abus, de caractères différents, de paragraphes, phrases courtes...). Un publipostage doit être testé sur un nombre restreint d'adresses pour évaluer les retours et faire des modifications si cela s'avère nécessaire.

Avantages et inconvénients

Avantages	Inconvénients
• Possibilité de personnaliser sa proposition. • Outil de prospection efficace. • Trace écrite (importante en France). • Possibilité de mesurer l'efficacité de l'opération.	• Rapport coût/efficacité relativement élevé (en prospection pure, le rendement moyen d'un mailing varie en moyenne entre 0,5 % et 3 %). • Saturation prévisible à court terme. • Risque de grève de La Poste. • Réglementations postales (pour obtenir différents tarifs spéciaux avantageux).

L'augmentation du nombre de mailings peut paraître excessive à certains, d'où la création en 1978 de la liste Stop Publicité gérée par l'Union Française du Marketing direct, base de données qui recense les personnes demandant à ne plus recevoir d'offres commerciales par mailings (la liste orange du Syndicat de la vente par correspondance joue le même rôle).

Le *bus-mailing* (ou publipostage groupé)

Le bus-mailing consiste en l'envoi groupé, à la même cible, de différentes cartes (généralement entre 25 et 60 de format 90 cm × 140 cm) présentant chacune l'offre d'un fournisseur.

Ces envois sont réalisés par des sociétés spécialisées qui travaillent soit pour leur compte, soit pour le compte de sociétés éditrices de journaux ou de revues grands publics ou professionnels (Le Nouvel Observateur, Les Échos, Action Commerciale, Mieux vivre votre argent...).
Le destinataire intéressé par l'offre présentée sur l'une de ces cartes (cartes T le plus souvent) la renvoie pour obtenir davantage d'informations. Le coût de ce système est inférieur à celui du mailing postal, les retours étant eux aussi plus faibles (l'offre n'est pas unique mais mélangée à d'autres propositions).

EXEMPLES DE TARIFS DE BUS-MAILING :

– « Cartes info-service Mieux vivre votre argent » : envoi national de 400 000 cartes en quadrichromie : 24 391 €, 0,06 € la carte,
– « Les fiches contact Les Échos » : envoi national de 260 000 cartes en quadrichromie, 15 926 €, 0,06 € la carte.

Avantages et inconvénients

Avantages	Inconvénients
• Remarquable outil de remontée de coupons pour la force de vente. • Coût inférieur au mailing traditionnel (autour de 0,06 € le contact). • Pratique à utiliser pour le prospect (carte T).	• Rendement encore plus faible que le mailing. • Proposition « diluée » parmi 50 à 60 autres.

Certaines sociétés se sont spécialisées dans l'envoi de bus-mailing par fax (fax groupés) ou par vidéo, dont le rendement est supérieur à celui des bus-mailings postaux.

Le *mailing-fax* (ou *faxing*)

L'envoi de mailings par fax s'est largement développé ces dernières années en *B to B*. Le mailing-fax s'avère être un outil très efficace en marketing direct. Par contre, son utilisation est parfois abusive, ce qui a poussé France Télécom à créer la Liste Safran, base de données qui regroupe les personnes qui ne souhaitent pas recevoir de télécopies publicitaires.

Étude comparative du mailing postal et du mailing-fax, pour un envoi de 1 000 exemplaires

Mailing postal		Mailing-fax	
Nature de l'opération	***(en € HT)***	***Nature de l'opération***	***(en € HT)***
Édition listing étiquette	0,21	Frais de personnalisation	0,23
Papier A4 imprimé 1 couleur	0,52	Frais d'émission : 1 page A4	0,91
Enveloppe 110 × 225 mm	0,18	Taxes téléphoniques	0,95
Timbres Tarif 3 > 1 000 ex < 20 g	2,38		
Pliage 2 plis machine	0,29		
Collage étiquette listing	0,53		
Mise sous enveloppe	0,37		
Affranchissement, dépôt poste	0,30		
Coût pour 100 contacts	**4,78**	**Coût de 100 contacts fax**	**2,09**
Rendement du mailing postal	0,7 %	Rendement du mailing fax	1,8 %
Coût d'un prospect	**68,28**	**Coût d'un prospect**	**11,61**
4,78 € × 100 = 478 € 7 retours attendus : 478 / 7 = 68,28 €		2,09 € × 100 = 209 € 18 retours attendus : 209 / 18 = 11,61 €	
La rentabilité du fax est 5,88 fois supérieure			

Mailing postal		Mailing-fax	
Avantages du mailing postal		***Inconv nients du mailing-fax***	
Qualité et archivage du document reçu.		Qualité moyenne du document reçu.	
Possibilité de graphismes en couleurs.		Impression en noir et blanc.	
Confidentialité du document.		Certains destinataires potentiels refusent toute utilisation publicitaire de leur télécopieur (liste Safran de France Télécom).	
		Absence de confidentialité.	
Inconv nients du mailing postal		***Avantages du mailing-fax***	
Délai d'exécution	2 jours	Rapidité d'exécution	4 heures
Délai de distribution	10 jours	Rapidité de transmission	1 heure
Délai de retour	15 jours	Rapidité des retours	2 jours
Saturation des boîtes à lettres.		Excellent taux de lecture	> 50 %
Rendement faible pour un coût élevé.		Rendement 5 à 7 fois supérieur.	
Incertitude de la distribution : grèves...		Connaissance exacte de la diffusion.	

(D'après la revue L'entreprise)

Le rendement du *mailing-fax* est deux fois supérieur à celui du *mailing* postal, et son coût six fois moindre.

L'*e-mailing* (ou mailing électronique)

L'e-mailing consiste en l'envoi groupé, via le réseau internet, à des destinataires identifiés par leur adresse e-mail, de documents texte (mais aussi audio ou vidéo) dans le but de générer une communication avec l'entreprise.

L'e-mailing est en fort développement depuis quelques années mais son utilisation reste encore très faible par rapport au mailing postal ou même au mailing-fax. La FEVAD {@}(Fédération des Entreprises de Vente à Distance) à tout de même déjà créé la *Liste E-Robinson* {@} qui permet aux entreprises :

- de recevoir moins de propositions commerciales dans leur boîte aux lettres électronique de la part des membres de la FEVAD et de toutes autres sociétés françaises et étrangères avec laquelle elle aurait passé des accords,
- de s'opposer à la réception de courriers électroniques de sociétés dont elles ne sont pas clientes (source FEVAD).

Une majorité d'e-mailings sont envoyés à la demande du destinataire qui s'inscrit, à partir du site internet d'un organisme, à une liste de diffusion.

EXEMPLES :

liste de diffusion du Monde Diplomatique {@}, des sites internet Transnationale {@} ou Actuamédia {@}.

Le *mailing* vidéo

La vidéo a fait son apparition comme outil de marketing direct dans les années 1980. Une cassette vidéo, dont le visionnage peut être de courte durée, est conçue, réalisée, produite et envoyée à une cible prédéfinie.

EXEMPLE :

> la plupart des constructeurs automobiles utilisent désormais cet outil, mais seulement auprès d'une cible très précise (pour des raisons de coût) : Ford pour la sortie de la Mondéo, General Motors pour le Pontiac Trans Sport et Volkswagen pour la dernière Passat.

Le coût est très élevé par rapport à un publipostage traditionnel, mais l'impact est infiniment supérieur.
Le *bus-mailing vidéo* a même fait son apparition : c'est l'équivalent, sur cassette vidéo, du *bus-mailing* traditionnel. Son utilisation est encore très discrète.

b. Le téléphone *(phoning)*

Les outils du téléphone

- la voix, avec ses modulations (débit, intensité, intonation),
- les mots, toujours positifs,
- l'écoute, active (voir chapitre « Les étapes de l'entretien de vente et leurs techniques respectives »).

L'utilisation du téléphone

- La prise de rendez-vous

C'est un passage obligatoire pour tous les commerciaux. La maîtrise de la prise de rendez-vous téléphonique représente un plus indéniable pour les vendeurs. Elle s'obtient par le respect de quelques règles simples mais à utiliser rigoureusement :

- se préparer matériellement : avoir sur son bureau les fiches des personnes à appeler, son agenda, un crayon et une gomme, de la documentation et son guide d'entretien téléphonique (voir plus loin),

- se préparer psychologiquement : s'installer confortablement, se détendre (au besoin, effectuer quelques respirations profondes pour se relaxer), être sûr de soi et sourire (le sourire et la bonne humeur s'entendent au téléphone),

- préparer son guide d'entretien téléphonique, en suivant le plan CROC :

Contact	Prise de contact qui comprend : – salutation (« Bonjour », « bonsoir »...), – présentation (« Je suis... prénom + nom + société »), – identification de l'interlocuteur (« Vous êtes bien... »).
Raison	Motif de l'appel : – (« Nous venons de lancer un... »), – (« Connaissez-vous la carte... »).
Objectif	Prise de rendez-vous : (« Vous préférez que l'on se rencontre cette semaine ou la semaine prochaine ?... »).
Congé	Prise de congé qui comprend : – reformulation du rendez-vous, pour le faire noter par l'interlocuteur, – formule de politesse, – salutation, avec rappel du rendez-vous.

– préparer des réponses aux objections les plus courantes (« cela ne m'intéresse pas », « je n'ai pas le temps pour l'instant... »).

- La vente

Tout ne peut pas être vendu au téléphone. Cependant, certains produits et services se prêtent à cette méthode de vente, quand ils présentent les caractéristiques suivantes : produits simples, proposés par une entreprise connue de l'interlocuteur (il en est déjà client).
La vente au téléphone utilise les techniques de vente traditionnelles, en tenant compte toutefois des spécificités de l'outil. Elle ne peut donc être pratiquée que par des professionnel(le)s appelé(e)s télévendeurs(euses) ou téléacteurs(trices).
Les banques et compagnies d'assurance utilisent de plus en plus la télévente pour certains produits.

Avantages et inconvénients

Avantages	**Inconvénients**
• Contact direct et personnel • Dialogue en temps réel (avec adaptation possible de l'argumentaire) • Réponse immédiate • Coût assez faible (surtout par rapport à une visite) • Taux de pénétration très fort (surtout jumelé avec un publipostage) • Possibilité de jouer avec les modulations de la voix.	• Aveugle (on ne peut rien montrer) • Pas de gestuelle • Pas de trace • Possibilité de « fuite » de l'interlocuteur • Risque de déranger l'interlocuteur • Brièveté de l'entretien.

c. L'annonce presse

L'annonce presse est encore relativement *peu utilisée en marketing direct* en raison de son inconvénient majeur : le coût, prohibitif pour certains supports, dépendant directement de la surface de l'annonce et de son emplacement.
Par contre, la segmentation possible grâce à la grande variété de supports et leur diffusion parfois très importante peuvent en faire un outil très satisfaisant.
L'annonce comportera soit un bon à découper, soit un numéro de téléphone, un code minitel ou une adresse e-mail permettant d'établir la communication avec les prospects intéressés.

d. L'ISA (imprimé sans adresse)

L'imprimé sans adresse est en train de se faire une place à part entière au sein des supports de communication hors médias. Il regroupe tous les supports de publicité (dépliants, petits catalogues, offres promotionnelles...) distribués directement dans les boîtes aux lettres.
Le marché de la distribution publicitaire à domicile est principalement occupé par trois entreprises concurrentes : Médiapost {@} (filiale de La Poste), Delta Diffusion et SDP.
L'institut Médiamétrie {@} a créé un produit appelé « Isamétrie » qui permet d'évaluer régulièrement l'impact des imprimés sans adresse. Il ressort déjà de cette étude les informations suivantes (source Médiapost) :
- chaque foyer reçoit en moyenne 13 ISA par semaine,
- chaque personne est en contact 23,7 fois par semaine avec un ISA,
- sur ces 23,7 ISA, 10,6 concernent la grande distribution,
- chaque individu mémorise en moyenne 21,6 contacts par semaine (sur les 23,7),
- chaque ISA touche en moyenne 1,8 personne.

La grande distribution accapare à elle seule plus du tiers des ISA. Une étude Médiapost révèle que 9 ménagères sur 10 lisent réellement les ISA de la grande distribution, et que 72 % en tirent profit.
Pour les entreprises clientes, l'ISA peut se révéler un excellent outil de communication ciblée. Par exemple, Médiapost, qui utilise les facteurs de La Poste pour distribuer les ISA, peut, au niveau du ciblage, descendre jusqu'à la tournée d'un facteur, ce qui permet un ciblage relativement précis (65 000 tournées de facteurs d'environ 300 à 400 foyers chacune). Une base de données contient plusieurs informations par tournée : PCS, type d'habitat, structure d'âge...
Le coût d'un ISA (document et distribution) varie dans une fourchette de 0,03 € à 0,06 €.

e. La télématique

D'une utilisation déjà ancienne en France, elle regroupe le numéro vert et le minitel.

Le numéro vert (0800)

C'est un moyen simple de communiquer avec des prospects, avec le principal avantage pour eux de ne pas payer la communication.

Le minitel et le système Télétel

C'est un support qui est obligatoirement couplé (en amont) avec un autre : annonce presse, télévision, publipostage... Le prospect, renseigné par cet autre support, va entrer en communication avec le service Télétel indiqué. L'interactivité est son principal avantage. Le but de l'entreprise est le plus souvent d'obtenir, au moyen d'un jeu ou de diverses questions, le nom et les références des personnes qui consultent le serveur.
Couplé avec un média efficace, c'est un bon outil de remontée de coupons qualifiés.
Le principal inconvénient vient du faible taux d'équipement des ménages français (les entreprises le possèdent dans leur grande majorité).
Le second inconvénient est le coût élevé des services 3615, 3616, 3617... ou même 3629.
Il a tendance a être supplanté maintenant par l'Internet.

f. Internet

C'est un support qui est obligatoirement couplé (en amont) avec un autre (étiquette produit, publicité média...). Le prospect, renseigné par cet autre support, va pouvoir visiter le site Internet d'une entreprise ou d'une marque, obtenir des informations sur les produits, et commander directement.

g. La télévision

Le télé-achat s'adresse exclusivement (pour l'instant) aux particuliers. Il est venu des États-Unis où il existe des chaînes totalement consacrées au télé-achat, telles que « *What's in store* » ou « *Sell a vision* » diffusées par le satellite Astra. Ce nouveau support pour le marketing direct est en plein essor en France grâce aux émissions (encore rares) proposées par les chaînes françaises (TF1, M6, Canal+).
Les téléspectateurs peuvent suivre des présentations de produits (véritables argumentaires télévisuels) et commander ces produits par téléphone, minitel ou internet.

Quelques sites internet

SIGLE, nom de l'organisme, *activité*	**Adresse des sites**
• ABC Net Marketing *Site sur le marketing b to b*	abc-netmarketing.com
• ADMICAL Association pour le Développement du Mécénat Industriel et Commercial	admical.org

SIGLE, nom de l'organisme, *activité*	**Adresse des sites**
• ADMITECH Association pour le Développement d'un Mécénat fondé sur l'Innovation et la Technologie	http://admitech.free.fr
• ANAé Association Nationale des Agences d'Événements	anae.org
• B to B *Informations, chiffres, dossiers sur le marketing B to B*	businessmarketing.com
• CCI Chambres de Commerce et d'Industrie	cci.fr
• CNIL Commission Nationale Informatique et Liberté	cnil.fr
• Communication – Événementiel	communication-evenementiel.fr
• e-marketing *Portail marketing – Revues « Marketing Magazine » et « Marketing Direct »*	e-marketing.fr
• E-Robinson *Liste E-Robinson*	e-robinson.com
• FEVAD Fédération des Entreprises de Vente à Distance	fevad.com
• Idéactif	ideactif-md.com
• IEMD Institut Européen du Marketing Direct	marketing-direct.net
• IMS Institut du Mécénat de Solidarité	imsentreprendre.com
• Infos MD *Informations sur le marketing direct et la communication électronique*	infosmd.com
• INSEE Institut National de la Statistique et des Études Économiques	insee.fr
• Le Monde Diplomatique *Revue*	monde-diplomatique.fr
• Lettre du marketing on line *Actualité de l'e-marketing*	lettredumarketing.com
• L'événementiel *Presse de la communication par l'événement*	evenementiel.fr
• Marketing direct *Site didactique sur le marketing direct*	le-marketing-direct.net
• Médiamétrie *Institut de mesure d'audience des médias*	mediametrie.fr
• Médiapost *Publicité en boîte à lettres, géomarketing*	mediapost.fr
• POPAI Institut français de la communication et de la PLV	popai.fr
• Salons on line *Portail des salons et évènements professionnels*	salons.online.com
• SIRENE Système Informatisé du Répertoire National des Entreprises et des établissements	sirene.tm.fr
• SNCD Syndicat National de la Communication Directe	sncd.org
• SYNTEC Relation Publiques *Association des professionnels Français des relations publiques et de la gestion de l'opinion*	syntec-rp.com

Partie 10

La relation client

Tout au long de cet ouvrage, nous avons pu mettre en avant la place prépondérante prise par le client au sein du marketing depuis ces dernières années : auparavant centré essentiellement sur le produit, le marketing s'oriente résolument vers le client, qui devient l'objet de toutes les études, de tous les investissements, de toutes les convoitises de la part des entreprises. Nous sommes passés en quelques années d'un marketing de l'offre vers un marketing de la demande, d'un marketing produit vers un marketing client, d'un marketing de masse vers un marketing de segmentation, d'un « push marketing » vers un marketing de fidélisation, beaucoup plus relationnel.

La relation client devient l'interface clé de l'entreprise, qu'elle soit de production ou de distribution : interface producteur-distributeur, ou interface distributeur-client final. Elle fait l'objet de nombreuses études depuis ces cinq dernières années. La GRC (Gestion de la relation client) est désormais au cœur des stratégies marketing des entreprises.

Nous allons tout d'abord analyser le rôle primordial de l'information en marketing. Ensuite, nous étudierons le client, les moyens de mieux le connaître, la stratégie à adopter pour le conserver et le transformer en « très bon client ». Nous détaillerons ensuite les principaux vecteurs de la relation client, et nous terminerons par la présentation des outils et techniques qui constituent la gestion de la relation client.

Chapitre 1

L'information marketing

L'information est un « élément de connaissance » recueilli ou créé qui prend de l'importance au sein du système dans lequel on l'insère.
L'annonce de la baisse ou de la hausse du CAC 40 à la Bourse de Paris est par exemple une information qui a de l'importance pour l'économie en général, mais aussi pour le portefeuille d'un détenteur d'actions.
Nous vivons désormais dans un monde où l'information circule de plus en plus vite. Grâce à l'Internet, à l'informatique, au téléphone mobile, au câble, aux satellites, l'information est disponible quasi instantanément à n'importe quel endroit de la planète. Entreprises et particuliers ont accès à une masse d'informations qui ne leur était pas accessible aussi facilement et rapidement il y a encore quelques années.

Depuis plusieurs dizaines d'années, la définition même du marketing a donné à l'information le rôle de « matière première principale » indispensable à toute prise de décision commerciale : obtenir des informations sur le marché, la concurrence, les consommateurs, les clients, les produits, etc.
Une grande partie des évolutions qu'a connues le marketing ces toutes dernières années, comme le passage d'un marketing de masse vers un marketing personnalisé, le développement du *géomarketing*, l'importance croissante de la gestion de la relation client et de la fidélisation ont accru ce rôle et porté l'in-

formation au rang de véritable « richesse vive » de l'entreprise. Parallèlement, ces évolutions ont été liées au développement des possibilités de stockage et de traitement de l'information.

A

Le rôle de l'information en marketing

Le besoin en information d'une entreprise est immense. La vie d'une entreprise est constituée d'une multitude de prises de décision, à des niveaux hiérarchiques différents. À chaque décision correspond un besoin spécifique en information. Cette information doit être fiable, à jour, et pertinente par rapport à la décision à prendre.

En marketing, prendre des décisions stratégiques comme l'arrêt de la fabrication d'un produit ou bien la spécialisation de l'entreprise sur un segment de marché, et des décisions opérationnelles comme la modification de l'emballage d'un produit ou bien le lancement d'une opération de fidélisation de la clientèle, nécessitent la collecte et la gestion d'une masse très importante d'informations.

Si le besoin en information est vital en amont de la prise de décision, il est également très utile en aval, pour mesurer les effets de l'opération et faire des réajustements si nécessaire.

B

L'organisation de l'information : l'entrepôt de données (*data warehouse*)

Obtenir de l'information n'est plus un problème pour l'entreprise du XXIe siècle. La difficulté réside dans la capacité de cette entreprise à gérer et à utiliser cette information.

Les grandes entreprises organisent la gestion de l'information au sein d'un *système d'information* permettant à la fois de gérer les bases de données propres à l'entreprise et d'accéder, en temps réel et de manière permanente, à des bases externes grâce à internet. Cet outil de stockage de l'information s'appelle un *entrepôt de données* et constitue le cœur de toute action commerciale.

1
DÉFINITIONS

Un entrepôt de données est un ensemble de bases de données reliées entre elles permettant de consulter, collecter, stocker et traiter l'ensemble des informations nécessaires au fonctionnement et au développement d'une entreprise.

Le système d'information d'une entreprise regroupe un entrepôt de données, des applications logicielles permettant de traiter l'information, et un réseau de communication intranet-Internet permettant d'une part d'accéder aux données et d'autre part de communiquer avec les autres membres de l'entreprise ainsi qu'avec l'extérieur.

2
L'ORGANISATION DU SYSTÈME D'INFORMATION

L'entrepôt de données regroupe des bases de données internes (données comptables, commerciales...) et externes (panels distributeurs et consommateurs, bases de données « en ligne »...) à l'entreprise. Il permet de stocker un nombre considérable d'informations. C'est l'équivalent d'un énorme disque dur qui permet de stocker des milliards de caractères.

EXEMPLE :

- le distributeur Kmart {@} a été le premier, à la fin des années quatre-vingt, à investir dans un ordinateur permettant de stocker des milliards de pages d'information.
- Wal-Mart {@} possède un entrepôt de données capable de stocker 1,2 million de milliards de caractères.
- Casino {@} s'est équipé récemment d'un ordinateur possédant une capacité de stockage de près de 4,8 teraoctet (1 teraoctet = 1 012 octets, correspond à 8 000 milliards de caractères).

L'accès à l'entrepôt de données se fait à partir de *data marts*, qui constituent des accès limités aux données en fonction des besoins des utilisateurs (à partir d'un simple PC relié au réseau de l'entreprise). Chaque collaborateur autorisé peut ainsi consulter cette gigantesque source d'informations. L'ensemble du système d'information peut être représenté avec le schéma suivant.

Structure type d'un système de stockage et de gestion de l'information

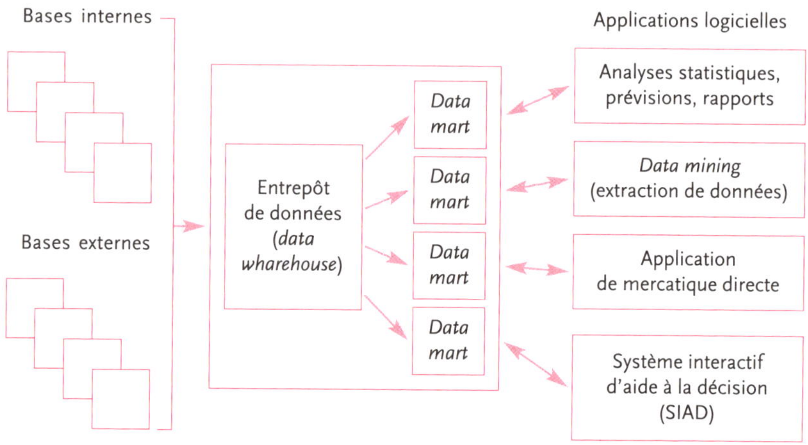

Les informations disponibles dans un entrepôt de données (information disponibles dans l'entreprise, informations externes) peuvent être regroupées en plusieurs grandes parties.

Les informations sur le marché

En interne, ce sont les études de marché déjà réalisées par l'entreprise et toute l'information disponible dans l'entreprise sur le marché (produits, concurrence, canaux et réseaux de distribution...).

En externe, c'est l'accès aux données des panels de consommateurs ou de détaillants (Nielsen Media Research {@}, Tns Secodip {@}...), des panels d'audience (Audimat, Mediamat {@}...), des panels spécialisés portant sur une profession, des études consultables en ligne, mais aussi aux enquêtes omnibus, aux piges, aux études d'organismes privés comme le CECOD (Centre d'Études du COmmerce et de la Distribution)...

Les informations comportementales sur le consommateur

Exclusivement externes, ces informations, issues d'études régulièrement mises à jour, proviennent de mégabases de données comme Consodata {@} ou Acxiom {@}. Elles sont notamment disponibles en ligne ou sur CD-Rom. Elles comportent de multiples informations permettant de mieux connaître les consommateurs, savoir ce qu'ils consomment, comprendre leurs habitudes et connaître leurs attentes.

Elles sont indispensables pour pratiquer un marketing personnalisé (*one-to-one*).

Les informations géographiques : le *géomarketing*

Le géomarketing est l'association, dans le but d'une utilisation marketing, d'informations géographiques à des bases de données informatisées. Il part du principe que des personnes qui vivent sur une même zone géographique ont des profils et des comportements de consommation identiques.

À partir d'une base de données prospects ou clients, un logiciel transforme les adresses postales en coordonnées géographiques spatiales (suivant un couple de variables x, y). On appelle cela le « géocodage ». Ces informations sont ensuite croisées avec des fonds de cartes géographiques et chaque client ou prospect peut ainsi être localisé précisément.

Le logiciel permet alors de croiser ces informations géographiques avec n'importe quels critères présents dans la base de données (variables socio-démographiques, comportementale...), et d'effectuer des ciblages très fins.

Les applications du géomarketing sont nombreuses.

- Dans le domaine du marketing stratégique, pour évaluer par exemple le potentiel d'une zone géographique pour un produit donné.
- Dans le domaine du marketing opérationnel :
  - pour découper les secteurs géographiques d'une force de vente,
  - pour travailler avec des outils de marketing direct (mailing, téléphone, ISA...) sur une cible géographique précise dans un but de prospection, de vente ou de fidélisation de clients,
  - pour mesurer l'opportunité de l'implantation géographique d'un point de vente à un endroit donné...

Les informations sur les clients de l'entreprise

Ces informations disponibles en interne sont de plus en plus exploitées par les entreprises, car elles sont à la base du marketing relationnel. Leur nombre, leur diversité, leur pertinence sont fonction des outils dont se sont dotés les entreprises pour analyser le comportement d'achat de leurs clients (voir le chapitre suivant intitulé « Le client »).

Les informations relatives au fonctionnement de l'entreprise

Toutes les informations destinées à la gestion interne de l'entreprise sont également intégrées dans l'entrepôt de données. (comptabilité, gestion des ressources humaines, gestion des stocks, produits, prix, ventes...).

Les informations diverses

De nombreuses autres bases de données sont accessibles à l'entreprise, issues de l'environnement institutionnel, économique et juridique de l'entreprise.

- Environnement institutionnel

- l'INSEE {@} (Institut National de la Statistique et des Études Économiques), qui propose plusieurs bases de données portant sur les ménages (« IRIS 5000 », qui regroupe des données socio-démographiques), les communes (« ACBD », regroupant des données issues du recensement, du fichier de l'État Civil, du fichier de l'impôt sur le revenu des personnes publiques...), les entreprises (« SIRENE » : Système Informatisé du Répertoire National des Entreprises et des Établissements, qui regroupe toutes les entreprises françaises et leurs établissements, classées sous leur code APE : Activité Principale Exercée). Ces fichiers sont disponibles sur disquette ou sur CD-Rom,
- la DGCCRF {@} (Direction Générale de la Concurrence, de la Consommation et de la Répression des Fraudes),
- le CREDOC {@} (Centre de Recherche pour l'Étude, la Documentation et l'Observation des Conditions de vie)...

- Environnement économique : études économiques et statistiques de l'OCDE {@},

- Environnement juridique (bases de données juridiques).

De plus en plus d'entreprises ouvrent en partie leur entrepôt de données (parfois moyennant finance) à leurs principaux fournisseurs pour travailler en GPA (Gestion partagée des approvisionnements – voir le chapitre « L'organisation de la distribution ») : ceux-ci peuvent, à partir des statistiques de vente de leurs clients, déclencher eux-mêmes les commandes et ainsi réduire considérablement à la fois les stocks et les risques de rupture de stock.

Toutes ces informations informatisées doivent être conformes à la législation en vigueur relative au traitement informatique des données à caractère personnel (voir le chapitre intitulé « La communication hors médias »).

3
L'utilisation du système d'information de l'entreprise

Le but du système d'information est d'aider l'entreprise à prendre les bonnes décisions en ayant à sa disposition des informations utiles et à jour. Pour cela, un certain nombre d'applications logicielles vont permettre de traiter toutes ces informations.

a. Traitement des informations

Différents types d'applications logicielles permettent de travailler l'information :

- applications « classiques » permettant de trier les informations et d'effectuer des analyses statistiques, d'effectuer des graphiques, d'éditer des rapports...,
- applications permettant d'effectuer de l'extraction de données (*data mining*), c'est-à-dire créer de nouvelles données à partir de corrélations effectuées sur des données existantes,
- applications permettant une aide à la décision (Système Interactif d'Aide à la Décision, S.I.A.D.),
- applications permettant d'automatiser des tâches en matière de comptabilité, de ressources humaines, de gestion des stocks...

b. Exemples d'application

- Une entreprise de grande distribution va pouvoir, grâce aux données scannées aux caisses, mesurer avec précision les performances d'un point de vente, optimiser son assortiment, fidéliser sa clientèle possédant une carte de paiement propre à l'enseigne...
- Une entreprise de vente par correspondance (V.P.C.) va pouvoir, grâce à un travail fin de segmentation sur les informations clients et une application de marketing direct, proposer des offres très personnalisées.
- Un chef de rayon Casino (seul distributeur français équipé à ce jour) peut, de son PC, consulter l'entrepôt de données et gérer une opération promotionnelle, affiner son plan d'implantation de rayon ou ajuster le prix d'un produit.

Le système d'information de l'entreprise (SIM) est au cœur de la gestion de la relation avec le client : une connaissance approfondie de l'ensemble de ses clients permet de les fidéliser en leur proposant de nouvelles offres adaptées à leurs besoins. C'est donc l'outil marketing par excellence. Mais sa mise en place représente un investissement très important (entrepôt de données) qui freine encore de nombreuses grandes entreprises de production et la majorité des groupes de distribution en France.

Quelques sites internet

SIGLE, nom de l'organisme, *activité*	**Adresse des sites**
• Acxiom France (ex Claritas) *Bases de données comportementales*	acxiom.fr
• Business & Décision *Conseil et ingénierie en business intelligence, CRM et e-business*	businessdecision.com
• CNIL Commission Nationale Informatique et Liberté	cnil.fr
• CREDOC Centre de Recherche pour l'Étude et l'Observation des Conditions de vie	credoc.fr
• DGCCRF Direction Générale de la Concurrence, de la Consommation et de la Répression des Fraudes	finances.gouv.fr/dgccrf
• GFK *Études et conseils en marketing*	gfk.fr
• IAG *Institut d'études géographiques – Informations sur le géomarketing*	iag.asso.fr/questions/geomarketing.htm
• INSEE Institut National de la Statistique et des Études Économiques	insee.fr
• Kmart *Groupe de distribution*	kmart.com
• Médiamétrie *Institut de mesure d'audience des médias*	mediametrie.fr
• Nielsen media Research *Études sur les médias*	nielsenmedia.com
• OCDE Organisation de Coopération et de Développement Économiques	oecd.org
• Service-Public *Portail de l'administration française*	service-public.fr
• Tns world panel	secodip.fr
• Wal-Mart *Groupe de distribution américain*	walmartstores.com

CHAPITRE 2

Le client

Les clients sont la raison d'exister des entreprises. Sans eux, elles ne peuvent se développer et prospérer. Avec la récente orientation « interactive » du marketing depuis quelques années, elles mesurent l'importance de leurs clients, et le capital inestimable que constituent les informations dont elles disposent sur eux. Ces informations leur permettent de créer avec eux une relation de qualité, de plus en plus personnalisée, et de les fidéliser.
Nous allons étudier dans ce chapitre la notion de client et les outils d'analyse de la clientèle.

A Définition

Dans le chapitre intitulé « Les consommateurs et leurs comportements d'achat », nous avons vu que les consommateurs, sur un marché donné, représentent la clientèle finale d'un type de produit ou de service. Le marketing moderne a besoin de plus en plus d'informations sur les consommateurs (particuliers ou professionnels) afin d'adapter l'offre (stratégie, produits) à leurs besoins.

Les consommateurs d'un produit regroupent l'ensemble des clients des entreprises proposant ce produit sur le marché. Une véritable « culture du client » est actuellement en train de voir le jour. Le client constitue un « élément de capital » vital pour toute entreprise. L'expression « capital-client » exprime bien cette idée.

Un client est une personne physique ou morale qui, contre paiement, a acquis un ou plusieurs produits ou bénéficié d'un ou plusieurs services d'un fournisseur.

La clientèle représente l'ensemble des clients d'une entreprise.

B

L'analyse de la clientèle

L'entrepôt de données comprend l'ensemble des informations dont dispose l'entreprise, et notamment les informations sur les clients (base de données client). Cette masse de données sur la clientèle provient de sources diverses que nous allons lister dans une première partie. Nous étudierons ensuite successivement les différents outils à la disposition de l'entreprise pour analyser sa clientèle et améliorer sa relation client.

1

L'origine des informations sur les clients

L'entrepôt de données est alimenté en interne par les transactions effectuées (achats, dossiers de crédit), les centres de contact, les rapports des commerciaux, les enquêtes de satisfaction, les contacts sur Internet, les retours de coupons-réponse, les contacts pris sur les salons et les foires, les remontées du terrain... Ces informations sont collectées par l'ensemble des canaux offerts aux clients pour prendre contact avec l'entreprise : les commerciaux, les techniciens du service après-vente, les télé-opérateurs, Internet, le Minitel...
Des données statistiques de source externe sur les PCS, la démographie ou la situation géographique (issues de l'INSEE, des collectivités locales...) peuvent compléter ces informations.

2

La segmentation

Nous avons déjà abordé la segmentation dans le chapitre intitulé « Le plan stratégique d'activité », dans lequel nous l'avons présentée comme une stratégie

amont permettant, à partir d'un marché donné, de cibler un ou plusieurs segments vers lesquels l'entreprise décide de positionner un ou plusieurs produits ou services. Nous avons alors défini cette stratégie, exposé ses objectifs et présenté les principales méthodes permettant de diviser un marché en segments homogènes.
Dans le cadre de la gestion de la relation client, il est important d'expliquer le rôle de la segmentation non plus cette fois-ci à propos d'un marché en général (regroupant les consommateurs actuels, potentiels, les non consommateurs relatifs et absolus) mais à partir de la base de données clients d'une entreprise, pour lui permettre de pratiquer un marketing véritablement relationnel et proposer des offres personnalisées.
Les principales méthodes de segmentation de clientèle sont élaborées à partir des variables suivantes.

a. Le chiffre d'affaires réalisé par le client

Le chiffre d'affaires qu'une entreprise réalise avec un client est un critère de segmentation simple mais efficace. En classant ses clients par tranches de chiffre d'affaires décroissant, l'entreprise va obtenir des groupes de clients relativement homogènes. On retrouve souvent dans ce type de classement la principale règle de la loi de Pareto : 20 % des clients réalisent 80 % du chiffre d'affaires.

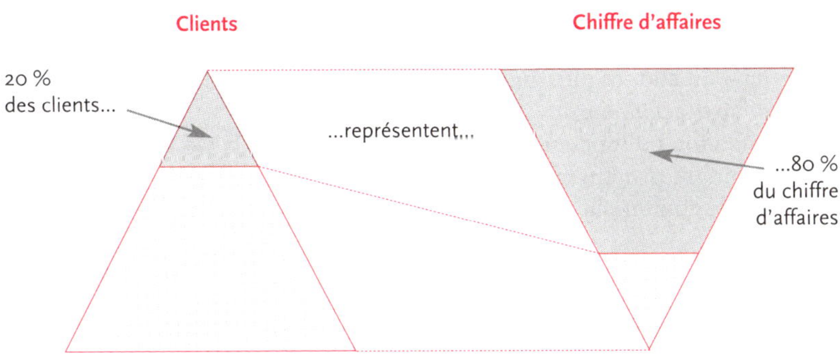

b. La méthode RFM

Elle est basée sur l'analyse de trois variables :

- la récence de l'achat (date de la dernière commande),
- la fréquence d'achat,
- le montant de l'achat (montant cumulé des achats effectués par le client dans l'entreprise).

On attribue à chaque client un nombre à trois chiffres correspondant à la « note » qu'on lui donne pour chacune des trois variables.

EXEMPLE :

- un excellent client se verra attribué la note 111 (il lui est attribué « 1 » à chacune des trois variables, récence – fréquence - montant),
- un « petit » client pourra obtenir la note 333 (il lui est affecté « 3 » à chacune des variables, si l'entreprise décide d'utiliser une échelle décroissante de 1 à 3).

À partir de ces « notes », il est aisé d'effectuer une segmentation assez fine quant à ces trois critères et de travailler, par exemple, de manière personnalisée les clients « 111 » (autrement dit les très bons clients), les clients « 221 » (avec lesquels l'entreprise fait un chiffre d'affaires important, mais qui travaillent peu fréquemment avec l'entreprise), et de ne pas perdre de temps avec les clients « 333 »...
Cette méthode peut être complétée par l'analyse d'autres variables telles que *l'ancienneté* du client (date de sa première commande), ou bien la *qualité de l'achat* (nature des produits achetés).

c. Les phases de la vie d'un client

Les variables socio démographiques font traditionnellement parties des critères de segmentation. L'âge en est un des éléments importants, associé à des moments-clés de sa vie. La naissance, l'enfance, l'adolescence, le mariage, la vie active, la retraite... sont autant de phases de la vie qui entraînent des besoins différents. Par exemple, un jeune célibataire n'a pas les mêmes contraintes qu'un jeune couple avec enfants ou bien qu'un couple de retraités. Analysés du point de vue du marché du voyage, leurs besoins sont complètement différents : le célibataire va peut-être aimer partir faire du *trekking* en Inde ou dans un pays d'Amérique du sud, ce que ni le jeune couple avec enfants ni les retraités ne pourront faire facilement.
La segmentation en fonction de ces grandes phases de la vie est intéressante dans de nombreux domaines (marché de l'assurance, des prêts immobiliers, des loisirs, de l'automobile...).

d. La valeur client

La valeur client représente la *profitabilité d'un client* (sur toute sa durée de vie depuis qu'il est client de l'entreprise), calculée en fonction du volume de ses achats, de la marge dégagée et des coûts engendrés (coûts d'acquisition, de développement). Ce calcul permet de segmenter sa clientèle en fonction de la rentabilité actuelle de chacun de ses clients.
Un calcul légèrement différent permet d'évaluer la *valeur actualisée d'un client* (*Life Time Value*), qui correspond à la somme actualisée de tous les profits de ce client (passés, présents et à venir). Le calcul comprend une projection des profits actuels vers l'avenir. Cette mesure, qui reste approximative, permet d'obtenir un critère de segmentation prenant en compte le potentiel de rentabilité d'un client.

3 Le *data mining*

Le data mining (extraction de données ou forage de données) regroupe un *ensemble d'outils d'analyse de données permettant d'accroître sensiblement le nombre d'informations qu'une entreprise possède sur ses clients, de mieux en comprendre les comportements et donc d'aider à la prise de décisions.* Son développement est lié à l'augmentation du volume des bases de données et des entrepôts de données (ses outils sont tirés des méthodes statistiques), et à la difficulté d'en extraire des informations pertinentes.
Avec les applications logicielles de data mining, il est possible, en amont d'une action marketing, d'affiner les cibles choisies afin d'optimiser les résultats attendus.

4 Le *scoring*

La technique du scoring permet, à partir d'outils logiciels, de classer les clients préalablement ciblés pour une opération marketing donnée, afin de ne retenir que ceux qui seront potentiellement intéressés. Cette méthode de classement est effectuée à partir d'un « score » (une note) que le logiciel attribue à chacun des clients en fonction des informations qu'il possède sur chacun d'entre eux. *Le scoring permet en fait de noter et classer la sensibilité des clients par rapport à une proposition commerciale donnée.* Plus le score est élevé, plus l'offre a des chances de correspondre au profil et aux besoins du client. Si l'échelle de notes va de 0 à 20, pour une action marketing donnée, une entreprise pourra décider d'envoyer une proposition commerciale à tous les clients dont la note est supérieure ou égale à 15.

CHAPITRE 3

Marketing relationnel et gestion de la relation client

Apparues il y a seulement quelques années dans les ouvrages et les revues de marketing, les notions de « marketing one to one », « marketing relationnel » et « gestion de la relation client » peuvent être confondues avec une notion plus ancienne comme le marketing direct.

Nous allons débuter ce chapitre par une définition de chacun de ces termes. Nous étudierons ensuite les objectifs du marketing relationnel (et les outils qui y sont associés), ainsi que ses limites.

A

Définitions

La notion de marketing one to one, très globale, regroupe l'ensemble des outils et techniques permettant une relation individualisée avec un prospect ou un client. Elle comprend le marketing direct, mais aussi la relation directe entre un commercial et un prospect ou un client. À partir d'une relation personnalisée, le but du marketing one to one est de prospecter et de vendre une solution adaptée aux besoins d'un prospect ou d'un client.

Le marketing relationnel n'a pas un objectif de prospection, mais de fidélisation. Il s'adresse aux clients de l'entreprise et peut se définir comme l'utilisation d'un ensemble d'outils de communication principalement hors médias destinés à établir et développer une relation individualisée, interactive et durable avec un client. Il vise à améliorer la relation avec un client pour augmenter son chiffre d'affaires et sa profitabilité.

Le point commun entre le marketing one to one et le marketing relationnel est l'utilisation d'un entrepôt de données (ou simplement de bases de données informatisées) et de logiciels spécifiques permettant le travail de l'information, la segmentation et la gestion d'actions commerciales (actions de prospection, de vente ou de fidélisation).

La Gestion de la Relation Client, plus communément appelée par son acronyme GRC (en anglais CRM, ou *Customer Relationship Management*) désigne l'ensemble de la démarche qui, à partir d'un entrepôt de données et d'applications logicielles spécifiques, permet de pratiquer un marketing ouvert (multipliant les points de contact) et relationnel avec ses clients dans le but d'augmenter la rentabilité globale de l'entreprise.

B Les objectifs et les outils du marketing relationnel

Le marketing relationnel est orienté client et non produit. Dans le cadre de la gestion de la relation client, le marketing relationnel est utilisé avec des objectifs bien précis : identifier et connaître ses clients, communiquer avec eux et les fidéliser.

1 Identifier et connaître ses clients

Au sein de l'entrepôt de données, la base de données clients rassemble l'ensemble des informations sur les clients d'une entreprise. Toutes ces données permettent de dresser un profil précis de chaque client et de pratiquer ainsi un marketing réellement relationnel. Pour arriver à contacter de manière individuelle ses clients, la segmentation de la base de données est très fine et s'appuie sur des critères comportementaux très précis. Seule cette micro-segmentation, couplée avec des outils de scoring, permet de contacter des clients potentiellement intéressés par une proposition commerciale : telle personne sera par exemple contactée pour une offre précise correspondant à un de ses achats antérieurs, et une proposition ne sera pas faite à telle autre car le scoring effectué indiquera que sa sensibilité par rapport à l'achat de tel produit est relativement faible.

On peut représenter l'ensemble des clients d'une entreprise sous la forme d'une pyramide (partie I – « Pyramide des clients » du schéma ci-dessous). On y retrouve, au sommet, les bons clients, suivis des clients standard. Les petits clients (dont les nouveaux clients) représentent tout le reste de la pyramide. De manière générale, la loi de Pareto s'applique, de sorte que les bons clients plus les clients standard représentent environ 20 % de l'ensemble, les petits clients représentant 80 %.
Le but de la gestion de la relation client est de faire monter les clients en haut de la pyramide, et de se donner les moyens pour qu'ils y restent.

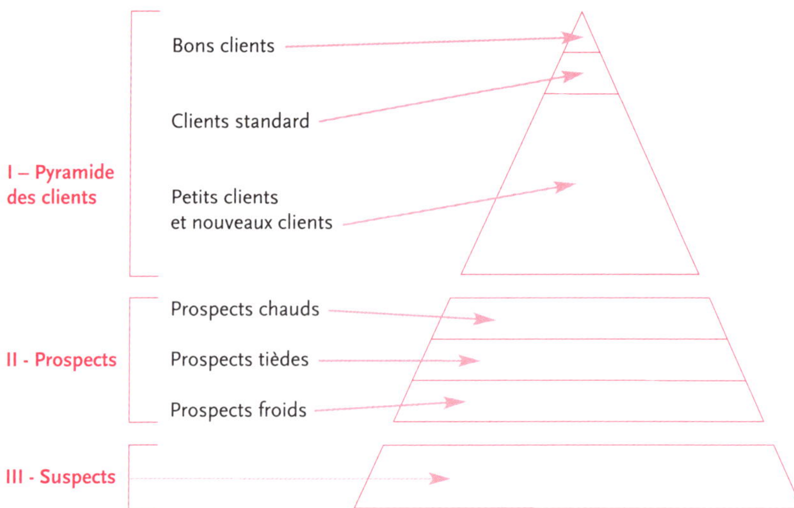

D'après J. Curry et L. Stora, « Le client, capital de l'entreprise » (Éditions d'Organisation, 2005)

Pour compléter cette pyramide, on peut intégrer, comme sur le schéma ci-dessus, en plus des différents types de clients, les notions de prospects (froids, tièdes et chauds) et de suspects (prospects connus mais non qualifiés – voir la partie traitant du marketing direct dans le chapitre intitulé « La communication hors médias »). Le rôle conjugué des outils de marketing direct et du travail des commerciaux va permettre de faire passer un suspect dans la partie prospect (quand il aura été qualifié et que les informations le concernant auront été rentrées dans la base de données prospects), puis dans la pyramide des clients.

2 Communiquer avec ses clients

Le marketing relationnel est par essence même un marketing de communication, basé sur un échange interactionnel entre l'entreprise et chacun de ses clients. Les entreprises ont développé de nombreux moyens de communication (au sens large) avec leurs clients pour les fidéliser.

a. Communiquer en direction des clients

La communication entreprise – client repose sur des outils classiques tels que le mailing (sous toutes ses formes, traditionnel, fax ou avec Internet, voir page 000), le téléphone... L'envoi de magazines d'information est également pratiqué par certaines grandes sociétés (Danone et sa revue Danoé, MAIF avec sa revue MAIF infos...).

Cette communication peut parfois prendre un aspect différent quand l'entreprise sélectionne certains clients et les invite à une manifestation spécialement organisée pour eux (la Fnac organise pour ses meilleurs clients des présentations de matériels en avant – première).

L'entreprise peut également offrir à ses clients des cadeaux lorsqu'ils parrainent de nouveaux clients (certaines sociétés de téléphonie offrent à leurs clients des heures de communication gratuite en échange d'un nouvel abonné).

Cette communication vers les clients vise à augmenter le chiffre d'affaires réalisé avec chacun d'entre eux en leur proposant des offres personnalisées et parfaitement adaptées à leurs besoins.

b. Savoir écouter la communication en provenance des clients

Le développement des centres de contact (centres d'appels ou *call centers* en anglais) est un exemple significatif de cette communication client – entreprise qui se développe de manière très importante. Pour le client, les points de contact avec l'entreprise sont nombreux : appel téléphonique, e-mail, prise de rendez-vous avec un conseiller...

Un autre moyen d'obtenir des informations en provenance des clients est de réaliser des enquêtes de satisfaction.

3 Fidéliser ses clients

La fidélisation est un des buts de la gestion de la relation client. Un client que l'entreprise a patiemment monté au sommet de la pyramide devient très rentable pour elle. Et les coûts supportés pour le fidéliser sont en moyenne six fois moins élevés que les coûts engendrés par la transformation d'un suspect en client. On comprend alors mieux les dépenses de fidélisation effectuées par les entreprises.

EXEMPLES :

- la SNCF offre à ses meilleurs clients (qui ont obtenu le statut de « Grand voyageur ») des billets de train aller-retour sur tout le territoire métropolitain, en fonction du nombre de points qu'ils ont accumulé,
- Télé 2 offre à ses clients des minutes de communication gratuites en fonction du montant de leur facture,
- la Fnac offre à ses adhérents des réductions sur des produits et des spectacles,
- la société Yves Rocher offre un cadeau à ses clientes, lors de leur anniversaire.

a. La fidélité

Un client fidèle est un client qui manifeste un attachement certain à une entreprise et à ses produits. Sa fidélité le pousse à rester client de cette entreprise sans y avoir été encouragé par quelque forme de stimulation commerciale que ce soit.

b. La mesure de la fidélité d'un client

Plusieurs indicateurs permettent de mesurer la fidélité d'un client :

- le cycle de vie d'un client, fonction du temps et du chiffre d'affaires réalisé avec ce client, qui permet de situer le tout nouveau client, le client récurrent, le client en déclin...,
- la méthode RFM (récence, fréquence et montant des achats), qui permet d'avoir une idée précise sur la qualité de la fidélité d'un client,
- l'indice de satisfaction d'un client, qui peut également donner des indications quant à sa fidélité,
- le taux de résonance d'un client (un client satisfait a tendance à faire connaître une entreprise ou un produit particulier, et à en recommander l'achat).

c. Les facteurs de fidélité

La fidélité d'un client peut avoir plusieurs origines :

- la satisfaction du produit ;
- la satisfaction du service rendu autour de ce produit ;
- la satisfaction de la marque (dans le cas d'achat de plusieurs produits de la même marque, un processus de généralisation s'opère et la satisfaction du produit s'étend à la marque) ;
- la qualité de la relation établie entre le commercial et le client ;
- la force de l'habitude.

Il est intéressant de les étudier pour mieux maîtriser les processus de fidélisation et adopter une démarche proactive à ce sujet envers les clients.

d. Prospection ou fidélisation ?

Prospecter de nouveaux clients, ou bien fidéliser les clients actuels ? Qu'est-il le plus important ?

- Il y a quelques années, l'idée dominante était que la prospection était primordiale, car il fallait renouveler le portefeuille de clients. En effet, il paraissait normal que des clients « partent à la concurrence » pour différentes raisons (arguments plus convaincants de la concurrence, positionnement qualité ou prix défavorables...).
- Aujourd'hui, la tendance est de croire le contraire à la lecture des ouvrages dédiés à la Gestion de la Relation Client. La nouvelle stratégie client est une stratégie à long terme : il faut bâtir une relation durable avec ses clients, les fidéliser, et les faire monter tout en haut de la pyramide des clients. En contre partie, on ne tolère plus de départ de client : le marketing relationnel et le marketing one to one doivent permettre, par une communication et une offre adaptées, de conserver tous les clients. La fidélisation est arrivée au cœur de la stratégie marketing. Conserver un client revient en moyenne beaucoup moins cher que d'en convaincre un nouveau.

C Les limites du marketing relationnel

Les risques de rejet sont réels.

- Risque de lassitude et sentiment de harcèlement des clients face à une personnalisation trop poussée, et des contacts trop fréquents de la part de l'entreprise, d'autant plus que certains outils du marketing relationnel ne sont pas nouveaux et ont été parfois déjà très utilisés par le marketing direct (mailings).
- Risque de désintérêt de la part des clients face à la multiplication des cadeaux de fidélisation (en B to B comme en B to C : les grandes surfaces alimentaires utilisent dorénavant de telles techniques et risquent de les décrédibiliser).
- Collectes d'informations pour alimenter les bases de données clients qui peuvent être aussi perçues comme inquisitrices (enquêtes sont forme de questionnaires pour affiner la connaissance des clients).
- L'approche relationnelle (intéressante car certains clients sont saturés par l'approche classique, dite transactionnelle), va atteindre elle aussi ses limites dans quelques années. Un équilibre entre les deux est peut-être souhaitable. Les effets de mode existent également dans le domaine du marketing...

Quelques sites internet

SIGLE, nom de l'organisme, *activité*	**Adresse des sites**
• Business-place *Portail professionnel*	business-place.net
• Cercle CRM Le cercle du CRM	lecercleducrm.com
• CRM (GRC) *Portail du CRM*	crm.fr
• CRM (GRC) *Informations sur la gestion de la relation client*	http://mice.ifrance.com/mice/CRM/crm.htm
• Direct Marketing News *Actualité de l'action marketing et de la relation clients*	dmnews.net
• PlanetClient *Portail de la relation client*	planetclient.com
• Relation Client Mag *Site sur la relation client*	relationclientmag.fr

Chapitre 4

Les canaux de la relation client

Pratiquer un marketing « ouvert » avec ses clients, c'est multiplier les points et les moyens de contact avec eux. Ainsi les « portes d'entrée » des entreprises se sont multipliées depuis quelques années.

Il y a encore vingt ans, dans le domaine bancaire, le seul moyen pour effectuer un virement ou pour obtenir une information était de rencontrer son conseiller clientèle, soit à domicile, soit à l'agence bancaire. Désormais, les portes d'entrée pour effectuer une opération sont nombreuses et variées :

- le téléphone, par l'intermédiaire d'un centre de contact,
- Internet,
- les automates présents devant les agences,
- les conseillers clientèles.

La stratégie des banques depuis quelques années est de promouvoir l'utilisation de ces nouvelles portes d'entrée pour décharger les conseillers clientèle des tâches simples et non rémunératrices comme distribuer de l'argent liquide ou effectuer un virement afin qu'ils puissent se consacrer à des actions de conseil et de vente de produits rémunérateurs. Cela leur permet également d'avoir des relations plus personnalisées avec leurs clients.

Nous pourrions prendre de nombreux autres exemples dans des domaines aussi divers que la grande distribution (possibilité de se connecter sur un site internet pour obtenir des informations sur un produit, ou bien pour faire ses achats, qui seront livrées à domicile), la distribution d'électricité (EDF permet à ses clients qui bénéficient du service Tempo de consulter sur Internet leur consommation d'électricité au jour le jour) ou bien les matériels informatiques (les grandes marques donnent la possibilité à leurs clients de contacter en permanence ou durant de longues périodes une « *hot line* », par téléphone, pour obtenir des informations diverses et personnalisées sur les produits achetés). Nous allons, dans ce chapitre, étudier les différentes portes d'entrée, appelées « canaux », qui sont autant de *vecteurs de communication entre une entreprise et ses clients*.

A Définition

Le terme « canal » a précédemment été défini dans le chapitre intitulé « L'organisation de la distribution ». Nous en rappelons ci-dessous la définition.

> Un canal de distribution est une composante d'un circuit de distribution. Il représente une catégorie d'intermédiaires de même nature qui participent à la distribution du produit (ou service).

Cette définition s'applique parfaitement à un centre d'appel (téléphonique), au Minitel, à Internet ou à un automate bancaire qui sont autant de composantes de la distribution de produits bancaires. Nous sommes bien en présence de canaux de distribution au sens propre du terme.

B Une stratégie multicanaux

Depuis quelques années, les entreprises ont développé le nombre de canaux permettant d'entrer en relation avec leurs clients : Internet, un centre de contact, un mailing constituent des interfaces indispensables qui intègrent une stratégie multicanaux désormais indispensable à une meilleure gestion de la relation client.

1 Avantages

Pour l'entreprise		Pour les clients
• Le choix entre divers canaux donne une image moderne de l'entreprise. • Réduction des coûts : avec un choix de canaux et une organisation adéquate, la force de vente (qui génère les coûts les plus élevés) consacre majoritairement son travail à des taches très rémunératrices de vente ou de fidélisation de la clientèle.		• Praticité et gain de temps : possibilité d'entrer en contact avec l'entreprise vingt quatre heures sur vingt quatre, sept jours par semaine, douze mois sur douze. • Possibilité de prendre contact de n'importe où (chez soi, en déplacement en France ou à l'étranger). • Possibilité de choisir sa « porte d'entrée » avec l'entreprise.

2 Inconvénients

Pour l'entreprise		Pour les clients
• Difficulté d'offrir les mêmes prestations et la même qualité de service quel que soit le canal utilisé (permettre aux clients d'être informés de la même manière par téléphone, sur Internet ou avec un vendeur, délai important de réponse aux e-mails reçus des clients...). • Obligation de proposer les mêmes offres quel que soit le canal.		• Le choix du canal est parfois fortement orienté par les entreprises : certaines banques facturent le retrait d'argent auprès des conseillers clientèle si l'agence est pourvue d'un distributeur automatique de billets (DAB). • Certains clients qui préfèrent le contact humain en face à face sont déçus de devoir utiliser parfois un autre canal.

C Les différents canaux de la relation client

1 La force de vente

C'est le canal de distribution traditionnel de nombreux produits, en B to B comme en B to C. C'est aussi le canal qui revient de loin le plus cher à l'entreprise. Pour une majorité de clients, les vendeurs restent le canal privilégié pour entrer en relation avec une entreprise : les habitudes sont tenaces et le contact personnalisé est encore un besoin pour de nombreuses personnes, même pour

des besoins qui pourraient être satisfaits plus rapidement par d'autres canaux (comme les centres de contact).
C'est une des raisons pour laquelle la gestion de la relation client diversifie les portes d'entrée des entreprises et favorise l'utilisation d'autres vecteurs pour laisser à la force de vente la tâche pour laquelle elle est la plus rentable : la prise de contacts personnalisés dans le but de fidéliser les clients.

2 Le centre de contacts

Auparavant « Ateliers de télévente », puis « Centre d'appels » (*call centers*), on les nomme également aujourd'hui « Centres de contacts ». L'évolution de leur dénomination est révélatrice de l'évolution de leur rôle : auparavant uniquement dédiés à l'émission d'appels téléphoniques vers des prospects ou des clients (pour pratiquer le marketing téléphonique), un centre de contact est désormais un lieu d'échanges téléphoniques entre l'entreprise et ses clients (appels entrants et sortants). La part des appels sortants est toujours plus importante (environ 2/3 d'appels sortants pour 1/3 d'appels entrants), mais la philosophie générale a changé : *le marketing téléphonique pur et dur est en train de disparaître peu à peu au profit d'un contact plus soft, beaucoup plus relationnel, destiné à qualifier le fichier, faire des offres personnalisées, fidéliser en proposant un cadeau...*
Les appels entrants concernent des demandes de renseignements ou d'assistance technique, des réclamations, des demandes de rendez-vous avec des commerciaux...
La qualité de la communication des télé-opérateurs est primordiale, que ce soit en appel rentrant ou sortant. Leur recrutement et leur formation doit faire l'objet de beaucoup d'attention.
L'informatique vient désormais soulager le travail des télé-opérateurs(trices) grâce aux logiciels de GRC (Gestion de la Relation Client) et à certains logiciels spécifiques qui appellent automatiquement les clients dont la fiche apparaît à l'écran : gain de temps et efficacité optimum, les informations obtenues sont directement rentrées dans la base de données (*data mart*).
L'interconnexion Téléphone-Internet constitue l'avenir. Le client internaute pourra, après avoir consulté le catalogue de produits sur le site de l'entreprise, entrer en relation directement avec le centre de contacts pour passer sa commande.
Les centres de contacts peuvent appartenir à l'entreprise, ou être externalisés.

3 Le service après-vente (SAV)

Les personnes du SAV sont des relais importants : ils servent souvent de « tampon » entre l'entreprise et des clients qui connaissent un problème avec leur

produit. Cette position parfois inconfortable les oblige à apporter à chaque fois au client une solution efficace, quel que soit son souci : la qualité de leur formation est très importante si l'entreprise souhaite que ce canal soit aussi performant que les autres.
Cette situation privilégiée permet également d'obtenir une multitude d'informations : générales, sur par exemple la qualité et la perception des produits, mais aussi précises, sur les problèmes rencontrés par un client lors de l'installation de sa machine. Ces informations doivent évidemment être remontées dans les bases de données correspondantes (produit, client...).
La qualité du service est primordiale pour les clients, et participe de sa capacité à rester fidèle ou non à l'entreprise. Les entreprises ont aujourd'hui bien compris l'importance de ce service (auparavant un peu délaissé) et son rôle dans le processus de fidélisation des clients.

4 L'Internet

Le canal le plus récent est l'Internet. Inutilisé il y a encore dix ans en France en B to B comme en B to C, il progresse régulièrement, au rythme de l'équipement des entreprises et des ménages. Son utilisation principale se fait autour d'un site web, que les clients peuvent consulter librement pour obtenir des informations ou commander. Les entreprises utilisent également Internet pour envoyer des e-mails à leurs clients dans un souci de fidélisation. La personnalisation est bien évidemment possible grâce à l'informatique et le croisement des mails avec les bases de données client.

Quelques sites internet

SIGLE, nom de l'organisme, *activité*	**Adresse des sites**
• Business-place *Portail professionnel*	business-place.net
• Direct Marketing News *Actualité de l'action marketing et de la relation clients*	dmnews.net
• Call Center News Service *Informations sur les centres de contact*	callcenternews.com
• CAS Collectif Anti Spam	caspam.org
• CRM (GRC) *Portail du CRM*	crm.fr
• CRM (GRC) *Informations sur la gestion de la relation client*	mice.ifrance.com/mice/CRM/crm.htm
• Lettre du marketing on line *Actualité de l'e-marketing*	lettredumarketing.com
• PlanetClient *Portail de la relation client*	planetclient.com

PARTIE 11

La communication professionnelle

En marge du marketing, il paraît utile de présenter dans cet ouvrage une partie consacrée à la communication professionnelle. Elle prend en effet de plus en plus d'importance dans le monde actuel et dans l'entreprise, et ses techniques sont très utilisées par les professionnels.
Sont regroupées dans cette partie les bases de la communication interpersonnelle et deux méthodes d'analyse de la communication (Analyse transactionnelle et Programmation neuro-linguistique).

CHAPITRE 1

La communication interpersonnelle

A Approche des théories de la communication

La communication est un phénomène complexe qui ne peut pas être défini simplement, en quelques mots. Depuis 1949, de nombreux auteurs ont créé des modèles permettant chacun une approche de la communication.
Créer un modèle universel, fédérateur de tous les autres, est pratiquement impossible tant ces approches sont différentes. Il est plus aisé de présenter les grands courants qui concourent à faire de la communication la science qu'elle tend à devenir.

1 La théorie de l'information

Description de la communication comme la transmission d'une information d'un point à un autre. La signification du message n'est pas prise en compte du tout.

a. Le modèle de Shannon et Weaver (1949)

Basé sur l'analyse de la transmission d'un message télégraphique, ce modèle présente une transmission linéaire de l'information, d'un émetteur vers un récepteur. Le message, réduit à un signal, est transmis de l'émetteur au récepteur, par l'intermédiaire d'un canal (ligne téléphonique), source de bruits (interférences, qualité de la communication).

b. Le modèle de Wiener : la cybernétique

Wiener ajoute au modèle de Shannon la circularité, c'est-à-dire l'interaction : l'information est transmise vers le récepteur qui peut réagir par un message en retour (*feed-back* ou rétroaction).

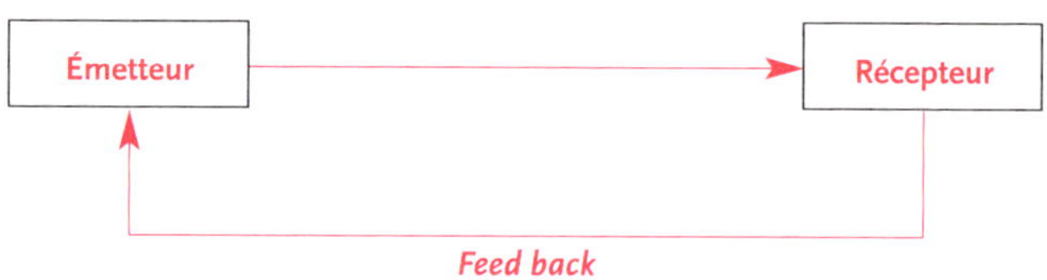

On passe ainsi d'une vision linéaire à un processus circulaire : le système devient ouvert et peut tendre vers l'équilibre (auto-régulation).
Mais la notion de sens, de signification de l'information n'apparaît pas encore. L'information est réduite à un signal.

2
La linguistique

Le discours, les mots, vont prendre le dessus par rapport au modèle « télégraphique » et mécaniste de la communication transmission. La signification du message devient une priorité.

a. Le modèle de Jakobson (1960)

Partant des travaux de Shannon, Jakobson détermine 6 éléments de base de la communication, et donne une fonction précise à chacun d'entre eux.

Les six fonctions de la communication selon Jakobson

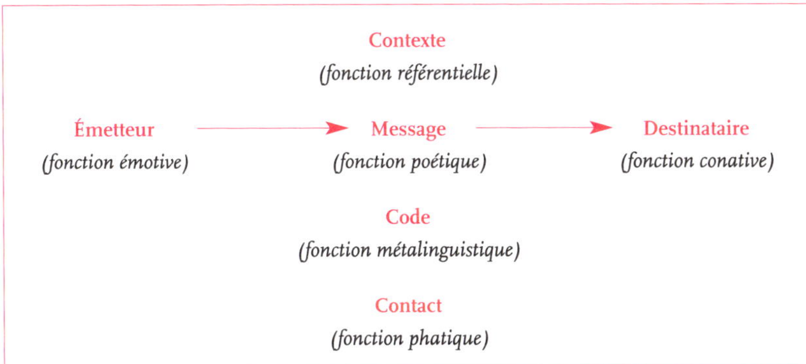

Éléments de la communication	**Fonctions associées**
• Un **émetteur**	Fonction **émotive** (ou expressive), qui passe par l'intonation, la présence de l'émetteur.
• Un **destinataire**	Fonction **conative** : le message émis par l'émetteur est destiné à produire un certain effet sur le récepteur.
• Un **message**	Fonction **poétique** : au sens propre, c'est-à-dire que le message vise à exprimer « quelque chose », par les mots qui le constituent, mais aussi par sa forme.
• Un **contexte** (l'environnement de la communication)	Fonction **référentielle** : du contexte va dépendre la signification du message (un même message peut prendre deux significations différentes dans deux situations différentes).
• Un **code** (la langue, qui doit être compréhensible par l'émetteur et le récepteur, apparition du sens du message)	Fonction **métalinguistique** : la langue, outre le message que l'on veut communiquer, sert aussi à vérifier que l'on se comprend bien (« Tu me suis ? », « Tu comprends ce que je veux dire ? »).
• Un **contact** (physique, psychologique entre les deux personnes)	Fonction **phatique**, c'est-à-dire relative au contact : l'émetteur et le récepteur établissent et assurent la pérennité du contact, par des paroles (acquiescements...), des regards, des hochements de tête.

D'autres auteurs, comme Hymes et Saussure ont également travaillé dans le domaine de la linguistique.

3
L'APPROCHE PRAGMATIQUE DE LA COMMUNICATION

La communication devient peu à peu « échange de significations », productrice de sens. Elle fonctionne également dans un système d'interaction et de régulation.

a. L'école de Palo Alto (États-Unis)

C'est à ce courant que l'on doit la célèbre phrase : « *On ne peut pas ne pas communiquer.* » La communication n'est pas seulement information, mais surtout comportement. Le langage n'est qu'un moyen de communication, qu'un type de signal parmi d'autres (gestuelle, mimiques, attitudes, rituels...).
Pour ces auteurs (Watzalwick, Bateson, Hall...), il existe deux grandes catégories de signaux :

– les *signaux analogiques*, c'est-à-dire qu'il y a une analogie entre ce que l'on veut dire (le signifié) et le moyen que l'on utilise pour le dire (le signifiant). Ils regroupent l'expression corporelle et le dessin figuratif.

  EXEMPLES :
  – le dessin d'une maison ressemble (quand il est bien fait... !) à une maison. Le dessin figuratif est un signal analogique,
  – un sourire exprimant la joie après l'annonce d'une bonne nouvelle.

– les *signaux digitaux*, c'est-à-dire décidés arbitrairement, sans aucune ressemblance avec ce qu'ils veulent signifier (le signifiant et le signifié sont dans ce cas complètement différents, sans aucun lien). Ce sont les signaux verbaux et certains signes gestuels.

  EXEMPLES :
  – le mot « maison » a été décidé arbitrairement ; il ne ressemble pas à une maison,
  – en plongée, pour dire que tout va bien, les plongeurs font un signe en réunissant le pouce et l'index : ce signe est complètement arbitraire.

b. Goffman et Berne

Ces auteurs ont également travaillé dans la voie d'une communication interactionnelle (interactions sociales).

B Les facteurs influençant la communication

1 Les rôles

Chaque personne assume des rôles qui déterminent ses comportements. Ce sont des comportements prévisibles dans certaines situations.

EXEMPLE :

on peut s'attendre à voir un automobiliste réguler la circulation suite à un accident.

Ces comportements issus des rôles sont acquis par mimétisme des autres personnes vivant autour de nous.

Dans toute situation de communication avec autrui, chaque individu doit choisir quel rôle il doit tenir en fonction :

- du rôle présumé que l'autre va jouer,
- de ce qu'il pense que l'autre attend de lui.

Nous devons déterminer quel rôle est approprié pour nous dans chaque situation de transaction. Pour cela, il nous faut considérer trois facteurs : la situation, nous-mêmes, l'autre personne.

EXEMPLE :

soit un directeur commercial, pratiquant le football dans une équipe entraînée par un de ses commerciaux : il est important que pour ces deux situations, chaque personne soit bien d'accord sur le rôle qu'elle joue et le comportement qui en découle.

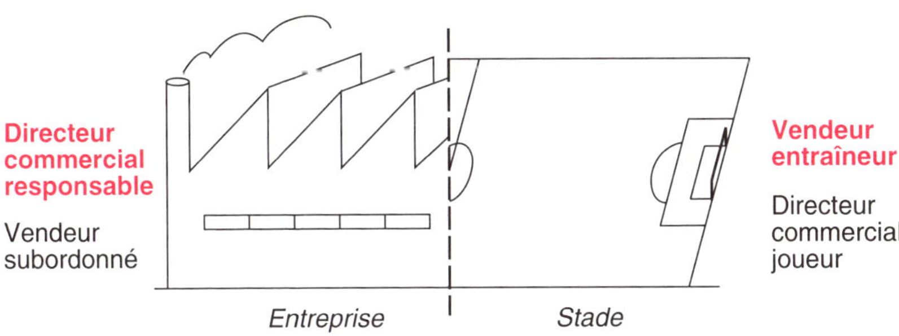

- **La situation** : chaque situation est source de rôles différents. Le directeur commercial et le vendeur ne tiendront pas les mêmes rôles dans les deux situations ;

- **Nous-même** : notre manière d'agir dépend de la manière dont nous nous percevons (nous pouvons être un commercial patient, calme ou au contraire toujours pressé, énervé). Nos visions des choses et la manière de les traiter dépendent en partie de nous-même ;

• L'autre personne : avec de l'expérience, nous connaissons les comportements liés à un rôle (le vendeur sait que dans le travail son directeur commercial n'apprécie pas trop les « familiarités », alors qu'à l'entraînement, tout est différent) et nous pouvons agir en conséquence.

2
Les obstacles et freins à la communication

Au cours d'une communication, le message peut être dénaturé en partie ou en totalité. On appelle « bruits » les phénomènes qui entraînent une déformation du message. Ils peuvent provenir :
– de l'émetteur ou du récepteur,
– du mauvais choix du code (en fonction du message, du canal ou du récepteur : expliquer, avec des mots, les qualités d'un photocopieur, au lieu de montrer des photocopies),
– du message lui-même dont le contenu n'est pas clair (langage trop technique),
– de l'organisation de la remontée d'informations...
On distingue quatre types de bruits :

Les bruits sémiologiques

Ils proviennent d'attitudes ou de conduites ne favorisant pas la communication.

• Attitude d'écoute
– mauvaise attitude d'écoute (être distrait),
– aptitude d'écoute diminuée (fatigue, maladie, temps disponible, humeur, mauvaise préparation, moment de la journée, autres préoccupations...),
– mauvaise interprétation personnelle (entre l'accessoire et l'essentiel, significations données aux mots, aux gestes).

• Ambiguïté de rôle : mauvais choix de rôle, jouer plusieurs rôles à la fois (problème du nouveau chef de secteur sorti du rang, envers ses anciens collègues)...

• Conflits de rôle : lorsque des personnes attendent de nous des actes incompatibles avec notre personnalité (licencier un vendeur qui n'atteint pas ses quotas, ce qui ne l'empêche pas d'être très sympathique).

• Messages doubles : lorsque nos actes ne correspondent pas à nos propos.

- Existence de tensions entre les personnes (qui peuvent entraîner une modification volontaire de l'information ou plus simplement une rétention d'informations).
- Absence de cadre de référence identique pour des interlocuteurs (ils ne sont pas sur la même « longueur d'onde »).

Les bruits techniques

Ils proviennent de l'utilisation ou de la présence d'outils techniques matériels entraînant des parasites :
- parasites pendant une conversation téléphonique,
- mauvais enregistrement audio et/ou vidéo d'un message,
- effet de Larsen au cours d'un débat utilisant une sonorisation,
- communication se déroulant à proximité d'une source sonore...

Les bruits organisationnels

Ils proviennent d'une mauvaise organisation de la communication :
- mauvaise organisation de la communication dans un service commercial (réunions entre commerciaux inexistantes),
- mauvaise organisation de la remontée d'informations dans une entreprise :
  - absence de remontée par manque de structure, par rétention d'informations...,
  - déformation des remontées due à un parcours trop long, à l'occultation de certaines informations par un supérieur craignant l'effet qu'elles pourraient produire,
- mauvais choix du canal de communication (non adapté à la structure du message) : rapports oraux pour des informations précises ou longues (à la place de l'écrit).

Les bruits sémantiques

Ils proviennent d'une mauvaise utilisation du langage :
- manière de parler et d'articuler,
- langage (code) qui n'est pas commun à l'émetteur et au récepteur :
  - langue différente (communication entre un Anglais et un Français),
  - langage trop technique,
  - influences culturelles, éducatives, historiques, professionnelles (vocabulaire plus ou moins riche, manière de présenter les choses, manière de parler),
- message qui n'est pas exprimé de manière claire, ordonnée, précise (pas de plan, utilisation de mots à plusieurs sens...),
- expressions arbitrairement globalisantes (tout le monde sait que..., tous les Français font ceci...).

Quelques sites internet

SIGLE, nom de l'organisme, *activité*	**Adresse des sites**
• Animer une réunion	animerunereunion.com
• Communication orale *Site sur la communication orale*	communicationorale.com
• ICP Institut de la Communication Parlée	icp.inpg.fr
• Je communique	jecommunique.com
• Prise de parole *Site sur la prise de parole*	prisedeparole.com

CHAPITRE 2

Les méthodes d'analyse de la communication comme outils d'aide à la négociation

A

L'analyse transactionnelle (AT)

1

INTRODUCTION

Cette technique a été créée par Éric Berne, psychiatre-psychanalyste américain (1910-1970). Il l'utilisa à la fin de sa vie comme méthode de psychothérapie individuelle et sociale.
Après la mort d'Éric Berne, cette méthode a été reprise par de nombreux formateurs pour l'appliquer à l'entreprise : formation de cadres, de vendeurs, stages de développement personnel, gestion du stress, négociation...

- Buts de l'Analyse Transactionnelle (AT)

– d'une manière générale, mieux comprendre les relations humaines et enrichir la personnalité de celui qui l'utilise,
– pour un vendeur : proposer un choix plus important de solutions possibles

face à une situation donnée, permettre de comprendre et de faire varier son style de vendeur et donc son efficacité face à tout type de clientèle.

2
Les trois états du « moi »

Chaque personne possède une personnalité à facette, qui peut changer très rapidement.
En AT, on dit que l'on change d'état du moi.
Chaque personne possède trois états du moi :

P	P	**P**arent
A	A	**A**dulte
E	E	**E**nfant
Moi	*L'autre*	

L'état « parent » :

C'est la *vie apprise*. C'est le message et le modèle appris des parents ou d'autres personnes influentes : ami, professeur, médias. Le « parent » restitue ces comportements, ces réactions.

Exemples :

- être attentionné (« mettez-vous à l'aise »),
- critiquer quelqu'un (« vous auriez pu... »),
- répéter de vieux principes (« la journée appartient à ceux qui se lèvent tôt »).

Un enfant peut agir en « parent » dès son plus jeune âge : consoler son petit frère qui vient de tomber, « comme ses parents peuvent le consoler ».

L'état « adulte »

C'est la *vie expérimentée*, faite de comportements réfléchis, jugés, comparés, de raisonnement et d'intelligence. Nous sommes dans l'état « adulte » quand nous rassemblons des faits, quand nous pensons et agissons rationnellement, objectivement.

Exemples :

- « pour résoudre ce problème, il va falloir analyser tous les résultats de l'étude... »,
- « j'ai la preuve que... »,
- « je pense raisonnablement pouvoir arriver à... ».

Un enfant peut également agir en « adulte » très tôt quand il fait preuve de logique en jouant.

L'état « enfant »

C'est la *vie ressentie*, faite de comportements affectifs spontanés ou adaptés (soumission ou rébellion). Nous sommes dans l'état « enfant » quand nous vivons en laissant s'exprimer nos sentiments, nos désirs, notre véritable nature.

EXEMPLES :

- « je suis très content d'avoir réussi cet examen »,
- « j'ai envie de profiteroles... »,
- « j'ai une idée... ».

Nous pouvons ainsi réagir de trois manières différentes par rapport au même événement : en parent, en adulte ou en enfant.

3

Les sept composantes de la personnalité

Les états du moi « parent » et « enfant » se décomposent en différentes parties. Avec l'état « adulte », cela forme sept composantes différentes de la personnalité.

		CARACTÉRISTIQUES	COMPORTEMENT	LANGAGE
PARENT	NORMATIF	– Préjugés, règles – Opinions – Stéréotypes – Principes – Jugement.	– Supérieur – Ferme sur les règles et les principes – Morale et expérience – Critique, dévalorisant.	– Toujours, jamais – Je dis que... – De mon temps... – Vous n'avez qu'à...
PARENT	DONNANT	– Aides – Conseils – Services.	– Nourricier, pédagogue, paternel – Paternaliste – Juste, équitable – Réconfortant.	Je vais vous aider... – Demandez-moi... – Ne vous inquiétez pas...
ADULTE		– Informations – Logique – Organisation – « Ordinateur » – Données, chiffres – Faits.	– Réaliste, attentif, à l'écoute – Logique, expérimental – Calculateur – Respectueux de l'autre – Arbitre entre parent et enfant – Froid, indifférent.	– Regardons les faits – Je vous comprends – Qu'en pensez-vous ? – Restons calme – De quoi s'agit-il ?
ENFANT	Adapté soumis	– Ressenti – Émotion (joie, douleur, peur, plaisir) – Sensations.	– « Fayot », prudent – Docile, correct, bien élevé – Dépendant.	– C'est pas ma faute... – Est-ce que je pourrais ? – Si j'avais su...
ENFANT	Adapté rebelle		– Calculateur – Agressif – Militant.	– Non – J'en ai marre... – Ce n'est pas moi.
ENFANT	Petit professeur		– Débrouillard, malin – Créateur, astucieux – Manipulateur – Combinard – Flatteur.	– J'ai une idée... – Si je... est-ce que tu ?...
ENFANT	Naturel		– Libre, instinctif, curieux – Entier – Insouciant	– J'ai envie... – J'aime... – Tout de suite – C'est drôle.

4
Les transactions

Une transaction est un échange de signes de reconnaissance (sourire, grimace, mots...). Il en existe trois sortes :

a. Transactions parallèles :

Être sur la même longueur d'onde, entente parfaite (parent-parent, adulte-adulte, enfant-enfant, ou bien parent-enfant, enfant-parent...). Les interlocuteurs sont en phase, la communication peut se poursuivre.

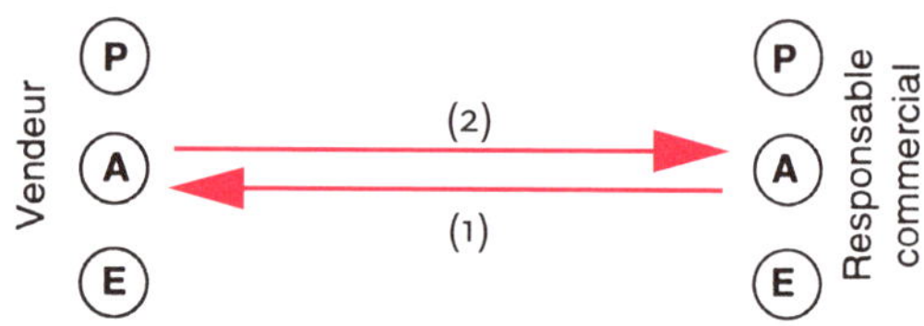

(1) – Responsable commercial : « *Avez-vous visité Monsieur Legrand ?* »
(2) – Vendeur : « *Non, j'y passe en fin d'après-midi.* »

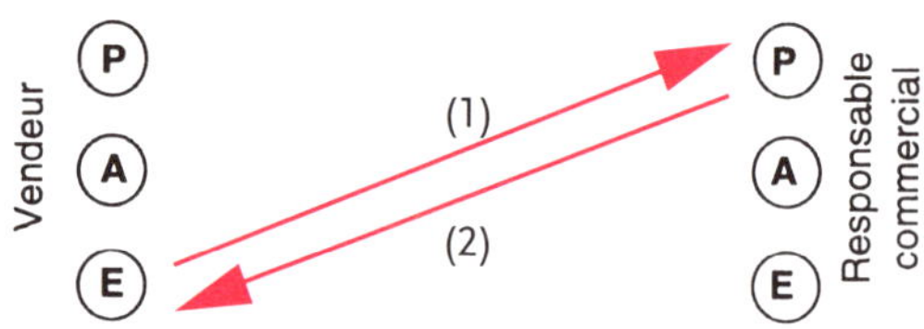

(1) – Vendeur : « *Je n'ai rien concrétisé cette semaine. Cela commence à être dur !* »
(2) – Responsable commercial : « *Tranquillisez-vous, cela va s'arranger. Cela m'est arrivé aussi.* »

b. Transactions croisées :

Elles permettent de changer de longueur d'onde. L'état du moi interrogé ne répond pas, remplacé par un autre.

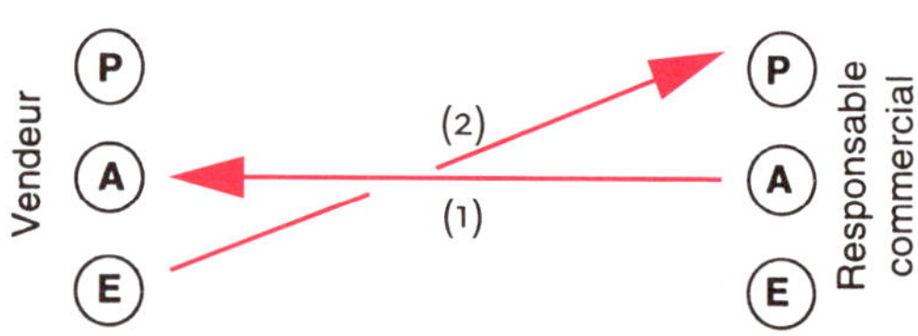

(1) – Responsable commercial : « *Avez-vous visité Monsieur Legrand ?* »
(2) – Vendeur : « *Non, j'ai peur d'y aller depuis notre altercation du mois dernier.* »

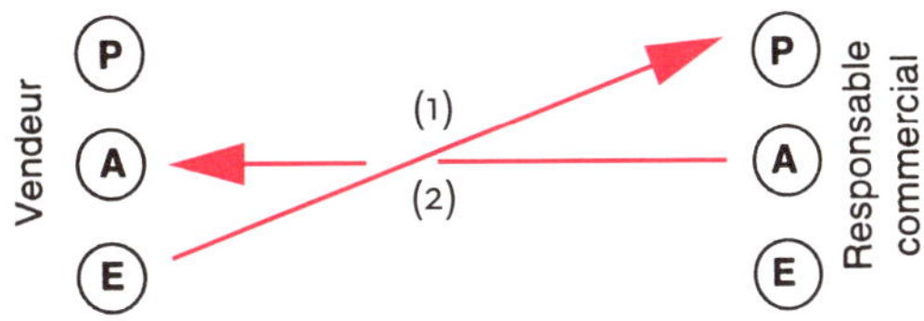

(1) – Vendeur : *« Je n'ai rien concrétisé cette semaine, cela commence à être dur ! »*
(2) – Responsable commercial : *« Oui, j'ai analysé vos résultats. Vous êtes à 60 % de votre quota. »*

c. Transactions cachées :

Elles comportent un message implicite et permettent de faire passer un message sans trop en avoir l'air.

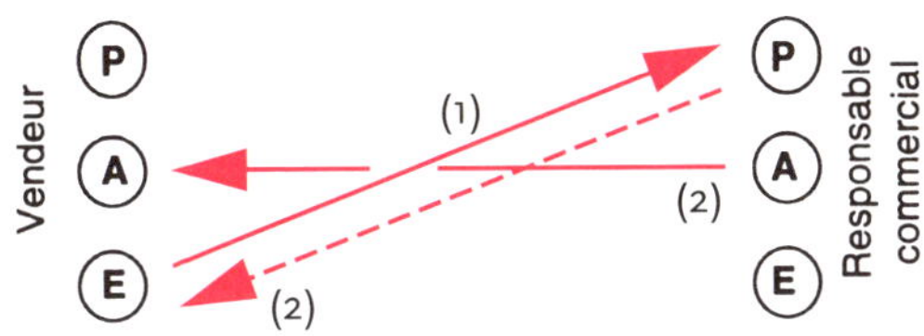

(1) – Vendeur : *« Je ne veux plus rencontrer Monsieur Legrand. »*
(2) – Responsable commercial : *« Ah, c'est vous qui décidez ! » (sous-entendu : vous feriez mieux d'y aller...).*

5
L'analyse transactionnelle et la vente

L'analyse des transactions permet de mieux comprendre les interactions entre un vendeur et un acheteur.

Transactions parallèles

Tout se passe bien, l'entretien se déroule normalement, les réponses de l'acheteur correspondent aux questions du vendeur car les états activés répondent, et ceci dans les deux sens.

Transactions croisées

Il y a rupture de communication (2) car l'état du moi sollicité par le vendeur ne répond pas. Il doit rétablir la situation en utilisant son adulte (3) pour ramener la discussion à une transaction parallèle adulte-adulte.

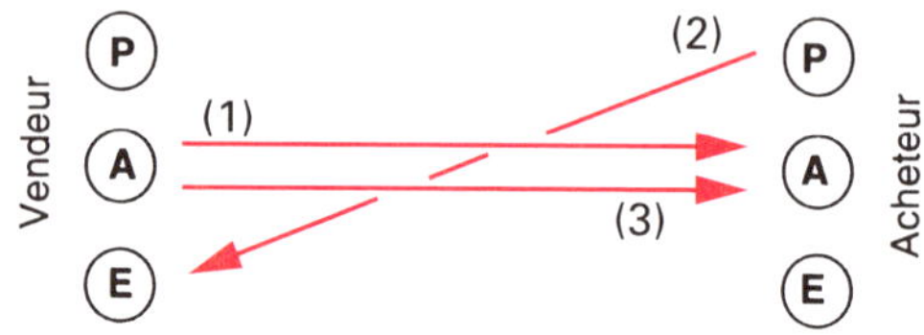

(1) – Vendeur : « *Je vous fais livrer un carton à titre d'essai ?* »
(2) – Acheteur : « *Mais dites donc vous allez un peu vite ?* »
(3) – Vendeur : « *Vous désirez de plus amples informations sur un point précis ?* »

Transactions cachées

Elles relèvent des interférences dans la communication. Le vendeur doit savoir les détecter et essayer de les comprendre pour assainir la discussion et la relancer sur des bases saines.

B

La programmation neuro-linguistique (PNL)

1 Introduction

Cette méthode a été créée en 1972 par deux américains :
- Richard Bandler, psychologue et informaticien.
- John Grinder, psychologue et linguiste.

La PNL est née de l'observation de nombreuses personnes douées pour la communication. Les auteurs se sont aperçus que des points communs existaient entre elles. Ils les ont modélisés pour donner naissance à cette méthode.
Ainsi, la PNL n'invente rien. Son utilisation paraît parfois être évidente, ou naturelle. Ceci vient du fait que ses techniques sont directement issues de l'observation de la communication d'hommes et de femmes.

– Programmation : parce que notre cerveau fonctionne un peu comme un ordinateur et que nous sommes capables de gérer des programmes comportementaux (créés par nous-mêmes ou non).

– Neuro : puisque la PNL applique les recherches effectuées en neurologie sur le fonctionnement du cerveau.

– Linguistique : puisque la technique repose en grande partie sur le langage.

Bandler et Grinder ont mis au point la PNL à partir de l'observation systématique d'excellents thérapeutes comme Virginia Satir, Milton Erickson ou Fritz Perls.

La PNL donne quelques clés de lecture de notre propre fonctionnement mental face aux situations que nous vivons. Elle permet également d'appréhender, dans une relation de communication, le fonctionnement mental d'autrui. Cette meilleure connaissance de soi et de l'« autre » va nous permettre d'adapter et d'améliorer notre communication.

L'objectif de la PNL selon Bandler et Grinder est un objectif de changement (dans un cadre thérapeutique).
La PNL peut aussi être utilisée comme simple outil d'aide à la négociation. C'est une utilisation plus restrictive, qui sort du domaine thérapeutique.
La PNL permet ainsi d'avoir une idée du fonctionnement mental de l'autre et d'agir en conséquence pour atteindre l'objectif fixé dans le cadre d'une relation « gagnant-gagnant ».

2 La recherche du système de représentation sensorielle dominant d'un interlocuteur

À partir des cinq sens, la PNL définit cinq systèmes de représentation sensorielle majeurs :

- visuel (V) : se représenter les choses en les visualisant,
- auditif (A) : se représenter les choses en les écoutant,
- kinesthésique (K) : se représenter les choses en les ressentant (sensations par le toucher ou par le ressenti),
- olfactifs (O) et gustatifs (G) (mineurs par rapport aux trois premiers).

On utilise le sigle VAKOG pour désigner les systèmes de représentation.
Nous allons nous attacher uniquement à l'étude des trois plus importants : visuel, auditif et kinesthésique.
On peut les assimiler à des langages sensoriels, à trois manières de se représenter les choses, à trois manières de « fonctionner ». Chacun d'entre nous possède un peu de ces trois systèmes de représentation, mais il en a souvent un qui est plus développé.
Déceler ce système dominant chez un interlocuteur et l'intégrer dans notre propre communication va nous permettre de « fonctionner » comme elle et donc de mieux communiquer avec cette personne.
Il existe deux moyens (complémentaires) pour essayer de trouver le système de représentation dominant d'un interlocuteur.

3
L'écoute des mots utilisés

Tous les mots utilisés par une personne ne sont pas significatifs de son système de représentation dominant. Il faut savoir repérer les termes que l'interlocuteur n'a pas choisi, qui lui sont dictés directement par sa propre organisation mentale.
Voici quelques exemples de noms, adjectifs, verbes et expressions qui peuvent être discriminants.

Visuel	Auditif	Kinesthésique
Clarté, transparence, perspective, surface, illustration... ;	Harmonie, accord, acoustique, tonalité, vibration... ;	Ressenti, sensibilité, touché, émotion, contact, pression... ;
vague, clair, flou, brillant, sombre, évident, net, lumineux... ;	mélodieux, sourd, fort, musical, assourdissant, silencieux... ;	indifférent, émouvant, coincé, tendre, chaud, froid... ;
montrer, repérer, briller, dépeindre, visualiser, cacher... ;	écouter, entendre, émettre, harmoniser, retentir, répéter... ;	éprouver, pressentir, frapper, digérer, ressentir, caresser... ;
je ne vois pas..., à première vue..., la vie en rose..., voir 36 chandelles...	tendre l'oreille..., je veux dire..., j'entends bien..., son de cloche...	garder le contact..., en avoir plein le dos..., en avoir gros sur le cœur..., se prendre la tête...

4
L'observation des mouvements des yeux

Quand une personne communique, on peut observer deux types de mouvements de ses yeux :

- des mouvements volontaires, dirigés vers son interlocuteur, vers un objet, vers quelque chose ou quelqu'un en rapport avec son discours...,

- des mouvements complètements involontaires, assez brefs, dirigés tantôt vers le haut, vers le bas, à droite ou à gauche.

Les créateurs de la PNL se sont aperçus que l'on pouvait faire un lien entre ces mouvements involontaires et le système de représentation dominant de la personne.

Voici un schéma permettant l'interprétation des mouvements oculaires de l'interlocuteur vu de face.

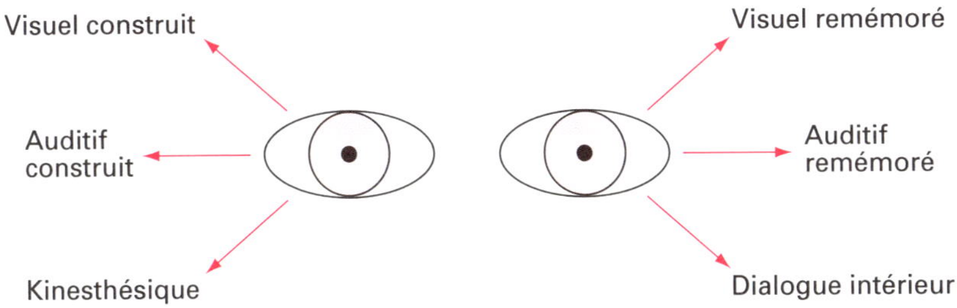

- Visuel ou auditif construit : l'interlocuteur « se crée » intérieurement une image ou un son.
- Visuel ou auditif remémoré : l'interlocuteur se remémore une image ou un son.
- Dialogue intérieur : l'interlocuteur se parle intérieurement.
- Kinesthésique : l'interlocuteur ressent des sensations internes ou externes.

L'observation des mouvements *dominants* des yeux d'un interlocuteur donne ainsi un indice supplémentaire sur son système de représentation le plus développé.
Si on croise les informations données par l'écoute des mots et l'observation des mouvements des yeux, on peut trouver comment fonctionne mentalement un interlocuteur, s'il est plutôt visuel, auditif ou kinesthésique. D'autres indices permettent de confirmer cette analyse : la gestuelle, la voix ou le type de respiration. Le tableau ci-dessous rassemble l'ensemble des observations.

Systèmes de représentation	Description
Visuel	• **Exemples de termes utilisés** : voir, perspective, c'est clair, horizon, vision, mise au point, illustrer... • **Accès visuels** : vers le haut, à gauche et/ou à droite. • **Autres indices** : gestes dirigés vers le haut, voix aiguë, respiration rapide...
Auditif	• **Exemples de termes utilisés** : entendre, écouter, prêter l'oreille, harmonie, fausse note, diapason, écho, enregistrer... • **Accès visuels** : horizontaux, à droite et/ou à gauche. • **Autres indices** : peu de gestes, voix bien timbrée, respiration ample...
Kinesthésique (sensations internes et externes, ressenti)	• **Exemples de termes utilisés** : ressentir, contact, avoir du poids, du flair, du cœur, chaleur, froideur... • **Accès visuels** : en bas à gauche (lorsque l'on se trouve face à la personne). • **Autres indices** : gestes en relation avec la parole, voix grave, rythme lent, respiration profonde...

5 La PNL outil d'aide à la négociation

Pour simplifier cette méthode assez complexe, on peut analyser l'utilisation de la PNL comme outil d'aide à la négociation en suivant une démarche en trois temps.

a. La fixation d'une stratégie d'objectifs

C'est prendre conscience des objectifs que l'on se fixe dans une négociation. Pour faciliter cette réflexion, il est facile d'essayer de répondre aux questions suivantes.

- Qu'est-ce que je veux obtenir ?
- Est-ce important ?
- Pour quelle(s) raison(s) ?
- Quels sont mes atouts pour atteindre cet objectif ?
- Quelles difficultés vais-je rencontrer ?
- Comment puis-je les surmonter ?
- Quel processus mettre en œuvre pour atteindre cet objectif ?
- Quand et où mettre en œuvre ce processus ?
- Quelles seront les retombées personnelles quand l'objectif sera atteint ?
- ...

b. Le décodage du fonctionnement mental de l'« autre » L'établissement du « rapport » avec l'« autre »

L'écoute des mots utilisés et l'observation des accès oculaires d'une personne peuvent déjà donner une idée de son système de représentation dominant.
La phase suivante consiste à établir le rapport avec l'autre, c'est-à-dire se synchroniser tant au niveau verbal que non verbal, en partant du principe qu'on communique mieux avec quelqu'un qui nous ressemble :

- se synchroniser sur les gestes, les postures de l'autre,
- se synchroniser sur les mots qu'il utilise (visuels, auditifs, kinesthésiques),
- se synchroniser sur le rythme de sa respiration, le registre de sa voix...

Cette synchronisation n'est pas un mime. C'est un comportement qui doit rester imperceptible pour l'interlocuteur et qui va favoriser la communication en le rassurant inconsciemment.

c. Agir sur la négociation

La PNL propose un outil très utile dans une situation de négociation : le « méta-modèle ».

Le méta-modèle est un outil de questionnement très fin, puissant, qui est utilisable tout au long de la négociation :
- pour définir ensemble les objectifs,
- pour cerner les besoins et les motivations de l'interlocuteur,
- pour déceler sa marge de manœuvre,
- pour lui faire préciser tout ce qui est insuffisamment explicité...

Le méta-modèle part du principe que les informations émises par une personne sont souvent transformées, modifiées par trois filtres principaux :

■ **l'omission**, c'est-à-dire le fait de ne pas préciser telle ou telle information.

EXEMPLE :
- information incomplète : « j'ai mal à la tête »,
- questionnement : « depuis quand ? », « sais-tu pourquoi ? », « à quel endroit as-tu mal ? », « quel type de douleur ressens-tu ? »...

■ **la distorsion**, c'est-à-dire le fait de mener des raisonnements erronés.

EXEMPLE :
- information présentant une distorsion : « il ne m'écoute pas, ce que je lui dis ne l'intéresse pas... »,
- questionnement pour soi : en quoi ceci veut-il dire cela ?

■ **la généralisation**, c'est-à-dire le fait d'avoir une vision d'ensemble (parfois à l'excès) d'un phénomène.

EXEMPLE :
- information « généralisante » : « c'est toujours pareil avec lui »,
- questionnement pour soi : qu'est-ce qui est toujours pareil ?, dans quelle situation cela arrive-t-il ?, vraiment toujours ?...

Le méta-modèle est aussi un très bon outil pour déceler les méta-programmes de notre interlocuteur, révélateurs de son fonctionnement mental. C'est un indice supplémentaire, avec les mots qu'il utilise, ses accès oculaires, ses attitudes...

La maîtrise du langage qu'apporte le méta-modèle va également permettre de formuler une proposition commerciale très précise.

En plus de la qualité du questionnement, la PNL, développe une qualité d'écoute indispensable à toute négociation.

Pour résumer, dans une négociation, la PNL va permettre de :
- poser très clairement le problème et les objectifs,
- créer un climat favorable à une négociation raisonnée,
- valoriser l'interlocuteur,
- faire parler les mots, les gestes, les attitudes de l'interlocuteur en ayant une idée de son fonctionnement mental,
- adapter son langage verbal et non verbal à celui de l'interlocuteur pour favoriser la communication,
- développer la capacité de questionnement et d'écoute...

Quelques sites internet

SIGLE, nom de l'organisme, *activité*	**Adresse des sites**
• Centre Québécois de PNL	centrepnl.com
• Espace de la pratique neuro-linguistique	metapnl.com/atelierpnl
• IFAT Institut Français de l'Analyse Transactionnelle	ifat.net
• Je communique	jecommunique.com
• PNL	pnl.fr

Liste générale des sites internet

SIGLE, nom de l'organisme, *activité*	**Adresse des sites**
• AA The Advertising Association	adassoc.org.uk
• AACC Association des Agences Conseils en Communication	aacc.fr
• ABC Net Marketing *Site sur le marketing b to b*	abc-netmarketing.com
• AC Franchise *Site sur la franchise*	ac-franchise.com
• ACFCI Assemblée des Chambres Françaises de Commerce et d'Industrie	acfci.cci.fr
• ACNielsen France *Organisme d'Études de marché*	acnielsen.fr
• ACSEL Association pour le Commerce et les Services En Ligne	acsel.asso.fr
• Action commerciale *Revue commerciale – Portail du directeur commercial*	actionco.fr
• ACXIOM France (ex Claritas) *Bases de données comportementales*	acxiom.fr
• ADEME Agence De l'Environnement et de la Maîtrise de l'Énergie	ademe.fr
• ADETEM Association pour le Développement des Techniques Marketing (éditeur de la Revue Française de Marketing)	adetem.org
• ADMICAL Association pour le Développement du Mécénat Industriel et Commercial	admical.org
• Admirable design *Site sur le design*	admirabledesign.com
• ADMITECH Association pour le Développement d'un Mécénat fondé sur l'Innovation et la Technologie	http://admitech.free.fr
• AFA	Association des
Fournisseurs d'Accès et de services internet	afa-france.com
• AFAQ Association Française pour l'Assurance de la Qualité	afaq.org
• Affimétrie *Mesure d'audience de la publicité extérieure*	affimetrie.fr
• AFM Association Française du Marketing	afm-marketing.org
• AFNIC Association Française pour le Nommage Internet en Coopération	nic.fr
• AFNOR Association Française de Normalisation	afnor.org
• Aldi *Enseigne de hard discount*	aldi.com
• All domains *Enregistrement de noms de domaines internet*	alldomains.com
• Altema *Le journal des tendances de consommation*	altema.com
• ANAé Association Nationale des Agences d'Événements	anae.org
• Animer une réunion *Site sur l'animation d'une réunion*	animerunereunio.com
• APAC Association Professionnelle des Agents Commerciaux de France	apacfrance.com
• APCI Agence pour la promotion de la création industrielle	apci.asso.fr

SIGLE, nom de l'organisme, *activité*	**Adresse des sites**
• APPM Association pour la Promotion de la Presse Magazine	pressemagazine.com
• ASLOG Association Française pour la logistique	aslog.org
• Auchan *Site institutionnel* *Site commercial* *Cybermarché d'Auchan*	auchan.com auchan.fr auchandirect.fr
• Avenir *Société d'affichage (groupe JCDecaux)*	avenir.fr
• B to B *Informations, chiffres, dossiers sur le marketing B to B*	businessmarketing.com
• Banque mondiale	worldbank.org
• BCG Boston Consulting Group	bcg.com
• BEUC Bureau Européen des Unions de Consommateurs	beuc.org
• BHV Bazar de l'Hôtel de Ville	bhv.fr
• Business & Décision *Conseil et ingénierie en business intelligence, CRM et e-business*	businessdecision.com
• Business-place *Portail professionnel*	business-place.net
• BVA *Institut d'Études de Marché et d'Opinion*	bva.fr
• BVP Bureau de Vérification de la Publicité	bvp.org
• Call Center News Service *Informations sur les centres de contact*	callcenternews.com
• Carré Noir *Agence de design*	carrenoir.com
• Carrefour *Site institutionnel* *Site commercial* *Achat en ligne de produits multimédia* *Cybermarché*	carrefour.com carrefour.fr boostore.com ooshop.com
• CAS Collectif Anti Spam	caspam.org
• Casino *Site institutionnel* *Site de supermarchés* *Cybermarché*	groupe-casino.fr supercasino.fr c-mescourses.fr
• CB News *Revue de communication*	cbnews.fr
• CCA Centre de Communication Avancée	lecca.com
• CCE Conseillers du Commerce Extérieur	cnccef.org
• CCI Portail des Chambres de Commerce et d'Industrie	cci.fr
• CCI Chambre de Commerce Internationale	iccwbo.org
• CCIP Chambre de Commerce et d'Industrie de Paris	ccip.fr/formint/comext.htm
• CDA Club des Directeurs Artistiques	clubdesad.com

SIGLE, nom de l'organisme, *activité*	**Adresse des sites**
• CEN Comité Européen de normalisation	cen.eu
• Centre du design Rhône-Alpes *Centre de ressources en design pour les entreprises*	centredudesign.fr
• CEPIEC Centre d'Expertise, de Promotion des Industries de l'Emballage et du Conditionnement	emballer.com
• CEPPII Centre d'Études Prospectives et d'Informations Internationales	ceppii.fr
• Cercle CRM *Site sur le CRM*	lecercleducrm.com
• CESP Centre d'Étude des Supports de Publicité	cesp.org
• Champion *Enseigne du Groupe Carrefour*	champion.fr
• CIDEF Centre d'Information DEs Franchisés	lecidef.com
• CLCV Consommation Logement et Cadre de Vie	clcv.org
• Clear Channel *Société d'affichage publicitaire*	dauphin-affichage.com
• Conseil National de la Concurrence	finances.gouv.fr/ reglementation/avis/ conseilconcurrence
• CNC Conseil National de la Consommation	conseilconsommation. minefi.gouv.fr
• CNCC Conseil National des Centres Commerciaux	cncc.com
• CNCCEF Comité National des Conseillers du Commerce Extérieur de la France	cnccef.org
• CNIL Commission Nationale Informatique et Liberté	cnil.fr
• CNIS Conseil National de l'Information Statistique	cnis.fr
• COFACE Compagnie Française d'Assurance pour le Commerce Extérieur	coface.fr
• Coface rating *Information, recouvrement, garantie*	cofacerating.fr
• COFREMCA Compagnie Française d'Études de Marché et de Conjonctures appliquées	cofremca.com
• Commerciaux *Informations sur la représentation et les différentes formes de commerciaux*	commerciaux.fr
• Communication orale *Site sur la communication orale*	communicationorale.com
• Communication-Evénementiel *Communication événementielle*	communication- evenementiel.fr
• ComScore Media Metrix *Mesure d'audience sur internet*	comscore.com
• Conso.net *Site sur la consommation*	conso.net
• Consumers international *Association de protection et de promotion des intérêts des consommateurs*	consumers international.org
• Cora *Groupe de distribution* *Cybermarché*	cora.fr houra.fr
• CQPNL Centre Québecois de PNL	centrepnl.cm
• CREDOC Centre de Recherche pour l'Étude et l'Observation des Conditions de vie	credoc.fr
• CRM (GRC) *Portail du CRM*	crm.fr

SIGLE, nom de l'organisme, *activité*	**Adresse des sites**
• CRM (GRC) *Informations sur la gestion de la relation client*	http://mice.ifrance.com/mice/CRM/crm.htm
• CSA Conseil Supérieur de l'Audiovisuel	csa.fr
• CSN Chambre Syndicale Nationale des forces de vente	csn.fr
• Dauphin Affichage *Société d'affichage*	dauphin-affichage.com
• Décisions marketing *Revue commerciale*	revue-dm.org
• Définitions marketing *Site de définitions sur le marketing*	definitions-marketing.com
• DGCCRF Direction Générale de la Concurrence, de la Consommation et de la Répression des Fraudes	minefi.gouv.fr/DGCCRF
• Diffusion Contrôle *Association pour le contrôle de la diffusion des médias*	ojd.com
• Direct Marketing News *Actualité de l'action marketing et de la relation clients*	dmnews.net
• Distrib *Portail de la grande distribution*	distrib.tm.fr
• DUC Distribution et Urbanisme Commercial	distriduc.com
• Eco-Emballages *Valorisation des déchets d'emballage ménager*	ecoemballages.fr
• E-commerce *Site sur le e-commerce*	ecommercemag.fr
• ECR Europe *Site sur l'ECR* (Efficient Consumer Response)	ecrnet.org
• EDI Publicité *EDI dans le domaine de l'achat publicitaire*	edipublicite.com
• Edifrance *Association pour le développement des échanges électroniques professionnels*	edifrance.org
• EEMA European Electronic Messaging Association	eema.org
• EFQM Fondation Européenne pour le Management par la Qualité	efqm.org
• E-marketing *Portail marketing – Revues « Marketing Magazine » et « Marketing Direct »*	emarketing.fr
• Emballages Magazine *Revue sur l'emballge*	emballagesmagazine.com oscarsdelemballage.com
• EMRO European Media Research Organisation	emro.org
• E-Robinson *Liste E-Robinson*	e-robinson.com
• ESOMAR *World Association of Opinion and Marketing Research professionals*	esomar.org
• Espace de la pratique neurolinguistique *Site sur la PNL*	metapnl.com/atelierpnl
• Études de marché *Site didactique sur les études de marché*	etudesdemarche.net
• Euractiv *Nouvelles communautaires*	euractiv.com
• Eur-export *Formation à l'export*	eur-export.com
• Euridile *Annuaire d'entreprises françaises*	euridile.inpi.fr
• Europa *Portail de l'Union Européenne*	europa.eu
• Europages *Annuaire B to B*	europages.com

SIGLE, nom de l'organisme, *activité*	**Adresse des sites**
• Eurostat *Office statistique de l'Union Européenne*	epp.eurostat.ec.europa.eu
• Exporter *Site gouvernemental du commerce extérieur*	exporter.gouv.fr
• Faire Savoir Faire *Revue de la filière des produits de grande consommation*	fairesavoirfaire.com
• FCA Fédération du Commerce Associé	fca-commerce-associe.fr
• FCD Fédération des entreprises du Commerce et de la Distribution	fcd.asso.fr
• FEVAD Fédération des Entreprises de Vente à Distance	fevad.com
• FFC Fédération Française des Commerciaux	fedecommerciaux.com
• FFF Fédération Française de la Franchise	franchise-fff.com
• FNAC Fédération Nationale des Agents Commerciaux	comagent.com
• FNPS Fédération Nationale de la Presse Spécialisée	fnps.fr
• Francap Distribution *Groupe de distribution*	francap.com
• France Emballage *Réseau des réseaux de l'emballage français*	france-emballage.org
• France Télévisions Publicité *Régie publicitaire de FranceTélévisions*	ftv-publicite.fr
• Franchise Magazine *Revue sur la franchise*	franchise-magazine.com
• Freestim *Site d'aide à la création d'une opération de stimulation*	freestim.com
• FVD Fédération de la Vente Directe	fvd.fr
• GANDI Gestion et Attribution des Noms de Domaines sur Internet	gandi.net
• Géant *Enseigne de distribution*	geant.fr
• GFK *Études et conseils en marketing*	gfk.fr
• GFM Guide des Fichiers et du Marketing	gfm.fr
• Google *Moteur de recherche*	google.fr
• Great domains *Vente aux enchères de noms de sites internet*	greatdomains.com
• GS1 France *Promotion, mise en œuvre et accompagnement des standards GS1 en France*	gs1.fr
• IAA International Advertising Association	iaaglobal.org
• IAB France Internet Advertising Bureau France – *Association ayant pour but de favoriser le développement de l'Internet en tant que support publicitaire en France*	iabfrance.com
• IAG *Institut d'études géographiques – Informations sur le géomarketing*	iag.asso.fr/questions/geomarketing.htm
• ICANN Internet Corporation for Assigned Names and Numbers	icann.com
• ICC International Chamber of Commerce	iccwbo.org
• ICP Institut de la Communication Parlée	icp.inpg.fr
• Idéactif *Site sur le marketing direct*	ideactif-md.com
• IEMD Institut Européen du Marketing Direct	marketing-direct.net

SIGLE, nom de l'organisme, *activité*	**Adresse des sites**
• IFAT Institut Français d'Analyse Transactionnelle	ifat.net
• IFEN Institut Français de l'Environnement	ifen.fr
• IFLS Institut Français pour le développement des Liens et des Services	ifls.net
• IFM Institut Français du Merchandising	ifm.asso.fr
• IFOP Institut Français d'Opinion Publique	ifop.com
• IMA International Marketing Association	intermarketing.com
• IMS Institut du Mécénat de Solidarité	imsentreprendre.com
• INC Institut National de la Consommation	conso.net
• INED Institut National d'Études Démographiques	ined.fr
• Info Presse *Portail du marketing, de la publicité et des médias*	www2.infopresse.com
• Infos MD *Informations sur le marketing direct et la communication électronique*	infosmd.com
• INPI Institut National de la Propriété Industrielle	inpi.fr icimarques.com
• INSEE Institut National de la Statistique et des Études Économiques	insee.fr
• Intermarché *Groupe de distribution Cybermarché*	intermarche.com expressmarche.com
• Internic *Liste de sociétés accréditées dans le dépôt de noms de sites internet*	internic.net
• IPSOS Institut Public de Sondage d'Opinions et de Statistiques	ipsos.fr canalipsos.com
• IRDQ Institut de Recherche et de Développement de la Qualité	irdq.com
• IREP Institut de Recherches et d'Études Publicitaires	irep.asso.fr
• ISO International Organization for Standardization *(Organisation internationale de normalisation)*	iso.org
• Je communique *Site sur la communication*	jecommunique.com
• Kmart *Groupe de distribution*	kmart.com
• Kompass International *Base de données d'entreprises*	kompass.com
• L@belsite *Label de qualité pour les sites internet*	labelsite.org
• L'événementiel *Presse de la communication par l'évènement*	evenementiel.fr
• L'Expansion Management Review *Revue commerciale*	lexpansion.com/EMR/0.0.0.html
• L'officiel de la franchise *Revue*	officieldelafranchise.fr
• La Redoute *Enseigne de VPC*	laredoute.fr
• La Samaritaine *Grand magasin*	lasamaritaine.com
• Le Bon marché *Grand magasin*	lebonmarche.fr
• Le Bottin *Annuaire des entreprises françaises*	bottin.fr
• Le Moci Moniteur Officiel du Commerce International	lemoci.com
• Le Monde Diplomatique *Revue*	monde-diplomatique.fr
• Le Printemps *Grand magasin*	printemps.com

SIGLE, nom de l'organisme, *activité*	**Adresse des sites**
• Le Sphinx *Logiciels d'enquêtes et d'analyse de données*	lesphinx-developpement.fr sphinxonline.com
• Leader Price *Enseigne de hard discount*	leader-price-int.com
• Leclerc *Groupe de distribution*	e-leclerc.com
• Les 3 Suisses *Enseigne de VPC*	3suisses.fr
• Les enseignes du commerce associé *Fédération des coopératives de commerçants*	les-enseignes-du-commerce-associé.org
• Les Galeries Lafayette *Grand magasin*	galerieslafayette.com groupegalerieslafayette.fr
• Lettre du marketing on line *Actualité de l'e-marketing*	lettredumarketing.com
• Lidl *Enseigne de hard discount*	lidl.com
• Linéaires *Revue commerciale*	lineaires.com
• LNE Laboratoire National d'Essais	lne.fr
• LSA Libre-Service Actualités – *Revue*	lsa.fr
• Marketing direct *Site didactique sur le marketing direct*	le-marketing-direct.net
• Marketing-Etudiant *Portail des étudiants en marketing*	marketing-etudiant.fr
• MarketingScan *Stratégie des annonceurs et des distributeurs*	marketingscan.fr
• Markneting *Site sur le marketing*	http://markneting.free.fr
• McArthurGlen *Magasins d'usine*	mcarthurglen.com
• Media Marketing *Revue belge sur le marketing*	mm.be
• Médiamétrie *Institut de mesure d'audience des médias*	mediametrie.fr
• Média-Poche *Tarifs publicitaires*	media-poche.com
• Médiapost *Publicité en boîte à lettres, géomarketing*	mediapost.fr
• Mercadoc *Informations sur les recherches menées en marketing sur l'aménagement des magasins*	mercadoc.com
• Metro *Grossiste « Cash and carry »*	metro.fr
• MFQ Mouvement Français pour la Qualité	mfq.asso.fr
• Ministère de l'Économie et des Finances	minefi.gouv.fr
• Monoprix *Magasins populaires*	monoprix.commonoprix.fr
• Net-iris *Veille juridique professionnelle*	net-iris.com
• Nielsen media Research *Études sur les médias*	nielsenmedia.com
• Nomen *Société de création de noms*	nomen.com
• Observatoire de la franchise *Informations sur la franchise*	observatoiredela franchise.fr
• OCDE Organisation de Coopération et de Développement Économiques	oecd.org
• Offre média *Tarifs publicitaires*	offremedia.com
• OHMI Office de l'Harmonisation dans le Marché Intérieur (marque communautaire) (accessible par le site de l'OAMI)	oami.europa.eu/fr
• OMC Organisation Mondiale du Commerce	wto.org

SIGLE, nom de l'organisme, *activité*	**Adresse des sites**
• OMD Organisation Mondiale des Douanes	wcoomd.org/ie/fr.html
• OMPI Organisation Mondiale de la Propriété Industrielle	wipo.int/portal/ index.html.fr
• ORGECO Organisation générale des Consommateurs	orgeco.net
• OSEO *Financement et accompagnement de PME (ex ANVAR)*	oseo.fr
• PQR *Actualité de la presse quotidienne régionale*	pqr.org
• Place au design *Informations sur le design*	placeaudesign.com
• Place des réseaux *Portail des entrepreneurs en réseau*	placedesreseaux.com
• PlanetClient *Portail de la relation client*	planetclient.com
• Plus d'Études *Catalogue français d'études de marché sectorielles*	plusdetudes.com
• Pme-commerce-artisanat *Secrétariat d'État chargé des petites et moyennes entreprises, du commerce, de l'artisanat et de la consommation*	pme-commerce-artisanat.gouv.fr
• Pnl *Institut de formation à la PNL*	pnl.fr
• Points de vente *Revue commerciale*	pointsdevente.fr
• Pomona *Grossiste*	pomona.fr
• POPAI *Institut français de la communication et de la PLV*	popai.fr
• Presspace *Syndicat National de la Publicité Presse*	presspace.com
• Prise de parole *Site sur la prise de parole*	prisedeparole.com
• Prodimarques *Association ayant pour but de faire connaître, d'illustrer et de promouvoir la marque de fabricant*	prodimarques.com
• PROGEXPI *Site de promotion de la propriété industrielle*	progexpi.com
• Promocash *Grossiste « Cash and carry »*	promocash.com
• Quai des marques *Magasins d'usine*	quaidesmarques.com
• Qualazur *Site sur la qualité*	http://perso.orange.fr/ qualazur/$omepage.htm
• Qualité Online *Information et documentation pour le management de la qualité*	qualiteonline.com
• Register *Enregistrement de noms de domaines internet*	register.com
• Relation Client Mag *Site sur la relation client*	relationclientmag.fr
• RML *Recherche marketing en ligne*	recherche-marketing.com
• Salons on line *Portail des salons et événements professionnels*	salons-online.com
• SBS Organisation *Informations sur la franchise*	sbs-organisation.com
• SEILA Syndicat de l'Emballage Industriel et de la Logistique Associée	syndicat-emballage.com
• SERES S.A. *Filiale de La Poste spécialisée dans les solutions d'échanges électroniques professionnels*	seres.fr
• Service-Public *Portail de l'administration française*	service-public.fr
• SIRENE Système Informatisé du Répertoire National des Entreprises et des établissements	sirene.tm.fr

SIGLE, nom de l'organisme, *activité*	**Adresse des sites**
• SNA Syndicat National des Editeurs d'Annuaires	sna.asso.fr
• SNCD Syndicat National de la Communication Directe	sncd.org
• SNPTV Syndicat National de la Publicité Télévisée	snptv.org
• Sociovision Cofremca *Compréhension, analyse, interprétation et anticipation du changement social et sociétal*	sociovision.com
• Sos-Domaines *Conseil en noms de sites internet*	sos-domaines.com
• Sos-net *Base de données juridiques grand public*	sos-net.eu.org
• SPQR Syndicat de la Presse Quotidienne Régionale	spqr.org
• Stratégies *Revue sur la communication*	groupe-strategies.fr
• Syntec *Études, marketing et opinion*	syntec-etudes.com
• Système U *Site commercial et institutionnel Institut de formation*	magasins-u.com forceu.asso.fr
• TACD Trans Atlantic Consumer Dialogue *(Dialogue transatlantique des consommateurs)*	tacd.org
• Tarif Médias *Revue sur les tarifs des différents médias*	tarifmedia.com
• TNS Sofres *Société d'études*	tns-sofres.com
• TNS Worldpanel *Société panéliste*	secodip.fr
• Top Com *Portail du management et de la communication*	topcom.fr
• Traçabilité *Site de GS1 France permettant de faire un diagnostic sur la traçabilité*	tracabilite.org
• UBI France *Agence française pour le développement international des entreprises (ex CFCE)*	ubifrance.fr
• UCAD *Musée de la publicité*	ucad.fr/pub
• UCCIFE Union des Chambres de Commerce de d'Industrie Françaises à l'Étranger	uccife.org
• UDA Union des Annonceurs	uda.fr
• UER Union Européenne de Radio-Télévision (en anglais EBU, European Broadcasting Union)	ebu.ch
• UFC Union Fédérale des Consommateurs	quechoisir.org
• UN/EDIFACT United Nations Directories for Electronic Data Interchange For Administration, Commerce and Transport	unece.org/trade/untdid/welcome.htm
• Université d'Austin *Département publicité de l'université d'Austin au Texas*	advertising.utexas.edu/world
• Value Retail *Magasins d'usine*	valueretail.com
• VICS Voluntary Interindustry Commerce Standards	vics.org
• Villes en France *Portail sur le phénomène urbain, son évolution, son économie – Dossier sur la franchise*	villes-en-France.org
• Visionary Marketing *Informations sur le marketing*	visionarymarketing.com
• VRP en ligne *Portail des VRP*	vrp.enligne-fr.com
• Wal-Mart *Groupe de distribution américain*	walmartstores.com
• WIPO World Intellectuel Property Organization	wipo.int
• XERFI *Société d'études sectorielles*	xerfi.fr

Index alphabétique des mots clés

A

B

C

J

L

M

N

O

P

Photocomposition *CMB* Graphic - 44800 Saint-Herblain

51339 - (II) - (1,2) - OSB 80° - CMB - CDD

Achevé d'imprimer sur les presses de
SNEL
Z.I. des Hauts-Sarts - Zone 3
Rue Fond des Fourches 21 – B-4041 Vottem (Herstal)
Tél +32(0)4 344 65 60 - Fax +32(0)4 286 99 61
Avril 2010 – 50684

Dépôt légal : janvier 2008, suite du tirage : mai 2010

Imprimé en Belgique